더넥스트

모두가 끝이라고 생각할 때, '다음'을 찾아낸 사람들의 이야기
더 넥스트

초판 1쇄 발행 2024년 2월 19일

지은이 조앤 리프먼
옮긴이 김성아
펴낸이 성의현
펴낸곳 (주)미래의창

편집주간 김성옥
편집 안대근·조소희
디자인 강혜민(본문)

출판 신고 2019년 10월 28일 제2019-000291호
주소 서울시 마포구 잔다리로 62-1 미래의창빌딩(서교동 376-15, 5층)
전화 070-8693-1719 **팩스** 0507-0301-1585
홈페이지 www.miraebook.co.kr
ISBN 979-11-93638-05-7 (03320)

※ 책값은 뒤표지에 표기되어 있습니다.

Next!
더넥스트

모두가 끝이라고 생각할 때, '다음'을 찾아낸 사람들의 이야기

조앤 리프먼Joanne Lipman 지음 | 김성아 옮김

미래의창

들어가며

인생과 커리어의
다음 단계로 도약하기

수십 년 전, 나는 《월스트리트 저널》의 신입 기자로서 광고 업계를 담당하고 있었다. 어떤 광고 캠페인이 성공했고 또 어떤 광고 캠페인이 실패했는지, 누가 고용되고 또 누가 해고되었는지, 어떤 대기업이 대행사를 교체했는지를 매일 보도하는 것이 내 임무였다.

그런 일로 어느 이른 아침에 나는 맨해튼 미드타운에 있는 한 회사의 건물로 향하고 있었다. '나는 토이저러스 키드랍니다I'm a Toys 'R' Us kid'라는 인상적인 카피를 만든 사람을 만나러 가는 길이었다. 그는 대형 광고대행사인 J. W. 톰슨의 임원으로 회사를 대표하는 굵직한 광고주를 여럿 책임지고 있었다. 코닥Kodak의 마음 찡해지는 TV 광고인 '새로운 세계를 담으세요Picture a brand-new world'가 그의 작품이었다. 당시 치열했던 버거 전쟁 속에서 탄생한 '지금 버거

킹이 고프지 않나요?Aren't you hungry for Burger King now?' 뒤에도 그가 있었다.

나는 충혈된 눈으로 꼭두새벽부터 잡힌 약속에 투덜거리며 사무실로 들어섰다. 그 순간 한 남자가 자기 자리에서 손을 흔들며 맞은편 의자에 앉으라는 시늉을 했다. 다소 부스스한 모습이었지만 말투가 부드럽고 간결한 그는 투덜거림에 대한 용서를 구하는 내 말을 차분하게 들었다. 그는 일어난 지 이미 몇 시간이 지났다고 말했다. 사실 동트기 전부터 집에서 이미 그날 일을 다 끝내고 출근했다고 했다. 그 일이란 광고 캠페인이나 보고서 준비가 아니었다. 그는 소설을 쓰고 있었다.

그 광고사 임원의 진짜 꿈은 소설을 쓰는 것이었다. 수많은 다른 이들처럼, 그 또한 다른 삶을 동경했다. 물론 그는 업계에서 존경받는 성공한 광고인이었다. 경제적 걱정도 없었다. 그는 이미 수십 년간 광고 일에 뼈를 묻은 상태로 안정적인 중년기에 접어들고 있었다.

하지만 직장 일로는 충족되지 않는 욕구가 있었다. 그는 광고 문구 대신에 소설을 창작하고 싶어 했다. 그래서 짬이 날 때마다 글을 썼다. 이른 아침이든, 늦은 밤이든, 비행 중이든, 아니면 점심시간 사무실 책상에서든, 연필로 노란색 연습장에 생각나는 아이디어를 끄적거리면서 소설 줄거리를 적어놓았다. 그는 "사실 얼마 전에 제가 쓴 소설이 출간되었어요"라며 따끈따끈한 양장본 한 권을 책상 너머로 건네주었다. 나는 정중하게 웃으며 그 책을 가방에 밀어 넣었다. 그런 다음 펜과 취재 수첩을 꺼내 그날 인터뷰의 본론인 패스트푸드 전쟁에 대해 그를 심문하기 시작했다.

인터뷰를 하고 몇 주 뒤, 출장차 좁은 비행기 좌석에 몸을 욱여넣고 앉아있던 나는 가방 안에서 그의 소설을 꺼내 들었다. 월스트리트를 폭파할 음모를 꾸미는 악당들의 이야기였다. 지금은 정확히 기억나지 않지만, 당시 《커커스Kirkus》는 이 소설을 두고 "슈퍼맨도 민망해할 정도로 멍청한 테러리스트가 등장하는 형편없는 줄거리. (……) 익사시켜야 마땅한 책"이라며 혹평했다.

저런. 나는 생각했다. *그 분에게 본업이 있어서 다행이군.*

그랬던 만큼, 몇 년 뒤 TV 광고에서 익숙한 얼굴을 본 나는 화들짝 놀랄 수밖에 없었다. 밋밋한 배경을 등지고 자신의 최신작을 손에 든 채 카메라를 정면으로 응시하고 있는 주인공이 바로 그 광고사 임원이었기 때문이다.

"저는 제임스 패터슨James Patterson입니다." 그가 이렇게 입을 열었다.

이후에 이어질 이야기는 당신도 잘 알고 있을 것이다. 제임스 패터슨은 미국에서 상업적으로 가장 성공한 작가다. 그가 집필하거나 공동 집필한 250여 권의 책은 총 4억 부가 넘는 판매 부수를 자랑한다. 알렉스 크로스 같은 탐정이 등장하는 미스터리 장르의 책들이 그의 대표작이다. 250권이 넘는 작품 대부분이 《뉴욕 타임스》의 베스트셀러 목록에 올랐으며, 수십 년 전 그가 내게 직접 건네주었던 책도 그중 하나다. 그 소설은 《블랙 마켓Black Market》이라는 원제 대신 《블랙 프라이데이Black Friday》라는 제목으로 개정판이 나온 이후 여러 판본으로 출간되었다. 패터슨은 《뉴욕 타임스》 베스트셀러 1위 작품을 가장 많이 발표한 작가로 기네스북에도 이름을 올렸다. 《포브스》가 추산한 패터슨의 출판 수익은 8억 달러 이상으로 그는 세계에서 J. K. 롤링에 이어 두 번째, 그리고 미국에서는 첫 번째로 부유한 작가다.

한때 광고대행사의 임원이었던 이 남자는 그에게 부정적이고 회의적인 시선을 보낸 이들이 모두 틀렸다는 사실을 통쾌하게 입증해 냈다. 그는 기존 삶의 굴레에서 벗어나, 졸작에서 대작으로 거듭난 슈퍼 히어로처럼 새롭고 폭발적인 성공을 거두었다. 《베니티 페어Vanity Fair》는 패터슨을 "광고계의 매드 맨(미국 유명 광고 제작자의 일과 사랑, 권력 싸움을 그린 드라마 시리즈)에서 전 세계 스릴러 산업의 흥행주로 변신한 인물"이라 평하며 "책을 쓰는 헨리 포드"라 명명했다.

그는 어떻게 이런 일을 해냈을까? 어떻게 자기 재창조의 희박한 확률을 뚫고 성공할 수 있었을까? 평범한 우리가 그의 변신에서 배울 점은 없을까?

첫 만남으로부터 30년이 지난 후, 나는 그 질문들에 대한 답을 듣고자 그와 다시 접촉했다.

일과 삶의 다음 목적지

당신은 어렸을 때 커서 무엇이 되고 싶었는가? 나는 스파이가 되고 싶었다. 7살 때부터 아끼는 흑백 구슬 무늬로 된 공책을 옆에 끼고 다니면서 당시 내가 제일 좋아했던 영화 〈꼬마 스파이 해리Harriet the Spy〉의 주인공처럼 학교에서 엿들은 대화 내용이나 언니가 수화기 너머 남자친구와 속삭이는 은밀한 이야기를 메모했다. 《작은 아씨들》을 읽고 나서도 스파이의 꿈을 접지는 못했지만, 루이자 메이 올컷 같은 소설가가 되고 싶었다. 그러다 덴마크의 한 습지에 매장된 철기시대 시체들이 발견되는 잔인하고도 유쾌한 《습지 사람들The Bog People》이라는 책을 읽게 되면서 내 꿈 목록에는 고고학자가 추가되었다.

다들 짐작하겠지만, 나는 이중 아무것도 되지 못했다. 그러나 대부분의 아이들은 나처럼 여러 다채로운 진로를 아무렇지도 않게 꿈꾼다. 그들은 멋진 록 스타에서 암 치료의 선구자로 하루아침에 꿈을 바꾸는 일을 마다하지 않는다. 그들은 미래의 정체성을 큰 아픔 없이 포기한다. 눈도 깜짝하지 않고 새로운 것을 시도한다. 2020년, 성인 2,000명 이상을 대상으로 실시한 설문 조사에서 어렸을 때 꿈이 무엇이었는지 물어본 결과 가장 인기 있었던 대답은 프로 스포츠 선수였다. 다음으로 상위를 차지한 꿈은 우주 비행사와 배우였다. 물론 현실을 보면 그중 약 80%는 어렸을 적 꿈과는 다른 직업에 안착한다.

커서 무엇이 되고 싶은지에 대해, 아이들은 다양한 후보 사이를 자유롭게 오간다. 기존에 꿈꿨던 자기 모습을 쉽게 버리고 새로운 모습을 쉽게 시도한다. 그들이 꿈꾸는 미래의 자아는 단순히 직업으로 끝나지 않는다. 아이들은 소방관이나 발레리나처럼, 되고 싶은 사람이나 하고 싶은 일만 상상하지 않는다. 그들은 하고 싶은 일과, 살고 싶은 방식에 대해 가능한 모든 판타지를 만들고 또 버린다.

하지만 어쩐 일인지, 우리는 어른이 되면서 다양한 미래를 상상하는 능력을 잃게 된다. 대학생이 되면 진로의 초점을 전공에 맞춘다. 그러다 운이 좋으면 직장을 잡는다. 이후 결혼하고, 자녀를 가지고, 어딘가에 정착하고, 집을 살지도 모른다. 그러는 동안 우리의 선택지는 좁혀진다. 직업, 경력, 사는 곳, 여가에 하는 일, 커피를 마시는 방법까지 하나하나 굳어져 간다. 하나가 바뀌면 나머지 모든 것이 흔들리기 때문이다. 우리는 특정한 방식의 삶, 소득수준, 사회적 지위에 익숙해진다. 결국 자연스레 기어 변경이 어려워진다. 부지불식간에 '변화'라는 것이 사실상 불가능한 일로 보이기 시작한다. 현재의 삶에 너무 많은 것이 걸려있어서 다른 삶은 생각하기조차 어려워지는 것이다. 현재 진로에 오랫동안 투자를 해왔으니 다른 진로를 재평가하기보다는 지금의 길에 더 많이 투자하는 식이다.

그러나 이런 평온함은 코로나19 팬데믹이 터지면서 깨졌다. 전 세계를 강타한 위기는 우리의 일상을 뒤흔들고 경제적 불확실성과

정치적 불안감을 높이며 우리의 집단적 사고에 불을 댕겼다. 사람들은 삶의 우선순위를 재고하기 시작했고, 미래에 관한 생각들을 다시 정렬했다. 불시에 다양한 습격을 당한 기업들은 절박한 마음으로 선로 변경을 시도했다. 조직의 리더들은 어쩔 수 없이 자신의 역할을 재고하고 그동안 써온 접근법들을 재조정했다. 오늘날 우리 모두는 이렇게 급변하는 현실에 적응하기 위해 고군분투하고 있다. "사람들은 고통스러워했다. 그리고 두려움을 느꼈다. 그들이 발 딛고 있던 근간이 흔들렸기 때문이다. 많은 이가 '무엇이 중요한지'와 '무엇이 나를 행복하게 해주는지'뿐만 아니라 '내가 왜 존재하는지' 같은 근본적인 문제를 고민하면서 본인의 삶을 되돌아보게 되었다." 이는 칼럼니스트인 페기 누난Peggy Noonan이 팬데믹 초기《월스트리트 저널》에 기고한 글의 일부로, 아직도 많은 이의 공감을 자아낸다.

팬데믹은 우리 사회에 여러 변화를 불러왔지만, 그중에서도 중대한 변화는 직장과의 관계를 다시 생각하는 계기가 되었다는 점이다. 2021년과 2022년, 두 해 동안 수백만 명이 직장을 그만뒀는데, 설문 조사 결과 특히 놀라운 사실은 그중 3분의 1 이상은 정해진 다른 자리가 없는 상태로 회사를 떠났다는 것이다. 업무에 얼마나 많은 시간을 쓰고 싶은지, 또 어디서 어떻게 시간을 쓰고 싶은지, '좋은 직업'을 이루는 요소는 무엇인지에 대해 우리는 처음부터 다시 평가하게 되었다.

단순히 직장이 아니라 경력을 바꾸려는 사람들도 기록적인 수에 이르렀다. 2021년, 퓨 리서치Pew Research가 실시한 설문 조사에서 실직자의 66%가 직업 변경을 진지하게 고려한다고 답했으며, 이런 현상은 고소득자뿐 아니라 모든 소득군에서 고르게 나타났다. 실제로 2022년에 구직 전문 사이트에서 구직자들을 대상으로 설문 조사를 했을 때 응답자 중 85%가 원래 몸담았던 업계가 아닌 분야에서 새로운 직장을 찾고 있다고 답했다.

이는 현대 역사에서 거의 전례를 찾아볼 수 없는 일종의 전 세계적 초기화에 해당한다. 하지만 실상은 거의 모든 사람이 인생에서 적어도 한 번은(아마도 그보다 많이) 일종의 재평가 과정을 겪는다. 평균적인 사람이라면 사회생활을 하는 동안 12번 정도 직장을 옮긴다. 물론 직장에서 해고되거나 일자리 축소로 부서가 없어질 수도 있다. 일례로 내가 속한 언론계의 경우, 지난 20년간 미국에서만 재정난으로 신문사 2,500개가 문을 닫고 일자리 3만 개가 사라졌다. 혹은 그저 현재 직업에 만족하지 못해 새로운 분야로 옮기고 싶은 사람도 있을 것이다. 갤럽이 조사한 바에 따르면 팬데믹이 발생하기 전부터, 그리고 '조용한 퇴직quiet quitting'이라는 말이 생기기 전부터도 밀레니얼 세대의 71%는 업무에 적극적으로 참여하지 않았다고 한다. 어쩌면 당신은 이혼이나 사랑하는 사람이 세상을 떠난 일로 개인적인 위기에 봉착했을 수도 있다. 또 어쩌면 팬데믹이 아니더라도 전쟁, 사고, 허리케인이나 지진 같은 자연재해 등의 외부적인 사건으로 충격을 받았을지도 모른다. 어떤 계기든 그로 인해 당신에게 변화가 절실하다면 이런 질문을 해보라. 다음 목적지는 어디이며, 어떻게 그곳에 도달할 수 있을까?

이는 내가 성인이 된 이후로 줄곧 몰두해온 질문이다. 나는 기자로서 기업과 사회의 혁신을 다뤄왔다. 그리고 디지털 시대에 뉴스 기관을 재구상하는 책임을 짊어진 편집장으로서 그런 변화를 이끌기도 했다. 동시에 작가이자 성평등을 지지하는 사람으로서 조직 문화를 쇄신하려는 여러 기관과 협력했다. 나는 오랫동안 새로운 아이디어가 꽃피울 여지가 많은 '빈 공간'을 찾는 과업에 매력을 느꼈다. 바로 눈앞에 있는데도 다른 이들이 너무 많은 선입견 때문에 볼 수 없는 신선한 기회를 나만 알아보는 것처럼 신나는 일은 없다. 불시에 뇌리를 때리며 '아하'의 순간을 만들어내는 아이디어처럼 말이다. 그러나 더 좋은 일이든(새 잡지를 창간하는 것처럼), 더 나쁜 일이든(그 잡지가 폐간되는 것처럼) 변화의 순간을 보도하고, 이끌고, 겪는 동안 나는 그 일들 대부분을 마치 눈이 먼 사람이 길을 찾듯 본능적으로 해냈다. 비단 나뿐만이 아니라 대부분이 그럴 것이다. 우리가 걸어갈 길을 보여주는 안내서가 없기 때문이다.

이 책은 개인적으로 진행한 인터뷰 수백 건과 학계에서 수행된 연구 논문들을 바탕으로 완성되었다. 내용은 크게 두 부분으로 나뉜다. 1부에서는 인생의 방향을 바꾸는 다양한 방법을 살펴볼 것이다. 1부에 속하는 장들은 경력 재창조, 직감, '아하'의 순간, 실패에서 재기하는 법, 트라우마에서 회복하는 법, 선택지가 없을 때 변화를 탐색하는 법에 초점을 맞춘다. 2부에서는 변화에 성공하는 전략들을 최신 연구 결과에 기반한 사례들을 통해 자세히 살펴보려 한다. 그리고 책 전반에 걸친 통찰력을 바탕으로 도출한 실용적인 도구들을 소개하며 이야기를 끝맺을 것이다. 당신이 원하는 것이 자기를 완전히 혁신하는 것이든 아니면 그저 다음 목적지를 확인해 보는 것이든, 이 책을 구성하는 각 장은 우리가 다음에 디딜 단계를 제대로 알기만 한다면 당연히 유의미한 변화를 이끌어낼 수 있다는 핵심 논제를 기반으로 쓰였다. 우리는 분명 더 나은 방향으로 변화할 수 있다.

나는 제임스 패터슨처럼 자기 일이나 삶을 성공적으로 재창조한 사람들을 찾는 것으로 이 책의 취재를 시작했다. 그들의 나이는 20대부터 90대까지 다양했고 배경도 제각각이었다. 변화의 유형도 다채로웠다. 개인적인 변화가 있었는가 하면(테러 공격을 당한 후 삶의 목적을 찾은 사람), 직업적인 변화도 있었으며(전화기 수리 기사였다가 구두 디자이너로 변신한 사람), 죽어가는 기업이나 제품이 부활한 경우도 있었다(당신은 곧 '플레이도'의 점토와 비아그라가 가진 공통점을 알게 될 것이다). 나는 이 책을 위해 누군가를 만날 때마다 그에게 삶에서 다음에 일어날 일을 어떤 식으로 상상했고, 그런 상상을 어떻게 현실로 구현했는지의 과정을 자세히 알려달라고 청했다. 그렇게 얻은 지혜를 효과적인 전략과 피해야 할 함정을 포함하여 이 책에서 모두 공유할 것이다.

또 나는 다양한 유형의 변화를 연구하는 과학자와 연구자들도 만나 이야기했다. 이 책은 신경과학, 사회심리학, 인지과학, 경영 이론, 데이터 과학에서 발견한 통찰력을 바탕으로 작성되었다. 이런 학문 분야에서 수행된 최근의 연구들은 변화의 메커니즘과 그 변화를 헤쳐 나가는 최고의 방법을 우리가 더 폭넓게 이해할 수 있도록 도와준다. 과학자들은 기술의 발전에 힘입어 말 그대로 우리의 뇌 속을 들여다보면서 우리가 새로운 아이디어와 영감을 어떻게 떠올리는지 확인하게 되었다. 참담한 비극에서 살아남은 후 오히려 더 강해진 사람들 사이에서 발견되는 외상 후 성장post-traumatic growth처럼 몇십 년 전만 해도 존재하지 않았던 연구 분야들이 인간이 유사 이래 겪어온 고통들을 새롭게 조명하고 있다.

당신은 지금부터 이 책에서 만날 사람들과 그들을 연구한 과학자들을 통해 왜 어떤 사람들은 재창조에 성공하는 반면, 또 다른 사람들은 실패하는지에 대한 이유를 알게 될 것이다. 전업주부였던 여성이 자신의 육아 기술을 발휘해 어떻게 CEO로 변신했는지, 또 수면의 과학이 유명 코미디언의 성공에 어떻게 기여했는지를 확인하게 될 것이다. 한 남성이 교회에서 경험한 '아하'의 순간이 어떻게 수십억 달러 규모의 새로운 사업으로 이어졌는지, 또 한 NBA 선수가 존경받는 학자이자 변호사로 자신을 재창조하는 데 어릴 적 기억이 어떻게 일조했는지를 목격할 것이다. 당신은 한 재즈 연주자가 어떻게 저명한 경제학자로 탈바꿈했고, 하버드에서 공부한 또 다른 경제학자는 어떤 식으로 목장을 운영하는 농부로 변신했는지 알게 될 것이다. 덧붙여 끔찍한 흉기 사건의 피해자가 나중에는 오히려 그 가해자가 속한 공동체를 돕게 된다거나, 왕년의 패션 블로거가 흑인들을 위한 스타트업 경영가로 재탄생하는 과정을 지켜보게 될 것이다. 그것만이 아니다. 당신은 사람들의 기억 속으로 사라진 비디오 대여 기업과 시행착오 속에서도 노선을 변경하며 성장한 넷플릭스의 운명이 어떻게 나뉘었는지를 똑똑히 확인하게 될 것이다. 이 모든 놀라운 여정은 우리에게 교훈을 준다.

만약 당신이 지금 경력 전환을 고려하고 있다면, 이 책은 당신의 것이다. 당신의 사업이 갈피를 잡지 못해 방황하고 있다면, 여기서 지침을 얻게 될 것이다. 수년 전에 포기했던 열정을 되찾고 싶거나 조금 더 만족스러운 기회를 모색하는 사람에게도 이 책은 길잡이가 될 것이다. 새로운 지역으로의 진출, 새로운 관계와의 만남, 1보 후퇴 이후의 2보 전진처럼 일상적인 변화를 맞이하려는 사람들이라면 이 책에서 그런 길을 성공적으로 먼저 걸어간 이들을 만나게 될 것이다. 바로 당장이든 앞으로 몇 년 후든 우리는 모두 인생을 살면서 적어도 한 번 이상은 선로를 바꾸는 상황에 부딪힌다. 모든 사람이 의미 있는 변화를 원하고 다음 목적지가 어디인지 탐색하지만, 거기에 도달하는 방법이 늘 명확하지는 않다. 하지만 그런 변화를 덜 부담스럽고 더 능동적으로 헤쳐 나가는 방법은 분명히 존재한다.

변화를 관통하는 패턴

다양한 형태의 변화를 탐구하는 동안 흥미로웠던 점은 모든 변화가 그 유형과는 상관없이 특정 단계들로 구성된 비슷한 패턴을 따른다는 사실이었다. 일반적으로 변화는 정보를 수집하는 '탐색Search' 단계로 시작한다. 가령 직업을 바꾸는 사람들은 때로는 스스로 의식하지도 못한 채 새로운 업계에 이끌린다. 그런 다음에는 불편하고 절망적일 수도 있는 '분투Struggle'라는 중간 단계로 접어들게 된다. 경력 전환자라면 기존의 직장을 어정쩡하게 떠난 상태에서 아직 새로운 자리로 완전히 옮겨가지 못한 상태를 말한다. 그러다 종종 휴식을 취하면서(자진해서 '중단Stop'하든 강제로 중단당하든) 아이디어를 떠올린다. 그러고 나면 비로소 국면 전환과 함께 '해법Solution'이 도출되며 변화가 완수되는 것이다. 즉, 아래와 같은 네 단계가 소위 '재창조 로드맵'을 구성한다.

탐색 → 분투 → 중단 → 해법

일단 이 순서에 익숙해지면 당신은 살면서 지금이 어떤 상황인지를 알아챌 수 있을 것이다. 나는 재창조 경험을 한 많은 사람을 만나 인터뷰하고 여러 학문 분야에서 이뤄진 다양한 연구 결과들을 검토하면서 그런 재창조 과정이 놀랍도록 비슷한 형태로 전개된다는 것을 발견했다. 용어만 다를 뿐이었다.

경력 전환 전문가들은 분투 단계를 '경계적liminal' 기간이라 부른다. 가령 런던 경영대학원 교수인 허미니아 아이바라Herminia Ibarra는 이를 "완전히 떠나가 버린 과거와 여전히 불확실한 미래 사이에 낀 채로 살아가는" 단계라 말했다. 창의성을 연구하는 학자들은 분투 단계를 '육성 기간incubation period'이라 칭한다. 문제에 발이 걸려 좌절감을 느끼며 거의 포기하려다가, 어느 날 밤에 잠을 자던 중 불현듯 해법이 떠오르는 식이다. 한편 트라우마 생존자들에게는 전쟁, 자연재해, 폭력, 질병 등을 견딘 후 개인적 성장이 이뤄지기 전에 진행되는 '분투기'가 바로 이 시기에 속한다.

인간의 본성 때문인지도 모르지만, 사람들은 탐색에서 시작해 해법에 도달하는 이 변화 중 안타깝게도 첫 번째와 마지막 단계에만 관심을 두는 경우가 있다. 일례로 우리는 종종 누군가의 경력이 하루아침에 재창조된 것으로 착각한다. 싱어송라이터 존 레전드는 경영 컨설턴트에서 슈퍼스타가 되었다. 사라 블레이클리Sara Blakely는 팩스기 외판원으로 살다가 속옷 산업에 뛰어들어 백만장자가 되었다. 해리슨 포드는 목수에서 대배우가 되었다. 베라 왕은 피겨스케이팅 선수에서 웨딩드레스 디자이너가 되었다. 줄리아 차일드는 제

2차 세계대전 정보원에서 요리의 여왕이 되었다.

애석하게도 이런 신화적인 일이 우리 같은 범인들에게는 변화를 더 어렵게 만든다. 게다가 이런 이야기들은 초점이 잘못 맞춰져 있다. 직업을 바꾸는 것은 미운 오리 새끼가 백조가 되는 마법 같은 변신과는 다르다. 회사와 조직 또한 신묘한 주문으로는 쇄신할 수 없다. 내가 관여했던 한 회사의 CEO는 '기업 쇄신'을 선언하고 '최고 혁신책임자'까지 임명했지만, 회사가 어떤 식으로 쇄신할 것이며 어떻게 그 목표에 달성할 수 있는지는 제대로 설명하지 못했다. 그는 직원들이 자신에게 질문을 할 때마다 짜증을 냈고, 직원들은 그런 경영자의 모습에 끝없는 좌절감을 느꼈다. 즉각적 변화에 대한 기대는 실망과 재앙만 부른다.

사실 변화의 여정에서 제일 중요한 것은 중간에 있는 분투 단계다. 조직의 경우에도 분투는 대부분 '이곳'에서 '저곳'에 도달하는 지지부진하고 고통스러운 과정이 주를 이룬다. 지나치게 멀리 보이는 목적지에서 휘황찬란하게 반짝이는 불빛 이야기만 떠들어서는 아무런 소득이 없다. 개인의 경우, 분투 단계는 벽에 머리를 박으면서 문제를 해결하려 애쓰는 상황과 같다. 너무 골똘히 고민하다 보니 머리가 고장 나버리는 것이다. 분투 단계는 고통스럽고 참을 수 없이 답답하다. 그래서 아무도 겪고 싶어 하지 않는다. 누군들 연착륙을 바라지 않겠는가?

하지만 불행히도 분투는 필요할 뿐 아니라, 어떤 종류의 변화에서든 해법에 이르는 핵심 단계가 된다.

인간은 천성적으로 불쾌한 일을 피하려 한다. 고통을 자진해서 겪으려는 사람은 아무도 없다. 만약 어떤 일이 괴롭다면 그것은 행동을 중단해야 한다는 메시지가 아닐까? 그러나 최근 연구들은 그와 반대로 불편한 감정을 받아들여야 더 생산적인 동시에 해방되는 길로 이를 수 있다는 사실을 밝혀냈다.

연구원들은 시카고에 있는 유명한 즉흥 코미디 양성기관인 세컨드 시티Second City에서 한 학생 집단에게는 실습수업 중 '불편함을 적극적으로 활용하라'고 요청했다. 그러자 그들은 평소의 방식대로 실습을 진행했거나 평소의 수업 방식이 효과적이라고 느끼던 학생 집단보다 더 대담하고 우수한 기량을 보였다. 또 다른 연구에서는 참여자들에게 그들이 살면서 겪은 감정적인 경험들을 써달라고 요청했다. 그리고 일부 참여자들에게는 글을 쓰는 동안 느끼는 불편한 감정이 긍정적인 신호라고 설명해주었다. 이런 지침을 받은 참여자들은 이후 감정적으로 더 성장하고 새로운 기술을 많이 개발할 수 있었다고 보고해왔다. "부정적인 신호로 받아들여질 만한 것을 긍정적으로 인식하는 사람들은 자신이 느끼는 불편한 감정을 성취의 표시로 재해석하게 되므로 불편함 속에서 더 큰 의욕을 찾는다." 시카고대학 부스Booth 경영대학원의 아옐릿 피시배크Ayelet Fishbach 교수는 그의 책에서 이렇게 밝혔다.

분투에 몸을 맡기는 것은 자연스러운 일이 아니다. 하지만 당신의 태도를 바꾸면 그렇게 할 수 있다. 사회학자인 숀 아처, 피터 샐러베이, 알리아 크럼은 어느 날 거대 은행인 UBS의 부름을 받았다. 당시 은행은 금융 위기와 대규모 구조 조정이라는 악재가 겹쳐 고전하고 있었다. 세 학자는 은행의 한 관리자 집단에는 스트레스가 업무 성과를 저하하는 만병의 근원이라는 내용의 동영상을 보여주었다. 그리고 또 다른 집단에는 스트레스가 오히려 두뇌와 신체를 단련해준다는 내용의 동영상을 보여주었다. 그 결과 6주 후에도 두 번째 집단은 여전히 스트레스를 긍정적 요인으로 여겼다. 게다가 그들은 건강상의 문제가 완화되었을 뿐 아니라 업무 만족도가 더 높아졌다고 보고했다.

이 모든 내용은 상대적으로 최근에 나온 과학적 결과지만, 내가 제시한 단계들은 역사적으로도 꾸준히 반향을 일으켜왔다. 문학에서는 이 과정이 조지프 캠벨의 《영웅의 여정》에 분명히 드러나며, 셰익스피어의 작품들은 물론이고 영화 〈스타워즈〉 시리즈에서도 익숙하게 목격할 수 있다. 캠벨의 분류에서 영웅은 평범한 세상을 떠나(탐색), '연속되는 시련'에 봉착하고(분투), 포기하고 싶은 유혹에 시달리다(중단), 마침내 승리와 함께 돌아온다(해법).

종교에서는 모세와 유대인들이 '약속의 땅'에 도착하기 전 40년 동안 사막을 헤맨다. 예수는 40일 동안 광야를 방황한다. 힌두교도들은 숲에서 지내고, 불교 신자들은 명상을 하며, 이슬람교도에게는 무함마드와 히라 산이 있다. 동화 속에서는 잠자는 숲속의 공주가 100년간 잠에 빠졌다가 왕자의 키스를 받고 깨어난다. 빨간 모자와 헨젤과 그레텔은 숲으로 모험을 떠난다.

코로나19 팬데믹은 어떤 면에서 우리 모두에게 분투기라는 힘든 선물을 선사했다. '잃어버린', '동면의', '어중간한' 등 우리 시대를 표현하는 용어들을 생각해보자. 우리는 '번아웃'이라는 유행병을 앓아왔다. 이는 우리를 '고갈시키고', '불안'에 빠트리고, '어수선'하게 만드는 질병이다.

다만 지금이 분투 중이라고 할지라도, 이를 극복하고 나아갈 수 있는 길은 분명히 존재한다. 어쩌면 그 끝에서 획기적인 해법을 만날지도 모른다. 분투를 받아들여야만 그 분투의 건너편에 다다르는 것이 가능하다.

디자이너가 된 전화기 수리 기사

재창조 단계들이 어떻게 펼쳐지는지 알고 싶다면 당신이 직장을 바꾸려 한다고 상상해보라. 가령 당신이 현재 전화기 수리 기사라고 해보자. 그런데 당신의 진짜 꿈은 구두 디자이너가 되는 것이다. 현재 위치에서 그 위치로 점프하는 것이 정말로 가능할까?

앞에서 설명했던 *탐색* → *분투* → *중단* → *해법*이라는 전개 과정을 떠올려보자. 첫 단계는 다른 사람들이 신은 구두를 살펴보고, 그

구조가 어떤지 연구하고, 《보그》 같은 잡지에서 최신 구두 스타일들을 분석하는 탐색 과정이 될 것이다. 이 단계에서는 아직 기존 직장에 다니며 버티는 편이 낫지만, 퇴근 후에는 당신만의 구두 디자인을 스케치해볼 것이다.

사실 이는 매사추세츠의 전화기 수리 기사였던 크리스 도너번 Chris Donovan의 접근 방식이었다. 도너번은 진한 보스턴 억양에 턱수염이 덥수룩하고 건장한 남자다. 그는 바텐더와 웨이터 생활을 하다 어린 나이에 안정된 직장을 찾아 전화 회사에 입사했다. 노동자층에 속했던 그의 부모님은 안정된 일자리가 중요하다고 누누이 강조해왔다. 직업으로 꿈을 이루는 것은 "중요하지 않았어요"라고 그는 내게 말했다. "생계 보장이 전부였고, 일과 행복은 무관하다고 생각했거든요." 도너번은 부모님의 말씀을 가슴에 새겼다. 그래서 전화기를 설치하고 고치고 유지하며 25년을 보냈다.

하지만 도너번에게는 그 오랜 시간 동안 누구에게도 말하지 않은 취미가 있었다. 시작은 고등학교 때였다. 반 친구 하나가 말도 안 되게 높은 플랫폼 샌들을 신고 나타났는데, "마치 개 발이 예술품 위에 얹혀있는 것 같았거든요." 그때부터 도너번은 여성용 구두를 아주 섬세하게 스케치하기 시작했다. 그가 그린 디자인은 편하게 신는 신발보다는 건축 설계도에 가까웠다. 그가 다녔던 가톨릭 학교 친구 몇이 어쩌다 그의 신발 그림을 보고는 도너번을 놀려대기 시작했다. 그는 창피한 마음에 처음에는 동기들, 그리고 수녀님들, 결국에는 그 누구도 모르게 그림을 숨겼다. 하지만 학창 시절은 물론이고 직장 생활을 수십 년 하는 동안에도 그의 신발 그리기는 계속되었다. "뭐든 있으면 그 위에 그렸어요. 봉투 뒤에도 그렸고 냅킨에도 그렸고 심지어 회사 주문서 위에도 그렸으니까요." 그는 말했다. "회사 서랍 안이 온통 구두 그림이랑 《보그》 잡지들로 가득했어요. 전봇대 담당자들이 종종 쉬는 시간에 제 자리로 왔는데, 그만 그걸 본 거예요! 근데 아무 말이 없더라고요."

도너번은 그런 취미를 생계로 삼을 수 있다고는 상상하지 못했다. "생각해본 적도 없었지만, 직업으로는 보이지 않았거든요." 하지만 그는 마흔을 코앞에 두고 현재 배우자인 스티브를 만나면서 생각을 뒤집게 되었다. "첫 번째 데이트 날에 스티브와 식당에 앉아있다가 제가 냅킨 뒤에 구두를 그렸어요. 스티브가 그걸 보더니, '진짜 요상한데……. 멋지네'라고 하더라고요." 도너번은 조심스럽게 마음의 빗장을 풀고 스티브에게 20년간 꽁꽁 싸매두었던 공책 속 수많은 구두 그림을 보여주었다. "둘이 같이 보내는 시간이 늘어나면서, '넌 이걸로 뭐든 해야 해. 취미로 끝내기에는 너무 아깝다고'라는 스티브의 잔소리도 늘어나기 시작했어요."

하지만 도너번은 전화기 수리 기사 일을 계속했다. 회사는 적어도 그가 아는 세계였지만, 원하는 곳은 깜깜한 블랙홀 같았다. 그는 새로운 일에 환상을 품고 있으면서도 아직 기존 일에 묶여있는 '경계적' 분투기에 있었다. 그것은 고통스러운 기간이기도 했다. 언젠가 그는 케이프 코드로 휴가를 가서 친구들과 저녁 식사를 한 적이 있었다. "거기에 도쿄에서 일하는 매장 디자이너와 독일 출신 예술가가 있었어요. 그들을 보니 진짜 우울하더라고요. 그래서 스티브에게 말했죠. '저 둘은 모두 굉장한 일을 하고 있어. 내 안에도 그런 게 있는데, 있다는 걸 아는데…….'" 결국 도너번은 로드아일랜드 디자인 스쿨의 평생교육원에 등록했고, 그렇게 디자인이라는 세계에 조금 더 깊이 발을 들여놓게 되었다.

그러면서도 회사는 계속 다녔다. 그러다 50세가 되었을 때, 변화를 위한 여정 중 '중단' 단계인 휴지기가 원치 않게 찾아왔다. 전립선암 진단을 받은 것이다. 다행히 병은 완치되었지만, 그에게는 전립선암이 각성의 계기가 되었다. 정신이 번쩍 들면서 이제는 정말 회사를 그만둬야 한다는 생각이 들었다. 구두 디자이너라는 운명을 따르고 싶었다. 공포감이 느껴질 만큼 절박했다. "'만약에 내가 죽음을 앞두고 병원 침대에 누워있다면 얼마나 후회가 막심할까?' 하는 생각이 드니까 마음이 급해졌어요. 이 일이 제 존재 이유라는 생각이 들었고 놓치고 싶지 않았습니다."

도너번은 회사에서 조기 퇴직했다. 스티브는 주방을 새로 단장하기 위해 모아두었던 자금을 그를 위해 내놓았다. 그는 54세에 피렌체로 떠났고, 아르노 강이 내려다보이는 유서 깊은 빌라 파바드의 거대한 문들을 통과해 폴리모다Polimoda 패션 스쿨의 샹들리에와 프레스코화 사이를 비집고 들어가 학교의 최고령 학생으로서 당당히 제 자리를 마련했다.

학교생활은 쉽지 않았다. “이게 도대체 뭐죠? 학생은 패션을 모르는 것 같네요.” 학기 초에 도너번이 요상한 과제를 제출하자 교수 한 명이 이렇게 말했다. “주위를 좀 봐요. 20대 천지잖아요. 트렌디한 사람들이요.” 그러더니 교수는 도너번에게 학교에 들어오기 전에 무슨 일을 했느냐고 물었다. 전화기 수리공이었다고 설명하자, 교수는 그제야 모든 게 이해된다는 표정으로 이렇게 말했다. “아, 그래서 날것 같았구나. 그럼 그대로 밀고 나가세요. 날것 그대로의 느낌을 버리지 말라고요.” 도너번은 동기 중 최고 성적으로 폴리모다를 졸업했다.

하지만 졸업 후 귀국하자 그런 좋은 성적이 아무 쓸모가 없었다. 도너번은 가죽 공장, 핸드백 공장들을 전전했지만, 구두 디자이너로서는 면접 기회조차 잡지 못했다. 무급으로라도 인턴을 할 용의가 있었지만 그를 쓰겠다는 사람이 없었다. 아무도 중년에 새로운 여정을 떠난 남자를 원치 않았다. 그렇게 장래가 암담해지던 어느 날, 그는 은퇴자들을 위한 비영리단체 AARP의 회원지에 실린 광고를 보고 신진 디자이너를 뽑는 공모전에 참가하기로 결심했다. 우승자는 인기 서바이벌 프로그램 〈프로젝트 런웨이〉의 멘토로 유명한 팀 건Tim Gunn의 평가를 받을 수 있었다. 크게 기대하지 않았는데, 도너번은 이 콘테스트의 우승자가 되었다. 그리고 눈부시게 하얀 구두 살롱에서 팀 건이 도너번의 상상력 가득한 하이힐들을 평가하는 모습이 방송 카메라에 그대로 담겼다. "아, 우리가 이런 하이힐을 본 적이 있던가요? 없습니다!" 팀 건은 감탄했다. "세상이 이런 샌들을 필요로 할까요? 물론이죠!"

이 장면이 잠재 고객들의 마음속을 뒤흔들었고 궁극적으로는 크리스 도너번 풋웨어Chris Donovan Footwear의 탄생에 시동을 걸었다. 그가 디자인한 신발들은 목공예품같이 대담한 기하학적 모양의 굽이 달린 부츠나 종이접기 장식물이 떠오르는 섬세한 펌프스 등 마치 독특하고 작은 조각품처럼 보인다. 도너번은 그가 몸담았던 업계를 기념하고자 광섬유 도관으로 구두 굽을 만들었다. 또 영감을 얻기 위해서라면 쓰레기장도 샅샅이 뒤졌다. 그 결과 의료용 고관절 폐품을 사용한 굽에 독특한 문양의 바느질로 마감 처리한 그만의 부츠가 탄생했다. 최근에는 종이비행기에서 영감을 받은 컬렉션을 발표했다. "꽃을 보면 누구나 영감을 받아요. 그런데 일반적인 아름다움과는 거리가 먼 공사장이나 폐차장 같은 곳은 어떨까요? 저는 사람들이 그런 것들을 표면적으로만 보지 않았으면 해요. 어떤 대상이든 그 안에서 아름다움을 찾았으면 합니다."

도너번의 이야기는 아직 끝나지 않았다. 그는 퇴직금을 전부 쏟아부어 한 이탈리아 업체에 컬렉션 제품들의 제조를 맡겼다. 그에게는 큰 투자였지만 신발들이 여러 매장에 입점해서 매출이 발생하면 충분히 회수할 수 있을 것 같았다. 다만 타이밍이 문제였다. 그가 컬렉션을 출시하고 딱 두 달 후에 코로나19가 터진 것이다. 팬데믹이 발생하자 여성들은 디자이너 구두 대신 실내용 슬리퍼만 찾았다. 도너번은 판매 채널을 온라인으로 돌리고 집에 남는 방을 디자인 스튜디오로 개조해 사업을 근근이 유지했다.

그래도 후회는 없었다. 그는 다음 컬렉션의 디자인도 이미 완성해두었다. 생산 활동이 재개되면 바로 신발 제작에 들어갈 계획이다. "그 모든 걸림돌에도 불구하고 전 아직 신발을 만들고 있어요." 그가 말했다. "신발은 제 일부이고, 제 심장을 뛰게 하거든요. 저는 이 일을 사랑합니다." 게다가 패션 업계에 이 신참 디자이너의 궤적이 조금씩 보이기 시작했다. 《보스턴 매거진》은 2020년 '보스턴 최고의 명물Best of Boston' 편에서 크리스 도너번을 '보스턴 최고의 신발 디자이너'로 선정했다. 기사는 61세의 그를 "패션계에서 가장 참신한 슈퍼스타"로 소개한다.

50이 넘어 본격 소설가로

표면상으로만 보면 제임스 패터슨과 크리스 도너번 사이에는 거의 공통점이 없다. 하지만 패터슨이 직업적으로 걸어온 길은 도너번의 이야기와 놀랄 만큼 맥이 통한다. 그의 경력이 전환한 궤도는 도너번의 궤도와 비슷하다. 그들의 여정은 변화를 연구하는 전문가들의 눈에 상당히 익숙하고, 심지어 예측할 만한 범위에 속할지도 모른다.

패터슨은 도너번처럼 자신이 걷고 싶은 길을 오래전부터 알고 있었지만, 거기에 도달하는 방법에는 확신이 없었다. 그의 성공도 하루아침에 이루어지지 않았다. 패터슨은 상업성이 뛰어난 베스트셀러를 내기 전에 이미 여러 권의 책을 출간했고 그중에는 실패작도 있었다. 자신이 옳은 길을 가고 있다고 늘 확신한 것도 아니었다. 회의적인 순간들이 생겼다. 등단 이후 20년 가까이 광고대행사에서 계속 일하면서 10권에 가까운 소설을 발표하고도 자기는 아직 작가로서 준비가 덜 되었다고 여겼다. 우리 시대 최고의 베스트셀러 작가인 제임스 패터슨은 거의 쉰 살이 되어서야 본업을 그만두었다.

제임스 패터슨은 뉴욕 주 허드슨 강 인근의 뉴버그라는 농지에서 태어나 순조롭지 못한 어린 시절을 보냈다. 그의 아버지는 빵 트럭을 몰고 방문판매 보험 일을 하며 근근이 가족을 먹여 살렸다. 가족이 매사추세츠 주로 이사하고 나서는 아직 어린 나이였던 패터슨도 악명 높던 맥린 정신병원에서 야간 아르바이트를 하며 가족에게 생활비를 보탰다. 가끔은 병원 카페에서 당시 병원 환자 중 한 명으로 후에 가수로 데뷔하는 제임스 테일러의 노래를 듣거나, 또 다른 환자이자 시인으로 "성격이 좀 폭력적이고 고약했던" 로버트 로웰이 암송하는 시를 듣기도 했다.

하지만 대부분은 책을 읽으며 긴 밤을 보냈다. 스릴러나 허접한 소설에는 흥미가 없었다. 상업 소설에는 손도 대지 않았다. 그는 진지한 문학에 이끌렸고 제임스 조이스, 사뮈엘 베케트, 스탠리 엘킨 같은 작가들의 작품을 무서운 속도로 읽어나갔다. 이윽고 패터슨은 직접 소설을 쓰기 시작했다. 그러다 큰 자극을 받은 적도 있었다. 장학금을 받고 입학한 맨해튼 칼리지에서 작문 교수가 단호한 어조로 "꽤 잘 쓰긴 하지만 소설은 그만두게"라고 한 것이다. 그의 심장이 쿵 내려앉았다. "처음에는 제가 뭘 하고 있는지도 모르면서 그냥 썼던 것 같아요." 그는 내게 이렇게 말했다.

학부를 졸업한 후에는 밴더빌트에서 대학원 과정을 1년 더 공부했지만, 그 무렵에는 "심각한 소설만 읽는 독자들을 위해서는 더 이상 글을 쓰고 싶지 않다"라는 생각이 들었다. 하지만 패터슨은 그런 진지한 문학 공부만 해온 사람이었다. 그는 《자칼의 날》이나 《엑소시스트》같이 좀 더 상업적인 책들을 읽기 시작했다. "그런 소설들이 상당히 재밌다는 걸 알게 되었어요. 그러면서 미스터리나 스릴러 장르에도 관심을 갖기 시작했고요." 그렇다고 감히 반스앤드노블 같은 서점의 전면 진열대나 《뉴욕 타임스》 베스트셀러 목록에 오를 만한 인기작을 직접 쓰겠다는 야심은 없었다. "미스터리 장르는 읽은 적이 거의 없다 보니 어떻게 써야 할지 몰랐어요. 그때는 그저 젠체하는 밴더빌트의 영문과 출신일 뿐이었어요."

패터슨은 직장도, 미래도 없이 히피 스타일의 긴 머리를 나부끼며 뉴욕으로 왔다. "택시 운전 일을 할 뻔했지만, 〈택시 드라이버〉의 대니 드비토같이 생긴 사내가 절 차고지 밖으로 쫓아냈어요." 그는 당시 뉴욕에서 가장 허름했던 숙소로 값싸고 더러운 워싱턴 제

퍼슨 호텔에 방을 잡았다. 층고는 높았지만 무척이나 좁았던 호텔 방에는 펜던트 문양의 벽지가 있었는데, 이전에 투숙했던 미치광이의 짓인지 벽 곳곳에 불길한 'X'자가 가득했다. "일단 그 호텔에서 벗어나자는 목표를 세웠어요." 그는 말했다. 다행히 이내 친구의 친구 소개로 J. W. 톰슨이라는 광고대행사에 말단 카피라이터로 입사할 수 있었다.

패터슨은 "광고에는 전혀 관심이 없었지만", 회사에서 점점 두각을 나타냈다. "하지만 저는 작가가 꿈이었기 때문에 광고 쪽에는 그다지 흥미가 없었어요." 다만 그에게는 꼬박꼬박 들어올 돈이 필요했다. 경제적으로 항상 허덕였던 그의 아버지는 "신중에 신중을 기해야 해. 지키고 또 지켜야 하고"라고 잔소리처럼 말했다. 광고 일은 그가 생활인으로 살아갈 수 있는 수단이었다. "소설만 쓰면서 생계를 유지할 수 있는 사람이 몇이나 되겠어요?"

젊은 시절 패터슨은 수줍음이 많고 멍한 구석이 있었다. 하지만 그에게는 사람들의 뇌리에 남는 광고를 만드는 뛰어난 재능도 있었다. 그는 J. W. 톰슨의 굵직한 광고주들과 일하면서 청중과 소통하는 법을 배웠다. TV 광고를 기획할 때면 그것을 아주 짧은 단편이라 상상하면서 머릿속에 담긴 이야기에 카메라 각도를 정확히 맞췄다. 그가 만든 광고들은 세간의 주목을 받았고, 회사는 연이은 승진으로 보상했다. 패터슨은 분명 광고 일에 출중했지만, 그렇다 해서 그가 광고를 사랑한 것은 아니었다. 그를 만난 사람들은 본인이 잘

나가는 광고계 임원을 만났다고 말했을 것이다. 하지만 그가 바라보는 거울 속 자기의 모습은 완전히 달랐다.

"저만의 환상일 수도 있지만, 저는 저 자신을 한 번도 광고쟁이로 생각하지 않았어요." 그는 인터뷰에서 내게 이렇게 말했다. "저는 늘 작가가 될 생각만 했거든요. 작가가 되길 바랐고요. 그 생각을 한 번도 버린 적이 없었습니다."

사실 다른 일을 하는 자기 모습을 항상 머릿속에 그리며 상상했던 패터슨의 행동은 '탐색'이라는 첫 단계의 핵심이다. 이런 시각화는 크리스 도너번이 온종일 전화기를 수리하면서도 구두 디자이너가 된 자기 모습을 상상했던 것과 비슷하다. 이는 경력 전환에 성공하는 사람들의 중요한 특징이다.

1986년에 사회심리학자인 헤이즐 마커스Hazel Markus와 폴라 누리우스Paula Nurius는 우리가 향후 무엇이 될 수 있을지, 또 무엇이 되고 싶은지, 더 나아가 무엇이 되기를 두려워하는지 같은 생각으로 자신의 미래를 그려보는 것을 *가능한 자기Possible Selves*라는 용어로 설명했다. '가능한 자기'는 더 행복해지거나, 자신감이 높아지거나, 성격이 바뀌는 것과 연관된다. 또 체중 감량처럼 신체적인 변화와 관련된 가능한 자기도 존재한다. 이렇게 가능한 자기를 상상하는 행위는 삶이나 직업을 재고하는 사람들에게 특히 의미가 있다. 이런 사람들은 자신에게 다양한 자아를 투영해보기 때문이다. 그들은 현재 자신이 하는 일과 완전히 다른 역할을 맡은 자기 모습을 상상한다. 마치 패터슨이나 도너번처럼, 실제로 변화에 착수하기 훨씬 전부터 그런 미래를 상상하는 것이다.

경영 전문가들에 따르면 직장을 옮기거나 직업 자체를 바꾸려는 사람들에게 미래의 가능한 자기 모습을 신중히 고민하는 것은 변화에 꼭 필요한 첫 단계다. 즉, 패터슨이 '머릿속으로' 작가가 된 자기를 그려본 것은 올바른 행동이었다. 이는 공상을 현실로 바꾸는 데 도움이 된다. 학자들은 자신의 미래를 다양한 모습으로 상상하면 큰 변화를 더 쉽게 이룰 수 있다는 것을 알아냈다. 가능한 자기를 떠올리는 것만으로 변화의 궤도에 더 쉽게 집중할 수 있고, 변화를 더 효과적으로 계획할 수 있으며, 기회가 왔을 때 더 잘 낚아챌 수 있기 때문이다. 한 실험에서는 심리학자들이 실험 참가자들에게 그들이 마음속으로 그리는 자신의 미래 모습을 써달라고 요청했는데, 그런 시도를 하는 것만으로도 참가자들은 목표를 더 명확히 세우고, 그 목표에 도달하는 단계들을 한층 효과적으로 계획해냈다고 한다. 이는 실현할 수 있는 목표와 단순한 환상을 구분하는 데도 도움이 된다.

런던 경영대학원의 허미니아 아이바라는 경력 전환이라는 주제를 20년 넘게 연구해온 학자다. 그녀가 연구를 진행하는 동안에는 2008년의 경제 위기와 코로나19처럼 사회적으로 불안한 시기도 있었고, 호시절도 있었다. 아이바라는 결과적으로 불안정한 시기에 가능한 자기를 그려보는 행동이 특히 중요하다는 것을 알게 되었다. "아무리 행복한 시기라도 경력 전환이 완벽히 선형적으로 일어나는 법은 없다." 그녀는 팬데믹 중 집필한 책에서 이렇게 말했다. "경력 전환은 혼란스러운 탐색 과정이다. 그 여정을 제대로 이행하려면 가능한 자기를 폭넓게 실험하고 학습해야 한다."

하지만 가능한 자기만 생각해서는 충분하지 않다. 경력을 재창조하는 과정의 첫 단계인 *탐색* 과정의 핵심은 그에 따른 조치다. 어떤 사람들은 스스로 깨닫지 못한 채 새로운 역할을 향해 움직이기 시작한다. 물론 크리스 도너번이 평생교육원의 디자인 과정에 등록한 것처럼 좀 더 의도적으로 가능한 자기를 탐색하는 사람들도 있다. 우선은 작은 일부터 시도해보는 것이다.

이 첫 단계에서 당신은 관심이 가는 일을 더 자세히 파악하기 위해 새로운 취미에 착수하거나, 정보를 수집하고, 관련 계통에 종사하는 사람을 염탐하기도 한다. 아니면 제임스 패터슨처럼 새벽에 일어나 소설을 쓰기도 한다. 그는 광고 업무로도 장시간을 일해야 했지만, 그런 와중에도 어떻게든 시간을 만들어 글을 썼다. 회의 사이에 잠깐 뜨는 시간, 출근 전이나 퇴근 후, 출장 중 비행기 안이나 호텔 안에서 그는 소설의 밑그림을 그렸다. "그렇게 하면 정신이 맑아졌어요. 스트레스도 없어졌고요. 소설을 쓰면 회사에 있는 다른 사람들과 경쟁할 마음이 들지 않았어요." 그는 당시의 기억을 떠올리며 말했다. "다른 일을 전부 차단할 수 있었습니다."

이윽고 패터슨의 첫 소설이 완성되었다. 그는 설렘과 긴장 속에 원고를 출판사 32곳에 보냈다. 그중 31곳이 거의 바로 퇴짜를 놓았다. 그래도 운이 따랐는지 마지막 한 곳에서 연락이 왔다. 살인자를 찾고자 동분서주하는 내슈빌의 신문 기자가 등장하는《토머스 베리맨 넘버The Thomas Berryman Number》(이하《베리맨》)는 패터슨이 아직 20대였던 1976년에 리틀브라운 출판사를 통해 그렇게 출간되었다. 더 큰 희소식은 그 책이 미국에서 발표되는 미스터리 작품들을 대상으로 하는 권위 있는 문학상인 에드거상Edgar Award에서 최고 신인 작가상을 받았다는 사실이다.

물론 경력은 일직선으로 나아가지 않는다. 패터슨의 경우는 특히 더 그랬다.《베리맨》은 호평에도 불구하고 많이 팔리지 않았다. 게다가 상상도 못 했던 비극까지 일어났다. 그의 오랜 여자친구였던 제인 블랜처드가 뇌종양 진단을 받은 것이다. 그는 버거킹 같은 대형 광고주를 위한 출장도 마다한 채 2년이 넘도록 제인의 간병에만 매달렸지만, 그녀는 1982년에 결국 세상을 떠났다. 패터슨은 감당할 수 없는 슬픔 속에 죽어라 일만 했다. "제인의 죽음을 기점으로 광고 일에 몸을 던졌어요." 결국 그는 출세 가도를 달려 J. W. 톰슨 북미 법인의 CEO가 되었다.

시간이 흐르고 다시 소설 집필을 시작했지만, 그는 자기만의 스타일을 찾는 데 애를 먹었다. "《베리맨》은 글이 좋았어요. 이후 낸 책들은 그저 그런 수준이었어요." 그래도 패터슨은 펜을 놓지 않았고, 1980년대 후반에 우리가 다시 만났을 때는 내게 그의 다섯 번째 소설을 건네주었다. 당시 패터슨은 광고계 임원으로 명성을 날리고 있었다. 그러나 작가로서는 여전히 무명에 가까웠고 자기만의 고유한 색깔도 찾지 못한 상태였다.

패터슨의 이러한 여정에서는 어딘지 익숙함이 느껴진다. 그는 소설가가 되겠다는 목표를 향해 거침없이 나아가는 와중에도 본업에 충실했다. 그는 중간에 낀, 소위 경계적 중간기에 와있었다. 사실 일반적인 시각으로는 그의 상황이 *분투*처럼은 보이지 않을 것이다. 그는 광고계의 성공한 임원이었고 여러 권의 책을 낸 작가였다. 정규직 두 개를 훌륭하게 해치우고 있다고 해도 과언이 아니었다. 하지만 그 두 직업 중 미래가 불투명한 쪽을 위해 안전한 쪽을 버릴 준비는 아직 되어있지 않았다. "아직은 제가 미흡하다는 걸 알고 있었거든요. 본업을 그만두고 글로 먹고살 만한 배짱도 없었고요. 그래서 소설을 부업으로 삼는 더 쉬운 방법을 택했던 겁니다."

그러는 동안, 패터슨은 상업적으로 대성공을 거둔 책들을 분석해서 소설의 성공 방정식을 파악했고, 작가로서 자기 장점을 탐구했다. "어느 순간, 팔리는 소설을 쓰고 싶다는 생각이 간절해졌어요. 제 강점과 약점이 뭔지도 궁금했고요." 그래서 그는 월스트리트 금융 시스템처럼 그에게는 낯선 분야의 거대한 소재들을 다루는 대신, 조사를 바탕으로 어느 정도 자신 있게 쓸 수 있는 구체적인 주제들에 초점을 맞추기 시작했다. 가령 납치를 소재로 한 책을 구상할 때는 그 유명한 린드버그Lindbergh가의 유괴 사건을 직접 수사한 FBI 요원들을 만나 인터뷰했다. 그는 경찰 및 군인들과도 친구가 되었다. 아이디어가 고갈된 적은 한 번도 없었다. 그는 앞으로 쓸 소설 소재가 샘처럼 솟는 창의적인 두뇌의 광고쟁이였다. 게다가 집필 속도까지 빨랐다. 글을 쓰려고 책상 앞에 앉으면 보통 30~40페이지는 후딱 써 내려갔다. 일단 두서없이 소설의 개요부터 잡은 다음에 이야기를 완성하는 식이었다.

8번째 소설을 쓰기 시작했을 때까지도 패터슨에게는 특징적인 집필 스타일이 없었다. 그는 으레 그렇듯 개요부터 완성하기 시작했다. 하지만 이번에는 조금 달라진 것들이 있었다. 그는 이야기꾼으로서 자기의 강점을 확실히 이해하게 되었고, 그래서 FBI 요원이나 여기저기서 조사한 정보들을 제대로 활용할 수 있었다. "제 모든 걸 쏟아부었어요." 그는 마침내 40페이지 정도 되는 얼개를 350페이지짜리 이야기로 확장할 수 있었고, 이를 통해 깨달음을 얻었다. "바로 이 책이라는 느낌이 들었어요." 그는 소소하고 불필요한 내용은 모두 걷어내고 줄거리를 중심으로 각 장의 내용을 짧게 정리한 다음, 거침없이 써 내려갔다. 드디어 자기만의 집필 스타일을 찾은 것이다.

그는 이렇게 쓴 신작에 《시간의 침묵Along Came a Spider》이라는 제목을 붙였고, 그렇게 알렉스 크로스Alex Cross 탐정이 등장하는 첫 소설이 탄생했다. 이 책은 엄청난 베스트셀러가 되었을 뿐만 아니라 매력적인 시리즈물의 신호탄이 되었다. 이후 그는 속편들을 연이어 발표했다.

여기서 놀라운 사실은, 그때까지도 패터슨이 광고대행사에 다니고 있었다는 점이다. 그뿐만이 아니었다. 그때 그는 북미 사업의 총괄 대표가 되어있었다. "저는 그 일을 한 번도 좋아한 적이 없었어요." 그는 광고 일을 그렇게 평가했다. "이론상으로는 그런 짧은 동영상을 만드는 일이 더 재미있을 것 같거든요? 그런데 좋은 영상을 만들도록 순순히 내버려두지 않는 광고주가 너무 많다 보니 힘들더라고요." 이사회 회의에 앉아있으면 매분 매초가 슬로비디오처럼 더디게 흘러가 괴롭기 짝이 없었다. "손목시계를 내려다보면 7시 50분이에요. 한참 지난 것 같아서 다시 시계를 보면 겨우 8시 5분이고요. 영 흥미가 생기지 않았어요. 광고는 항상 일일 뿐이었는데, 그나마 제가 좋아하는 사람들을 고용할 수 있는 위치에 오르니까 좀 낫더라고요." 패터슨에게는 회사 동료들이 구원투수였다. 그들은 영리했고, 흥미로웠으며, '나쁜 놈은 안 돼No-assholes'라는 그의 철학에도 부합했다.

패터슨은 1996년까지 10권의 소설을 출간했는데, 이는 대부분의 전업 작가가 평생 쓰는 작품 수보다 많았다. 그보다 중요한 사실은 10개의 작품 중에서 알렉스 크로스 시리즈의 두 번째 책인 《키스 더 걸Kiss the Girls》을 비롯한 베스트셀러가 여럿 나왔다는 점이다.

"그때는 J. W. 톰슨의 CEO였는데도 어느 순간 책으로 들어오는 인세 수입이 훨씬 많더군요." 그런데도 어쩐 일인지 패터슨은 아직 회사를 떠나 마지막 도약을 할 마음이 서지 않았다.

그때 난데없이 중단 단계가 그를 걷어찼다. 경력 전환을 연구하는 경영 분야의 대가든 '유레카'적인 영감에 정통한 신경과학자든 구분할 것 없이, 재창조 전문가들은 영감이 꽃을 피우려면 반드시 휴식이 필요하다고 입을 맞춰 말한다.

어느 여름날의 무더운 일요일에 패터슨은 뉴저지, 맨톨로킹의 별장에서 사무실 쪽으로 향하고 있었다. 주말을 교외에서 즐기고 또 다른 한 주를 시작하기 위해 복귀하는 다른 이들처럼 그 또한 정체된 뉴저지 턴파이크 도로 위에 발이 묶여있었다. 그때 불현듯 이런 생각이 들었다. *잠깐, 이게 무슨 미친 짓이지?* 그의 두 눈에 반대편 도로에서 쌩쌩 달려가는 차들이 들어왔다. 해변에서 돌아오는 대신 해변으로 향하는 차들이었다. "전 교통 체증 속에서 욕지거리를 하던 참이었어요. 짜증이 나 미치겠더라고요. 그런데 반대편 도로의 차들은 쌩쌩 달려가는 거예요. 15초마다 한숨이 절로 나왔죠." 반대편으로 향하는 도로는 뻥 뚫려있었다. 그에게는 뉴저지 해안이 등 뒤로 점점 멀어지고 있었지만, 반대편 도로의 사람들 앞에서는 점점 더 크게 반짝이고 있었다.

"한 시간 반쯤 지났을 때 '아하'의 순간이 왔어요." 그가 내게 말했다. "반대편 도로로 가야 한다. 나는 잘못된 길을 달리고 있다. 지금

나는 좋아하지도 않는 일을 하려고 뉴욕으로 향하고 있다. 이제는 맞은편 도로로 가야 한다. 그렇게 방향이 잘못되었다는 걸 느꼈죠."

교통 체증에 갇혀있던 순간에 그는 '기이한 돌파구'를 찾았다고 한다. 마침내 때가 되었다는 것을 깨달은 셈이다.

맨해튼 사무실에 도착한 패터슨은 사직서를 냈다.

내 안에 있는 또 다른 나를 끄집어내기

제임스 패터슨은 그렇게 자기 이야기를 마쳤다. 나는 수십 년 전 우리가 처음 만났을 때는 그저 전형적인 광고맨이었던 그가 감행한 엄청난 변신에 감탄하지 않을 수 없었다. "와, 정말 끝내주는 자기 혁신 이야기네요." 내가 말했다.

"사실은 그렇지도 않아요." 그가 당황한 목소리로 답했다. 사실 패터슨 입장에서는 혁신적이라고 부를 만한 면이 하나도 없었다. 그에게는 자신의 변화가 재창조와는 거리가 먼, 그저 연속적인 과정이었기 때문이다. 적어도 그가 느끼기에 자기는 항상 같은 사람이었다. 몇십 년간 다른 일로 먹고살았어도 자신은 언제나 소설가였다. 스스로 수긍할 만한 유일한 재창조라면 그가 작가로 진화한 방식이었다. "저는 계속해서 다른 일을 시도하는 방식으로 저를 시험했어요." 패터슨은 자신이 미스터리 장르뿐 아니라 어린이책과 논픽션도 썼다는 점을 강조하면서 이렇게 말했다. 그는 자신이 가진 아이디어를 다른 작가들과 공유하면서 존 레넌, 무하마드 알리, 제프리 엡스타인 등 다양한 인물에 관한 책들을 공동 집필했다. 또 빌 클린턴 전 대통령이나 돌리 파튼 같은 유명인들과 함께 책을 쓰기도 했다. "그런 작업도 저를 재창조하는 계기가 되었습니다."

이는 방향 전환에 성공한 사람들 사이에서 포착되는 공통점이다. 그들은 새로운 정체성을 만들어내려고 애쓰지 않는다. 다만 자기 안에 이미 있는 정체성을 더 완전히 표현하려 애쓸 뿐이다. 내가 만난 사람들 대부분은 패터슨처럼 거대한 도약 한 번으로 변신하려 하지 않았고, 수년이 걸릴지라도 점진적인 단계를 밟아나갔다. 그리고 일반적으로는 자신이 방향을 바꾸고 있다는 사실을 깨닫기 한참 전부터도 그런 단계를 밟기 시작했다.

게다가 내가 인터뷰했던 이들의 거의 모두는 두 일이 표면적으로 얼마나 다르든 이전 경험을 발판으로 새로운 삶을 개척했다고 말했다. 크리스 도너번은 신발을 디자인하면서 전화기 수리 일을 참조했다. 산업용 부품을 사용해 컬렉션 제품을 만들었다는 이야기를 기억하는가? 그는 가식적인 오트 쿠튀르 디자이너가 되는 대신에 패션 스쿨의 교수님이 해준 충고("그런 날것 그대로의 느낌을 절대 버리지 마세요")를 항상 명심했다.

아무리 불만족스럽고 설사 실패로 끝났을지라도 이전 경험은 유용하다. 베라 왕은 뛰어난 피겨스케이팅 선수였지만 간발의 차로 올림픽 대표팀 합류에 실패하면서 패션 전문 기자가 되고, 마흔 살에는 패션 디자이너로 다시 경력 변신에 성공한다. 그리고 계속 성장해 웨딩드레스의 여왕이 된다. 그녀는 이렇게 말했다. "피겨스케이팅은 단련하는 법을 가르쳐줘요. 자기표현의 즐거움도 알려주고요. 속도감도 알게 됩니다. 피겨스케이팅에는 움직임도 있어요. 넘어지면 스스로 일어나 다시 시도해야 합니다. 삶에 비유할 만한, 좋은 스포츠죠."

제임스 패터슨도 광고 일을 하면서 배운 기술들을 소설 집필에 적극적으로 활용했다. 그가 《시간의 침묵》 홍보용으로 직접 제작한 TV 광고를 자비로 내보낸 이후(당시로서는 출판계에서 처음 시도한 일이었다) 책은 큰 인기를 얻었다. 그는 표지 디자인부터 제목, 활자체, 프로모션까지 자기가 쓴 책의 마케팅에도 모두 꼼꼼히 관여했다. 패터슨 자신도 작가 일을 하면서 수십 년간 쌓은 광고 제작 노하우 덕을 톡톡히 봤다고 말한다. "광고 일을 하며 얻은 최고의 선물은 독자들을 이해하는 것이었어요." 그는 광고대행사에 있을 때 TV 광고를 "머릿속의 동영상 카메라를 켜는 것"으로 상상했었다. 그리고 이제는 책을 가지고 똑같이 한다. "그게 광고에서 얻은 비법입니다. 제가 늘 애쓰는 일이고요."

제임스 패터슨은 버거킹과 토이저러스 광고를 만들던 시절과 다름없이 지금도 아이디어 제조기다. 그리고 여전히 다음에 대해 늘 고민한다. 그는 플로리다 자택에서 나와 인터뷰할 당시에도 다음에

낼 책들을 한창 기획하고 있었는데, 2022년에 출간할 후보만 10권이 넘었다. 그러면서도 그는 늘 그렇듯 새로운 이야깃거리를 또 찾고 있었다. 인터뷰가 끝나갈 때쯤 그는 마지막 질문을 내게 돌렸다.
"기자님은 다음번에 어떤 변신을 계획하고 있나요?"

Next!

목차

들어가며: 인생과 커리어의 다음 단계로 도약하기

1부
자기 혁신 로드맵

1장 지금이 도약할 시점일까?
당신 내면의 목소리에 귀 기울일 때 · 49

2장 넘어지고 또 넘어져도, 분투하라
나는 실패했다. 이제 어쩌지? · 79

3장 유레카!
당신에게 찾아온 바로 그 순간 · 117

4장 바닥을 치고 튀어오르기
때로 트라우마는 나를 더 강하게 만든다 · 163

5장 선택의 여지가 없는 창업의 길
언더독과 아웃라이어의 비범함 · 203

2부

성공을 위한 궁극의 원칙들

6장 **이제 행동으로 옮길 때**
당신의 시작은 이미 준비되어 있었다 ♦ 243

7장 **잠시 멈춤의 미학**
해법을 찾는 지름길은 충분한 휴식 ♦ 283

8장 **바로 옆 사람이 알고 보니 전문가**
당신도 누군가에게는 전문가가 될 수 있다 ♦ 317

9장 **세기의 장난감, 탄생 비화**
기사회생한 브랜드들의 공통점은 무엇인가 ♦ 351

마치며: 다음으로 도약하기 위한 도구 상자

감사의 말

1부

자기 혁신
로드맵

1장

지금이 도약할 시점일까?

당신 내면의 목소리에 귀 기울일 때

유일하게 가치 있는 것은 직관뿐이다.

| 알베르트 아인슈타인

어린 시절, 나는 음악에 진심이었다. 매일 몇 시간씩 비올라 연습을 했다. 주말이면 줄리아드 스쿨의 폴 독터 교수님에게 강습을 받을 수 있었는데, 부모님은 뉴저지에서 맨해튼까지 나를 태워다주셨다. 유명 비올리스트로 빈 억양이 감미로웠던 그는 바이올린보다는 크고 첼로보다는 작으면서 연주하기에는 양쪽 모두보다 어정쩡한 별난 악기, 비올라 독주로 먹고사는 몇 안 되는 예술가 중 한 명이었다. 성인인 지금은 연주를 그만뒀지만, 음악은 여전히 내 삶의 중요한 일부로 남아있다. 첫 책으로 음악에 대한 회고록을 썼고 세계적 수준의 연주자들을 다룬 기사도 종종 써왔으니 말이다.

그 과정에서 알게 된 음악가 중 유달리 흥미로운 여정을 거친 인물이 있다. 앨런은 어떤 면에서 내 아들 앤드루를 떠오르게 했다. 양키스의 골수팬인 그는 어떤 경기든 그때 선발진이 누구였고 최종 점수가 몇 점이었는지 읊어댈 수 있는 야구광으로, 맨해튼에서 자랐다. 내 아들이 그랬듯 앨런 역시 박스 스코어에 집착했다. 11타수에 3안타면 0.273, 22타수에 7안타면 0.318 식으로 타율을 계산하며 분수의 원리를 터득했다. 앨런의 어머니도 나처럼 아들이 몹시 민망해하는데도 모임이 있을 때면 재미 삼아 손님들 앞에서 복잡한 암산을 시켜 아들의 특별한 능력을 과시했다. 두 소년 모두 악기를 먼저 배운 사촌의 영향으로 음악 강습을 받기 시작한 것도 같았다.

하지만 앨런은 내 아들과 달리 순식간에 야구만큼이나 음악에 빠져들었다. 그는 12살에 클라리넷 강습을 받기 시작해 이내 하루에 4시간, 5시간, 때로는 6시간씩 연습에 매진했다. 앨런은 클래식 음악을 좋아했지만, 재즈의 매력에 한층 더 사로잡혔다. 특히 베니 굿맨 같은 옛 재즈 거장들의 음반에 탐닉했다. 그는 곧 테너 색소폰도 배워서 블루스 풍의 재즈 리프를 연주할 수 있게 되었다.

앨런의 가정은 부유하지 않았다. 그의 어머니는 이혼 후 가구점에서 일하며 살림을 꾸렸다. 그는 고등학교에서 뛰어난 수학 실력을 보였지만, "관심이 없는 과목들은 그냥 괜찮은 수준이었어요"라며 당시를 회상했다. 온종일 음악과 야구 연습만 하다 보니 학교 공부에 할애할 시간은 어차피 없었다. 어쨌든 그는 학업에 무관심한 만큼 음악에 뛰어났다. 10대 시절에도 주말에는 공연 연주로 소소하게 돈을 벌 만큼 실력이 좋았다. 앨런은 졸업 후 명문 줄리아드 스쿨에 입학했고, 이로써 첼리스트 요요마부터 바이올리니스트 이츠하크 펄먼, 재즈 거장 마일스 데이비스 모두를 양성한 음악대학의 소수 클라리넷 전공자 중 한 명이 되었다.

앨런은 줄리아드에서 클라리넷 외에도 피아노와 작곡을 공부하기로 했다. 하지만 그는 막연한 갑갑함을 느꼈다. 전공인 클래식 음악이 재즈가 주는 만큼의 감흥을 불러일으키지 못했기 때문이다. 그래서 테너 색소폰 교수로부터 한 전문 재즈 밴드가 멤버를 모집한다는 소식을 들었을 때, 그는 기회를 잡고자 오디션에 덥석 달려들었다. 그리고 합격 소식을 들었을 때는 기뻐 어쩔 줄을 몰랐다. "메이저 리그에 진출한 것까지는 아니지만, 트리플 A에서 뛰는 정도는 되었죠." 후에 앨런은 당시 상황을 자신이 가장 좋아하는 두 분야를 결합해 이렇게 표현했다. "어쨌든 본격적으로 전문 음악인이 된 거니까요."

밴드는 동부 해안 지역을 오가며 공연했다. 동료 뮤지션들과 함께하는 연주는 황홀했다. 음악인이라면 누구나 뜻을 같이하는 연주자들과 연결되는 순간에 육체적 감동에 가까운 짜릿함을 느낀다고들 한다. "좋은 밴드에서 연주하는 경험은 그저 무대 앞에 서서 음악을 듣는 것과는 완전히 차원이 달라요. 소리와 배음이 전 방향에서 전달되거든요. 리듬악기들이 내는 소리가 뼛속에서 느껴지면서 밴드 연주자들 모두가 역동적으로 교감하게 되죠."

앨런은 동료 연주자들과 같이 공연하는 데는 더없이 열정적이었지만 음악이 멈추고 나면 그들과 그다지 공통점이 없었다. 단도직입적으로 말해, 그는 밴드에서 별종이었다. 다른 멤버들은 시간이 빌 때면 유흥을 즐겼으나 그는 팀의 세금 정산 일을 하며 시간을 보냈다. 공연 중 조합이 정한 20분의 휴식 시간이 되면 다른 멤버들은 대기실로 들어가 마리화나를 피웠지만, 앨런은 홀로 남아 책을 읽었다. 소설은 별로 좋아하지 않았지만 논픽션은 닥치는 대로 읽었다. 앨런이 수학과 친했다는 점을 생각하면 그가 주식시장이나 금융인들을 다룬 책들에 매료된 것은 당연한 일이었다. 그는 서서히 깨닫게 되었다. "언제부터인가 휴식 시간 20분이 오기만을 기다리게 되었어요. 그러면서 제가 음악보다 금융에 더 끌린다는 것을 알았죠."

그때, 앨런은 학교로 돌아갈 시간이 되었다고 결정했다. 그는 음악을 사랑했던 만큼 이제 새로운 경력을 꿈꾸게 되었다. 바로 월스트리트였다.

그래서 이 프로 연주자는 용기를 냈고, 밴드를 떠났으며, 금융 공부를 하고자 뉴욕대학교에 입학했다. 편치 않은 변화였다. 고등학교를 졸업한 지 이미 여러 해가 지난 시점이었다. "어떻게 해야 할지 막막했어요." 음악은 익숙했지만, 학문은 낯설었다. 그는 만약에 대비해 학기가 시작되기 전인 여름에 강의 교재들을 미리 사서 과제들을 공부해나가기 시작했다. 앨런은 대학에 와서도 학교 오케스트라와 연주를 하고 합창단에서 노래를 부르면서 여전히 음악에 발을 걸치고 지냈다. 그의 사교 생활은 음악을 중심으로 돌아갔다. "사람들이 자신이 잘하는 일을 하려는 이유는 그래야 자존감이 높아지기 때문이에요. 만약 어떤 일에 관한 능력이 출중하다면, 그 일에 엄청난 시간을 투자하기 마련입니다. 그게 바로 자기를 강화하는 방법이니까요." 음악은 앨런의 강점이자 그가 시간을 투자한 일이었다.

다만 그는 자신이 올바른 길을 가고 있는지 여전히 확신할 수 없었다. 월스트리트에 관심이 있는 학생은 앨런 외에도 많았고, 그들은 원하는 목표에 이르기 위해 수업, 성적, 경험에만 철저히 초점을 맞춰 정진했다. 그런 그들 무리에 합류할 자격이 앨런에게 있었을까? "제가 금융 분야에서 성공할 수 있을지, 자신할 수 없었습니다"라고 그는 고백했다.

직감의 힘을 믿은 사람들

삶을 뒤엎고 다시 방향을 틀어 미지의 길로 들어선 앨런의 선택은 과연 옳았을까? 이는 내가 진로 전환이나 경력 변경, 삶의 노선 번복을 고려한 사람들을 만나 이야기하면서 가장 자주 들은 딜레마였다. 본능적으로는 변화가 옳다고 느낄지도 모른다. 설사 그렇다고 해도, 지금이 그 변화에 뛰어들 적기인지 어떻게 알 수 있을까?

어떤 변화든 첫걸음이 가장 어려운 법이다. 방향을 크게 선회할지 말지 결정할 때 말이다. 보유한 기술이 시대에 뒤떨어지기 시작했거나, 삶이 더 이상 만족스럽지 않거나, 직장을 잃었거나, 그 밖의 여러 이유로 우리는 기어를 변경하려 하지만, 그런 욕구를 억누르는 강한 문화적 힘이 사방에서 밀려든다. 그러면 재창조의 기세가 순식간에 약해지고 만다. 책이나 기사에는 낡은 방식을 버리고 새로운 방식을 습득하라는 탄탄한 조언들이 가득하다. 하지만 그런 글들은 대담하고 거침없이 길을 개척하는 극소수의 사람들을 위해 쓰인 것처럼 보인다. 자기계발 전문가들은 사람들에게 두려움을 '파괴'하라고 명하고, 그들의 '약한' 태도를 질타하며 사자처럼 포효해 힘을 과시하라고 자극하기도 한다. 현 상황을 무모하리만치 과감하게 포기하라고 말하는 사람도 있다.

그러나 내가 이 책을 쓰면서 만난 사람 중에는 그런 무모하고 틀에 박힌 방식을 따른 사람은 아무도 없었다. 앨런도 마찬가지였다. 사실 그렇게 마초적인 태도는 대다수에게 불가능하다. 알파-메일alpha-male이 아닌 남성에게는 다른 법칙이 필요하고, 여성이나 유색인종에게는 더더욱 그렇다. 소수자 집단에 속한 사람이 일탈을 저지르면 불이익이 따른다는 사실은 연구 결과로도 입증된 바 있다.

중요한 변화는 저 멀리 아득한 곳에나 있는 것 같아서 우리는 점점 위축되고 거기서 멀어진다. 다들 살면서 "힘내자", "받아들이자", "잘 넘기자", "제자리를 찾자" 같은 말로 자기 자신을 위로한 적이 한 번쯤은 있을 것이다. 이는 어느 정도 인간의 본성이다. 주위의 모든 것이 불확실할 때, 우리는 본능적으로 새로운 해안보다는 단단한 땅을 원한다. 확실함을 찾는 것이다. 의도했든 아니든 우리는 기운을 차리고, 원래 자리로 돌아가, 곁눈질하지 않고, 계속 똑바로 전진해야 한다는 사실을 터득해왔다.

그럼에도 불구하고, 우리가 *새로운 가능성*에 마음을 열지 않고 현실만 고수한다면 우리의 창의력과 혁신성과 충만함은 억제된다. 호주의 호스피스 간호사인 브로니 웨어Bronnie Ware는 몇 년간 말기 환자들을 간병하면서 삶을 마감하는 사람들이 느끼는 점들을 모아《내가 원하는 삶을 살았더라면》이라는 책을 냈다. 그런 노인 환자들이 가장 많이 후회한다고 말한 것은 "다른 사람들이 내게 바란 삶이 아니라, 나 자신에게 참된 삶을 살 용기가 있었더라면……"이었다.

앨런이 고민했던 것과 같은 변화는 혼란스러움을 넘어 공포심마저 들게 한다. 이미 안정적인 직업과 생활 방식을 누리던 사람이 미지의 세계에 뛰어들기 위해 그 모든 것을 포기하는 일은 엄청나게 위험한 선택이다. 마치 끝을 알 수 없는 블랙홀 안으로 몸을 던지는 것과도 같다. 일이 잘 풀린다면 아득히 먼 곳에서 반짝이는 빛을 잡을 수도 있겠지만, 실패한다면 그 어둠이 언제라도 당신을 송두리째 집어삼킬 것이다.

물러날 곳이 없는 사람들은 한층 더 불리하다. 당신이 직장에서 해고되었거나, 구조 조정을 당했거나, 다니던 회사가 망했다고 치자. 아니면 가족 중 누군가가 죽었거나, 배우자와 이혼해 일상이 불시에 타격을 입었을 수도 있다. 혹은 개인사의 변화로 생활에 유연성이 더 필요해졌거나, 기존의 역량이 힘을 못 쓰는 새로운 부서로 발령이 났을 수도 있다. 그 밖에도 이유는 많다. 코로나19 팬데믹을 겪은 수많은 사람처럼, 그저 너무 지쳐서 회사를 제 발로 뛰쳐나갔을 수도 있다. 이처럼 다른 안전망이나 선택지가 없는 사람들에게 미지를 향해 도약하는 일은 가장 두려운 선택지일 뿐이다.

우리 주변을 보면, 개인적인 삶에서든 직장에서든 중대한 변화를 맞는 사람들은 종종 비슷한 궤적을 따른다. 그 첫 단계는 *탐색*

*Search*으로, 선택 가능한 미래를 고민하면서 정보를 수집하는 과정에 들어간다. 그다음에는 *분투Struggle*라는 불편한 중간기가 도래하는데, 이 기간은 금방 넘어갈 수도 있고 몇 년간 이어질 수도 있다. 그러고 나면 보통 상황을 *중단Stop*하고 휴식을 취해야 할 때가 온다. 그래야만 생각이 명료해지면서 비로소 *해법Solution*을 얻을 수 있다.

그렇다면 의문이 생긴다. 애초에 지금이 변화에 착수할 시점인지를 어떻게 알 수 있을까? 방향 전환에는 고려할 변수가 너무 많고, 당신의 발걸음에 제동을 걸 만한 숱한 걸림돌까지 예상된다. 위험을 감수하고 변화에 따랐을 때 돌아올 보상이 어느 정도일지를 어떻게 판단할 수 있을까? 기존의 삶을 뒤집었을 때 발생하는 모든 위험과 보상을 계산하는 방법론이 논리적으로는 있을 법하다. 무릇 변화를 취하려는 사람이라면 그와 관련된 요소들의 경중을 하나하나 신중하고 합리적으로 따져봐야 마땅하다. 결정 트리decision tree 같은 모델이나 하다못해 엑셀 스프레드시트라도 써봐야 하지 않을까?

그런데 놀랍게도, 이런 변화의 물살을 성공적으로 헤쳐 나간 다수의 사람에게 물었더니 이중 그 어떤 것도 언급하지 않은 이들이 많았다. 대신 그들은 '직감'을 말했다. 아무리 종이에 장단점을 빼곡하게 적어봐야 그것이 옳은 결정이라는 본능적인 느낌과는 비교할 수가 없다는 것이다. 게다가 그런 변곡점을 회상해본 사람 중 상당수가 실제로 변화에 뛰어들겠다며 '의식적인' 결정을 내리기 한참 전부터 이미 자신이 변화를 시작한 상태였음을 뒤늦게야 깨달았다고 말했다. 그들은 스스로 알아차리기도 전에 자신을 재창조하고 있었다.

솔직히 어처구니없었다. 객관적인 정보조차 꼼꼼히 살펴보지 않은 채 인생의 중대한 변화를 결정하는 행위를 납득하기 어려웠다. 우리 조상들은 상상조차 할 수 없었던 양질의 정보들을 언제라도 손가락만 움직여 이용할 수 있는 요즘 상황을 고려한다면 더더욱 이해할 수 없는 일이었다. 오늘날에는 그런 큰 결정을 내릴 때 과거 어느 때보다 더 상세한 조사와 분석을 할 수 있다. 새로운 도시에서 경력을 펼칠 기회가 오면, 우리는 즉시 인터넷에서 새 경력과 새로운 도시, 직장 등에 관한 모든 정보를 찾아볼 수 있다.

하지만 너무 많은 정보는 오히려 우리를 그릇된 방향으로 이끌기도 한다. 옷을 살 때 보통 선택지가 너무 많은 백화점보다 엄선된 상품만 선별해놓은 편집 숍을 이용하는 것이 더 편리한 이유도 그 때문이다. 때로는 무수한 변수들을 고려하느라 정신이 나가는 것보다 그런 것들을 깡그리 잊고 자기 직감에만 귀를 기울이는 편이 낫다.

흥미로운 사실은, 경영 전문가들이 발견한 바에 따르면 성공한 기업인들은 종종 자신에게 날아드는 정보들을 상당히 의도적으로 차단한 뒤 직관에 의존한 채 중요하고 혁신적인 결정을 내린다는 것이다. 듀크대학 푸쿠아 경영대학원의 존 그레이엄John R. Graham

교수가 기업의 CEO와 최고 재무책임자 1,000명을 대상으로 설문 조사를 했더니, 그들 중 거의 절반이 '직감'에 따라 예산을 책정한다고 응답했다. 그들에게는 다양한 정보와 전통적인 재무 지표까지 있었지만, 많은 경영진이 객관적인 데이터보다 그들 자신의 직관과 부서 관리자의 평판 같은 비재무적 요소를 바탕으로 각 부서에 할당할 투자 예산을 정했다.

월스트리트가 기업의 재무 성과를 드높이기 위해 임원들의 숨통을 죄고, 이사회가 서슬 퍼런 요구를 통해 CEO를 재촉하는 요즘 같은 시대에 직감에 의존하는 경영진의 태도는 위태롭기 짝이 없는 게임으로 보인다. 그렇기에 나는 그레이엄이 발견한 결과에 당혹스러움을 느꼈다. 이들 CEO의 머릿속에서 무슨 일이 벌어지고 있는지, 어떤 동기로 그들은 데이터를 무시하게 되었는지를 알고 싶었다. 그래서 베를린의 막스플랑크 인간발달연구소에서 관련 분야를 연구하는 샤브남 무사비Shabnam Mousavi에게 연락했다. 그리고 그녀에게 경영인들이 직관에 의존하는 이유를 물었다.

"그게 효과적이니까요." 무사비는 딱 잘라 말했다. "정보를 의도적으로 무시하면 성공적인 결과로 이어지거든요."

우리는 모두 자기가 합리적인 결정을 내리고, 의사 결정 전에 상상할 수 있는 위험 요소를 전부 신중히 평가할 수 있다고 믿고 싶어 한다. 보통은 기업 일선에서도 승산이 확실치 않을 때는 더 신중한 검토를 요구한다. 고위 임원들의 승인을 받고 프로젝트를 추진하기 위해서는 생각할 수 있는 모든 변수를 나열한 발표 자료를 준비해서 그 프로젝트가 경영진이 제시한 일정에 딱 맞게 완성되며 원하는 것 이상의 성과를 낼 수 있다고 설득해야 한다. 그러나 삶은 정교한 프레젠테이션보다 훨씬 복잡하다. 무사비는 일어날 수 있는 모든 일을 구체적으로 파악하는 것은 어차피 불가능하므로 단순한 경험치가 복잡한 알고리즘보다 더 나을 수 있다고 주장한다.

그렇다고 할지라도, 대부분의 사람은 자기가 직감에 의지한다는 사실을 인정하려 들지 않는다. "직감은 비과학적인 것으로 간주되어 왔기 때문에 억제된 겁니다"라고 무사비는 말한다. "전통적으로 직감에 의존하는 일은 열등한 행위로 인식되어 왔기에 누구든 자기가 직감에 의존한다는 말을 쉽사리 못 하는 거죠." 따라서 직감을 근거로 의사 결정을 내리는 임원들은 부하 직원에게 자기 결정을 정당화할 만한 근거를 가져오라고 지시한다. 값비싼 컨설턴트를 고용해서 본인이 이미 계획 중인 결과를 추천하게 하는 연막술을 펼치기도 한다.

33세 주부의 과감한 도전

경력 전환이나 다른 변화에 성공한 사람들도 종종 직감의 힘을 말한다. 클리아 시어러Clea Shearer의 사례를 보자. 그녀는 남편이 직장을 옮기면서 LA를 떠나 내슈빌에 정착해야만 했다. 하지만 그녀는 새로운 도시에서 직장을 잡을 준비가 안 되어있었다. 무엇을 어떻게 해야 할지 막막한 상태였다. 그녀는 당혹감에 빠졌다. '*좋아. 나는 33세 여성이고 지금 아는 사람이라고는 하나도 없는 낯선 도시에 와있어. 남편 직장 때문에 어쩔 수 없이 가족 모두가 이사하긴 했지만, 이젠 어떡해야 하지?*' 시어러는 새로운 삶을 구상해야 했다. 문제는 그 방법을 확실히 모른다는 점이었다.

그러던 중 시어러는 자기처럼 최근 내슈빌로 이사한 조애나 테플린Joanna Teplin을 만나게 되었다. 예술가 성향의 영화 전공자였던 테플린은 서부에서 카드 문구를 만드는 일을 하다 최근 가족과 함께 그곳에 정착한 상태였다. 두 여성 모두 LA 출신인 데다 낯선 도시에서 새로운 삶을 개척해야 한다는 공통점이 있었다. 두 사람은 아는 친구의 주선으로 함께 점심을 먹게 되었는데, 그로부터 불과 네 시간 뒤 사업 파트너로 발전해버렸다. 후에 두 사람이 낸 책에는 이런 구절이 등장한다. "저희는 만난 순간부터 같이 사업을 시작할 수 있겠다는 확신이 들었어요." 그야말로 순수한 '직감'에서 출발한 일이었다.

그날 밤, 각자 집에서 아이들을 목욕시키던 시어러와 테플린의 마음속에는 이미 살림 정리 사업이라는 야심 찬 계획이 확고히 들어서 있었고 사명까지 정한 상태였다. '더홈에딧The Home Edit'이 바로 그 이름이다. 브레인스토밍에서 시작된 이 회사는 이후 놀라운 성공을 거두어 5년 만에 미 전역으로 사업을 확장했으며, TV 시리즈로도 제작되었다. 뿐만 아니라 세 권의 베스트셀러를 탄생시켰으며, 수납용품 전문점인 더컨테이너스토어The Container Store와 라이선스 계약까지 맺었다. 그 과정에서 리스 위더스푼, 킴 카다시안, 귀네스 팰트로 같은 스타들을 비롯해 500만 명 이상의 인스타그램 팔로워들을 고객으로 만들었다. 더홈에딧의 추종자들은 시리얼을 채운 투명 수납함들이 깔끔하게 정렬된 팬트리 선반과 레고 블록들을 빨주노초파남보 색깔의 완벽 대칭 구조로 정리할 수 있는 큐빅형 놀이 수납함 등 두 여성을 상징하는 무지개색 정리 전략에 감탄과 찬사를 아끼지 않는다.

"물론 몇 년 후에는 우리 둘 다 '세상에, 내가 만난 지 고작 한두 시간 만에 그 사람이 어떤 사람인지 배경 조사도 안 한 채로 사업을 시작했다고?'라며 신기해했다"라고 두 사람은 《더홈에딧 이야기The Home Edit》에서 밝혔다. "그다지 현명한 처사는 아니었지만, (……) 우리는 직감에 따라 그 길을 계속 가야 한다는 확신을 느꼈다."

실패에도 여러 요소가 작용하듯이, 성공한 사업에도 많은 요소가 결부해있기 마련이다. 시어러와 테플린은 서로를 보완해주는 기량과 남들이 부러워할 만큼 근사한 인스타그램 창작 능력을 갖추었다. 또 두 사람은 LA에 살 때 맺은 인맥도 적극적으로 활용했다. 특히 테플린의 자녀가 다니던 유치원의 학부모였던 배우 크리스티나 애플게이트는 다른 유명 스타들로 고객을 확대하는 데 큰 역할을 했다. 게다가 두 사람은 물건을 버리고 삶을 단순화하는 데만 집중하는 기존의 살림 정리 방식을 현명하고 독특하게 비틀어 활용했다. 집에 이미 있는 구조물이나 물건들을 재활용해서 보기만 해도 감탄이 나오는 팬트리나 차고를 꾸미는 전문성을 발휘한 것이다. 두 사람이 판매하는 진짜 상품은 '절친'처럼 편안한 그들의 캐릭터와 무지개색의 라이프 스타일이다.

시어러와 테플린의 이야기가 특별한 사례일 수도 있지만, 지나치게 고민할 필요가 없다는 그들의 통찰력은 참고해볼 만하다. "우리는 둘 다 본능을 어떻게 활용하는지 알고, 실천에 옮길 뿐이다. 우리는 미적거리면서 상황만 분석하다 기운을 빼는 법이 없다. 일단 밀어붙인 다음, 원하는 것을 어떻게든 구현한다."

이 두 여성은 아마도 자신들의 직관적 접근법이 조직심리학자의 평가 대상이 된 줄은 몰랐을 것이다. 일례로 2002년에 막스플랑크의 연구원인 다니엘 골드스타인Daniel Goldstein과 게르트 기거렌처Gerd Gigerenzer는 무작위로 선택된 독일인과 미국인들에게 "샌디에이고와 샌안토니오 중 어느 도시의 인구가 더 많은가요?"라는 단순한 질문을 던졌다. 표면적으로 보면 이는 미국인들이 더 잘 알 법한 문제이므로 미국인들의 정답률(답은 샌디에이고다)이 더 높을 것으로 예상된다. 그러나 놀랍게도 독일인은 이 문제를 100% 맞춘 반면, 정답을 말한 미국인은 전체의 3분의 2에 불과했다.

연구진은 그 원인에 대해 미국인들이 미국의 도시들에 대해 너무 많이 알고 있기 때문이라는 결론을 냈다. 그들은 질문의 답을 지나치게 고민했다. 미국인들은 지리, 산업, 인구 등 지난 수년간 수집한 모든 데이터를 고려한 다음, 신중하고 분석적으로 답을 결정했다. 하지만 독일인들에게는 그런 표면상의 이점이 없었다. 그들은 그저 샌디에이고에 대해 들어본 적이 있었고, 그 이유는 그곳이 샌안토니오보다 더 유명하기 때문이었다. 독일인에게는 그들의 사고 과정을 혼란스럽게 만들 부차적인 정보가 없었다.

지나친 고민이 유형을 막론한 모든 결정에 방해가 된다는 증거는 많다. 또 다른 연구에서, 한 참가자 집단에는 깊이 생각하지 말고 다섯 개의 포스터 중 하나를 골라달라고 부탁했다. 그중에는 인상파 화가의 그림도 있었고, 빗줄에 앉은 고양이 옆에 "좀 봐주세요"라는 말이 적힌 유쾌한 동물 사진도 포함되어 있었다. 결과는 어땠을까? 참가자의 상당수는 인상파 화가의 그림을 선택했다. 또 다른 참가자 집단에는 먼저 각 포스터의 '좋은 요소'와 '별로인 요소'를 설명해달라고 부탁한 뒤 하나를 고르게 시켰다. 두 번째 집단의 참가자들은 자신의 선택과 그 이유를 찬찬히 생각해야만 했다. 결국 그들 대부분은 "좀 봐주세요"를 호소하는 고양이 사진을 선택했지만, 3주 후에 다시 연락하자 자신의 선택을 바꾸고 싶다고 말했다. 인상파 화가의 그림을 골랐어야 했다는 것이다.

지나친 고민은 이런 작용을 한다. 마음을 바꾸게 하고, 그러면서 더 나쁜 결정을 하게 만든다. 개인의 취향 문제인 포스터를 선택할 때만 그런 것이 아니다. 어떤 상황을 지나치게 분석하면 *객관적으로도* 잘못된 결론에 이를 수 있다.

오늘날에는 대량의 데이터를 수집하는 회사들도 혁신 상품을 창조할 때는 의도적으로 데이터를 무시한다. 아마존은 거의 모든 영역에 데이터와 시장조사 결과를 활용하는 것으로 유명하다. 이 회사는 주문 하나당 2,000개 이상의 데이터 포인트를 수집한다고 말해왔다. 한 BBC 기자는 자신의 아마존 프로필을 검색한 결과 아마존이 자신이 온라인에서 행한 11만 5,000건 이상의 상호작용을 추적해왔다는 사실을 알게 되었다. 그중에는 그가 킨들 리더기를 탭한 각각의 시간과 그의 딸이 〈겨울왕국〉의 주제가인 'Let It Go' 동영상을 48번 조회한 것도 포함되어 있었다.

하지만 아마존도 무언가 새로운 것을 창조할 때는 데이터 너머를 본다. "에코Eco(아마존이 개발한 스마트 스피커)를 만들어달라고 요구한 소비자는 아무도 없었습니다." 아마존의 창업자 제프 베이조스가 한 말이다. "물론 저희도 많이 헤맸어요. 시장조사가 의미가 없었거든요. 만약 2013년 고객에게 '당신의 주방에 프링글스 크기의 까만색 원통형 기기가 있는데 언제나 켜져 있어서 당신이 말을 걸거나 질문을 할 수도 있고 집의 조명을 켜거나 음악을 재생할 수 있다면 그 제품을 사시겠어요?'라고 묻는다면 장담컨대 그들은 황당한 표정으로 저를 보면서 '아니요, 사양하겠습니다'라고 대답했을 겁니다."

베이조스는 이런 측면에서 애플의 스티브 잡스를 연상시킨다. 잡스는 "사람들은 우리가 보여주기 전에는 자기가 무엇을 원하는지 모릅니다. 그런 이유로 저는 절대 시장조사에 의존하지 않습니다. 우리의 임무는 아직 책에 쓰이지 않은 것을 읽는 것입니다"라는 유명한 말을 했다. 애플 또한 많은 데이터를 수집하고 분석했다는 사실을 생각하면 그가 솔직하지 않았을 수도 있다. 하지만 그의 시적인 표현에도 불구하고 요점만은 명확하다. 완전히 새로운 무언가는 그것을 만들어낸 사람 외에는 누구도 만들어달라고 요청할 수 없다는 것이다. 잡스는 이를 이렇게 표현했다. "소비자가 무엇을 원하는지 파악하는 것은 소비자의 몫이 아닙니다."

비슷한 예로, 제임스 패터슨은 출판사의 만류에도 불구하고 그의 히트작인 《시간의 침묵》의 TV 광고를 제작해야 한다고 고집을 부렸다. 이는 출판업계의 오랜 관행을 무시하는 행위였다. "의심하는 사람들은 항상 있기 마련이에요." 그는 《하버드 비즈니스 리뷰》와의 인터뷰에서 이렇게 말했다. "그래도 제 직감이 맞을 때가 많거든요. 저와 같이 일하는 사람들도 마지못해서 인정하게 되었고요."

뇌와 마음의 상호작용

그런데 성공으로 가는 직감적 판단과 "숙제하기 싫은데"같이 게으르고 잘못된 직감적 판단은 구별해야 한다. 정말 획기적인 아이디어를 고심할 때, 성공의 공통분모는 풍부한 경험과 지식이다.

우리는 종종 어떤 친구가 '뛰어난 직감'을 소유했다거나 어떤 리더가 탁월한 직관을 가졌다고 생각한다. 그런데 우리 눈에 보이는 그런 능력은 사실 깊은 전문 지식이 차곡차곡 쌓인 결과다. 실제로 연구자들은 외적으로는 어느 날 혜성처럼 등장한 것처럼 보이는 일도 실은 평범한 패턴 인식에 가깝다는 사실을 밝혀냈다. 혁신가들은 과거의 경험은 물론이고 완전히 새로워 보이는 것들을 통해서도 패턴을 인식한다. 역설적이지만, 이런 사람들은 이전에 너무나 많은 상황을 분석해온 덕분에 아주 정확한 직감을 갖게 된 것이다. 제프 베이조스와 스티브 잡스가 '금 나와라 뚝딱!'하고 혁신 기기를 발명했을 리는 없다. 그들은 동료들과 함께 수십 년간 고객을 이해하고 혁신과 연구 활동을 펼치면서 직감을 키워나갔다. 제임스 패터슨에게는 수십 년간 쌓은 광고 기획 경력이 있었기에 출판계에서도 고객의 마음을 얻는 방법을 터득할 수 있었다.

거의 모든 경우에, 직감에 따른 행동은 익숙한 패턴을 새로운 것으로 추론하는 능력에 좌우된다. 가령 체스의 대가들은 체스판을 슬쩍 보기만 해도 별다른 분석 없이 다음 수를 생각해낼 수 있는데, 연구자들이 파악한 바에 따르면 그들에게는 5만 개에서 10만 개에 달하는 패턴 저장고가 있어서 그런 행동이 가능하다고 한다. 한 흥미로운 실험에서 일본의 연구자들은 바둑 입문자들이 프로 선수가 될 수 있도록 수개월 동안 훈련했다. 그 과정에서 영상 장비를 통해 참가자들이 바둑을 둘 때 두뇌에서 어떤 일들이 벌어지는지를 관찰했다. 초기에는 대부분이 바둑 기술을 익히는 데 어려움을 겪었다. 그들은 시간을 들여 신중히 분석한 다음 돌을 움직였다. 하지만 경험이 쌓이자 참가자들은 점차 직관을 통해 최선의 수를 빠르게 두기 시작했다. 그리고 이때 그들의 뇌에서는 비의식적 사고 및 자율행동과 관련된 영역의 활동이 증가했다. 선수들은 일종의 직관력intuition을 발전시켰고, 그러면서 이전에는 없었던 '직감gut feeling'이 만들어졌다.

몇 년 전 사례로 한 소방대장이 기적에 가까운 직관력으로 팀원 전체의 목숨을 구한 일이 있었다. 현장에 출동해보니 가정집에서 흔히 발생하는 화재인 듯했다. 다만 소방 호스를 쏴서 화염을 진압하려 해도 아무런 효과가 없었다는 점이 당혹스러웠다. 결정적으로 화재 규모에 비해 집안이 너무 뜨겁고 이상하리만치 조용했다. 이유를 설명할 수는 없지만, 소방대장은 그 즉시 대원들에게 "전부 대피해!"라고 소리쳤다. 대원들은 순식간에 집에서 빠져나갔다. 그리고 1분도 지나지 않아 그들이 서 있었던 바닥이 무너졌다. 화재의 발원지가 바로 그들의 발아래 지하였던 것이다.

정작 소방대장은 불이 어디서 시작되었는지 몰랐다. 그가 나중에 한 말에 따르면, 당시에는 그저 '육감'으로 대원들이 위험에 처했다는 것을 알았다고 한다. 하지만 인지심리학자인 게리 클라인

Gary Klein과 그의 동료들은 이 사례를 분석하면서 조금 다른 결론을 냈다. "저희는 드라마틱한 요소는 전부 배제하고 생각했습니다. 그의 단서가 되어준 건 모순적인 상황 그 자체였습니다. 일반적인 화재에서 발생하는 열, 소리, 물의 패턴이 당시 화재 현장의 패턴과는 달랐던 겁니다." 소방대장은 관록에 쌓인 전문성 덕분에 현장의 패턴이 잘못되었음을 바로 느꼈다. 그런 차이에 그의 '육감'이 작동했고, 곧 재난이 닥칠 것이라는 직감을 불러온 것이다.

뇌신경학자인 안토니오 다마지오Antonio Damasio는 이런 유형의 직관을 "논리적인 단계를 모두 건너뛰고 특정 결론에 빠르게 도달할 수 있는" 능력으로 정의한다. 서던캘리포니아대학교의 뇌와 창조성 연구소Brain and Creativity Institute 소장인 다마지오는 "직감이 논리적 추론보다 우월하지는 않지만, 몸과 마음이라는 두 시스템은 함께 작동한다"라고 강조했다. 그는 글을 통해 다음과 같이 밝혔다. "뇌와 마음의 상호작용이 신화적이라면, 몸과 마음이 분리된다는 말 역시 허구적이다."

그런데 경험적인 근거 없이 순전히 직감에만 의존한 행동은 치명적인 결과를 일으킬 수 있다. 20세기 초반에 '천부적 직감'으로 이름을 날렸던 뉴욕의 한 의사가 그랬다. 그는 놀라운 직감으로 어떤 환자가 장티푸스를 앓게 될지를 예측했다. 그의 진단은 거의 실패하는 법이 없었다. 그는 손가락으로 환자의 혀 모양과 질감을 촉진하며 상태를 진단했다. 물론 그가 검진 사이에 손을 씻지 않았다는 점에서, 누가 병에 걸릴지 예측한 그의 '직관력'은 오늘날 딱히 기적으로 보이지는 않는다. 로빈 호가스Robin Hogarth라는 학자는 "자기 손을 사용했다는 점에서 그 의사는 '장티푸스 메리Typhoid Mary(미국의 조리사로, 19~20세기에 걸쳐 약 20년 동안 장티푸스 보균자인 상태로 각지를 돌며 약 30명에게 장티푸스를 옮겼다)'보다도 효과적인 보균자였다"라고 말했다.

현대에서 찾을 수 있는 빗나간 본능의 좋은 예로는 할리우드의 베테랑 사업가인 제프리 캐천버그Jeffrey Katzenberg의 사례를 들 수 있다. 그는 30대 초반에 이미 월트 디즈니 스튜디오의 회장직에 오른 사업의 귀재였다. 또 아침마다 조찬 회의를 세 개씩 잡는 등 피곤할 정도로 활력이 넘쳤고, 급할 때 연락할 만한 기자들을 꿰고 다니는 달변가였다.

강박적이고 위협적인 동시에 매력적인 캐천버그는 빠르게 주목받았고, 기업 임원으로는 드물게 대중적인 명성을 얻었다. 그는 디즈니 고전 애니메이션들을 재창조해 〈인어공주〉, 〈미녀와 야수〉 같은 새로운 클래식 작품들을 탄생시켰고, 이후에는 드림웍스를 공동 창업해 〈슈렉〉 등의 히트작을 제작했다. 그렇기에 캐천버그가 기술업계의 유명인이자 휴렛 팩커드와 이베이의 전 CEO인 멕 휘트먼과 손을 잡고 '퀴비Quibi'라는 새로운 스트리밍 서비스를 만든다고 했을 때 전 세계의 기대가 쏟아질 수밖에 없었다. 퀴비는 거대 영화사들이 제작한 짧은 모바일 콘텐츠를 제공하며 제니퍼 로페즈부터 스티븐 스필버그까지 할리우드 A급 인사들의 작품을 선보일 계획이었다. 《월스트리트 저널》은 퀴비가 투자자들로부터 17억 5,000만 달러의 자금을 순식간에 모집했고, "이는 창립자들의 사업적 본능과 비전을 신뢰하기 때문"이라고 보도했다.

하지만 퀴비의 사업은 시작한 지 6개월 만에 망했다.

왜 직감이 그런 참담한 실패로 이어졌을까? 과거 직감을 통해 성공한 경험이 있으면 과신이라는 위험이 생긴다. 캐천버그와 휘트먼은 각자의 사업 분야에서 풍부한 경험을 쌓았지만 소셜미디어 업계가 자기의 전문 분야와 얼마나 다른지는 간파하지 못했다. 소셜미디어에서는 바이럴 콘텐츠가 관심을 끄는 핵심인데 퀴비에서는 사용자들이 동영상을 손쉽게 공유할 수 없었다. 두 공동 창립자는 이용자들이 자신의 스마트폰뿐 아니라 TV에서도 동영상을 스트리밍할 수 있어야 한다는 주위의 조언도 처음에 무시했다. 게다가 퀴비는 이미 무료로 제공되는 유튜브나 틱톡 같은 플랫폼과 비슷한 서비스를 왜 유료 구독권으로 이용해야 하는지에 대해 소비자를 설득하지 못했다. 어쩔 수 없는 외부적 요인이긴 하지만 사업이 실패로 끝난 또 하나의 이유도 있었다. 퀴비가 출시된 2020년 4월은 코로나19로 사회적 격리가 막 시작된 때였기 때문이다.

문제의 본질은 경영 전문작가인 제임스 서로위키James Surowiecki의 말처럼 "예지력 강한 기업가에 대한 맹목적 숭배"에 있었다. 예지력이 높은 리더는 "모두가 말이 안 되는 아이디어라고 말려도 내 생각에 뛰어나다면 나를 믿고 베팅해야 한다"라고 믿는다. 결국 퀴비는 철저한 패배로 끝났다. 《월스트리트 저널》이 보도했듯이 투자자들은 퀴비 설립자들의 "직감을 믿었으므로" 너도나도 투자에 참여했다. "그리고 엔터테인먼트 업계에서 가장 빠른 실패를 목격했다."

엄밀히 말해 직관이 완벽한 사람은 아무도 없다. 스티브 잡스도 예외가 아니다. 혁신적인 개인용 컴퓨터였던 애플 리사Apple Lisa를 아는가? 혹시 모른다고 해도 괜찮다. 당신만 모르는 게 아니다. 리사는 1983년 엄청난 화제 속에 출시되었지만, 흥미를 느낀 고객들도 1만 달러에 가까운 비싼 가격과 느린 성능 때문에 뒷걸음질쳤다. 이 제품은 금방 시장에서 사라졌다.

본능적 반응의 대표적인 특징은 당신의 마음이 따라잡기도 전에 몸이 알려준다는 점이다. 이는 우리가 목격한 중대한 변화를 성공적으로 헤쳐 나간 사람들 사이에서 발견되는 또 다른 공통점이다. 그들 다수는 자신이 무슨 일을 벌이고 있는지 알아채기도 전에 방향을 선회해 행동에 나섰다. 크리스 도너번은 디자이너가 되겠다고 생각하기 여러 해 전부터 신발 디자인을 구체적으로 그리고 있었다. 퀸의 기타리스트인 브라이언 메이Brian May는 천문학 박사과정을 밟던 시절에 이미 그들의 첫 앨범 세 장을 녹음했다. 이는 비단 직업적 변화를 겪은 사람뿐 아니라 개인적 변화를 거친 이들도 마찬가지였다. 스스로 의식하기 한참 전에 이미 새로운 길에 발을 들여놓은 경우는 많았다. 사회학자인 다이앤 본Diane Vaughan은 심지어 이혼하는 부부들도 자기가 무엇을 하는지 알아차리기 전에 결별의 과정을 시작한다고 말한다.

오늘날의 시각으로는 제임스 패터슨의 글쓰기나 브라이언 메이의 공연 활동을 일상적인 '본업'이 아닌 시간을 쪼개 열정을 추구하는 '사이드잡'이나 '사이드 프로젝트'로 볼 수도 있을 것이다. 경력을 전환한 다른 이들의 여정에서도 종종 같은 패턴이 포착된다. 구글의 두 설립자는 회사를 만들 당시 아직 스탠퍼드대학교의 대학원생 신분이었다. 래리 페이지는 "공동 설립자인 세르게이와 저 모두 박사과정을 중도에 그만두는 것을 너무 두려워한 탓에 하마터면 구글을 시작하지 못할 뻔했어요"라고 말한 적이 있다. 기업 중에도 언더아머, 양키캔들, 뉴스레터 서비스인 더 스킴the Skimm처럼 사이드 프로젝트로 시작된 것들이 많다.

나는 세상에서 가장 대담한 부업 사례를 몇 년 전 《콘데 나스트 포트폴리오Condé Nast Portfolio》라는 경영 전문 잡지의 편집장으로 일하던 시절에 접했다. 한 투자회사가 매년 주최하는 콘퍼런스에 참석했을 때였다. 11월 저녁, 리셉션 장소인 맨해튼의 메트로폴리탄 클럽에 들어서자 정장을 빼입은 중년 남성들이 가득했고, 나는 좀 뻘쭘한 기분이 들었다. 그들은 삼삼오오 모여 입으로는 심오한 이야기를 나누고 있었지만, 눈으로는 대화를 나눌 만한 더 중요한 사람을 찾아 끊임없이 홀 이곳저곳을 훑고 있었다. 여성은 얼마 없었고 존재감도 없었다. 나를 알아보는 사람 또한 아무도 없는 것 같았다. 어색함 속에 백포도주 잔이 들린 손에 괜스레 힘을 주며 방안을 쭉 돌아보는데, 저만치에 나만큼 어색해 보이는 한 사람이 눈에 띄었다. 정장 대신 청바지에 아디다스 슬리퍼를 신은 청년은 혼자 서 있었다. 아무도 그에게 드레스코드를 귀띔해주지 않은 것 같아 안타까웠다. 청년은 내 딸의 고등학교 친구 같은 모양새였다. 그에게 관심을 보이는 사람이 아무도 없었으므로 나는 다가가 내 소개를 했다.

청년은 예의 바르게 미소 지으며 나와 악수했다. "안녕하세요. 저는 마크 저커버그라고 합니다."

때는 2006년이었고, 페이스북은 이미 거대 기업을 향한 길을 잘 닦던 중이었다. 야후가 10억 달러라는 거액을 들여 페이스북을 인수하려 한다는 소문까지 나돌았다(이 책을 쓰는 지금, 페이스북은 메타Meta라는 이름으로 3,600억 달러가 넘는 기업 가치를 자랑한다). 하지만 이 젊은 하버드 중퇴생은 다른 중견 기업 CEO나, 그곳에 있었던 또 다른 테크 신동으로 당시 구글이 16억 5,000만 달러로 막 인수했던 유튜브의 공동 창업자인 채드 헐리Chad Hurley만큼 시선을 끌지 못했다. 마크 저커버그와 대화를 하면서 가장 놀랐던 순간은 그에게 하버드를 중퇴한 결정에 관해 물었을 때였다. 그는 자신이 아직 학교를 중퇴하지 않았다며 내 말을 정정했다. 그는 휴학한 상태였다. 언제라도 학교로 돌아갈 수 있었다.

머리를 한 대 얻어맞은 기분이었다. 저커버그는 10억 달러 가치의 기업을 만들어내고도 '만약을 위해' 대학이라는 끈을 놓지 않고 있었다. 제임스 패터슨이 《뉴욕 타임스》의 베스트셀러 명단에 오른 작품들을 발표한 후에도 여전히 광고대행사 사무실에서 코닥 광고들을 만들어낸 것처럼 나로서는 이해할 수 없는 일이었다. 마크 저커버그에게 페이스북은 그때까지도 '사이드잡'일 뿐이었다.

다시 뉴욕대학교로 돌아가 보자. 앨런 또한 스스로는 상황을 깨닫지 못한 채로 경력 전환을 준비하고 있었다. 어린 시절 수학에 느낀 매력, 금융과 월스트리트 관련 책들에 대한 탐닉, 심지어 재즈 밴드의 소득세를 계산하며 보냈던 휴식 시간을 비롯한 모든 일이 그의 변화에 일조했다. 그는 학업을 다시 시작하며 불안을 느끼면서도 첫 학기에 두 과목만 B를 받고 다른 모든 과목에서 A를 받으면서 스스로를 놀라게 했다. 이후 학기에는 전부 A학점을 받았다. 학업에는 무심했던 고등학생이 어느덧 대학의 수재가 되어있었다. "고급 수학 과목들을 주로 들었어요. 처음부터 경제학에 매력을 느꼈거든요. 수요공급 곡선, 시장균형 개념, 국제무역의 진화 같은 개념들에 빠져들었습니다." 앨런은 뉴욕대학교에 남아 석사과정을 마치고 경제학 박사 학위까지 받았다.

그는 몇 년 후 내게 말했다. "제가 내린 결정들 중 가장 경제적이고 중요했던 결정은 음악을 그만두고 대학으로 돌아가기로 한 것이었습니다."

이 말이 유독 특별했던 이유는 그 당사자가 앨런이었기 때문이다. 한때 재즈 색소폰 연주자였던 그의 경력은 평범한 경제학자로 끝나지 않았다. 앨런은 미국의 재무 건전성을 감독하는 연방준비제도의 의장을 다섯 번이나 연임한 인물이기도 하다. 앨런 그린스펀은 그 자리에 50년간 있으면서 아마 지구상의 그 누구보다 더 "중요한 경제적 결정"을 수도 없이 내렸을 것이다.

결국 그의 대담한 경력 전환은 성공적이었다. 그렇다고 그가 음악을 완전히 멀리한 것은 아니었다. 집에 있을 때면 그랜드피아노를 치며 휴식을 취했기 때문이다. 그의 아내이자 방송인인 앤드리아 미첼 역시 어렸을 때 바이올린 연주를 했었다. 내가 새로운 잡지를 창간하려고 22년간 몸담았던 《월스트리트 저널》을 떠날 때, 당시에도 연방준비제도 소속이었던 앨런은 장난스럽고도 사랑스러운 편지 한 장을 보냈는데, 거기에는 20년 전 내가 새내기 기자로서 처음 신문 1면을 장식했던 기사에 대한 그의 소회가 적혀있었다. 거리 음악가들의 생활을 체험하기 위해 내가 직접 거리에서 비올라 연주를 하며 취재한 기사였다.

"기자님은 저에게 아주 소중한 주제 세 개를 마치 마법처럼 엮어 그 이야기를 완성했습니다. 클래식 연주자의 따뜻함, 도시의 거리를 누비는 사람들의 변화무쌍한 모습, 그리고 비교 임금 분석에 직접 참여하는 순수한 즐거움이었죠. 맨해튼 공기 속에 바흐의 선율이 그토록 오래 실리는 날은 더 이상 없겠지만, 기자님이 요즘 시도하는 모든 일에 행운이 깃들길 바랍니다. 비록 그 일을 위해 거리와 비올라에서는 계속 멀어지더라도 말입니다."

액자에 담긴 그의 편지는 지금도 내 사무실 벽에 걸려있다.

2장

넘어지고 또 넘어져도, 분투하라

나는 실패했다. 이제 어쩌지?

성공이란 실패에 실패를 거듭해도
열정을 잃지 않는 것이다.

| 윈스턴 처칠

만약 〈니키타〉나 〈하이랜더〉 같은 TV 시리즈물을 본 적 있는 사람이라면, 당신은 말라 긴즈버그Marla Ginsburg의 작품에 익숙하다고 볼 수 있다. 그녀는 미국의 TV 산업에서 잔뼈가 굵은 인물로, 이런 인기 시리즈물을 비롯한 여러 작품을 해외 시청자들에게 선보이며 파리에서 큰 성공을 거두었다. 그녀는 수십 년간 업계의 실세였다. TV 산업을 움직이는 가장 힘 있는 여성 중 한 명으로 꼽혔다. 파리 패션쇼의 단골손님이기도 했다. 샤넬과 끌로에 같은 명품에 흰 티셔츠와 청바지를 멋지게 맞춰 입을 줄 아는 사교계의 명사였다.

2003년, 그녀는 제작 여건이 좋은 작품 의뢰를 받아 LA로 복귀했다. 주택담보대출로 백만 달러 이상을 융통한 덕분에 새집을 거뜬히 장만할 수 있었고, 정원사와 수영장 청소부, 두 아이의 유모까지 고용했다. 삶은 순조로웠다.

모든 것이 붕괴되기 전까지는 그랬다.

시작은 LA 영화판을 마비시킨 작가들의 파업이었다. 그녀의 작품도 하루아침에 증발해버렸다. 갑자기 수입이 끊겼다. 작가 파업이 끝난 직후인 2008년에는 금융 위기가 터졌다. 긴즈버그가 대부분의 여윳돈을 투자했던 주식시장이 거꾸러지면서 그녀의 금융자산 가치도 곤두박질쳤다. 그녀의 집값 또한 급락했다. 상황이 호전될 때까지 버텨야 했기에 긴즈버그는 수영장의 물을 빼고 도우미들을 해직했으며 리스한 차도 넘겼다. 하지만 그 정도로는 턱도 없었다. 은행 잔고를 모조리 찾고 가진 주식도 전부 손절해야 했다. 당장 쓸 생활비까지 바닥나자 그녀는 집 일부를 임대해 그 돈으로 식비를 해결했다. 결국 그녀는 월요일에 햄버거를 만들어 먹고 금요일에는 남은 재료로 미트볼을 만들 수 있을 정도로 살림꾼이 되었다. 그녀의 재무 컨설턴트는 이제 파산선고를 할 때가 왔다고 조언했다. 더 이상 버틸 재간이 없었다.

그녀는 젊음을 칭송하는 도시 LA의 50대였고, 백인 남성들이 좌지우지하는 산업의 여성이었다. 그녀는 처음부터 다시 시작해야 했다. 하지만 무엇을 할 수 있을까? 대체 어떻게 상황을 바꿀 수 있을까? 더군다나 그녀에게는 무언가를 시작할 밑천이 없었다. 그녀의 신용은 바닥에 떨어진 상태였다. 긴즈버그는 "너도 이걸로 끝인가보다"라며 자신에게 중얼거리던 순간이 생각난다고 했다. "정말 끝이라면, 이 다음은 뭐지?" 자신이 한때 품었던 꿈을 떠올리자 쓴웃음이 나왔다. "저에게는 실현 가능성이 꽤 컸던 꿈이 두 개 있었어요. 하나는 제 이름을 건 토크쇼를 하는 것이었고, 다른 하나는 늘 꿈꿨던 일이지만, 의상 디자이너가 되는 거였어요. 돌이켜보니 두 목표 다 너무 터무니없더라고요."

하지만 그녀는 지푸라기라도 잡고 싶었다. 그래서 시어스 백화점에서 재봉틀을 사서 일단 인터넷으로 실 꿰는 방법부터 배웠다. 그리고 계속 구글을 참고해가며 몇 시간에 걸쳐 재봉틀 사용법을 익혔다. 그녀는 아직 부유하고 그녀의 재정 상태가 어떤 지경인지 전혀 모르는 친구들에게 보여줄 만한 장식품을 만들어보려고 고군분투했다. 며칠 동안 재봉틀 앞을 떠나지 않았다. “당시 저는 폐경으로 고생하고 있었는데, LA 날씨까지 겹치니까 정말 짜증이 따로 없었어요. 애들도 제가 정신이 나갔다고 여겼을 거예요.”

잠깐이지만 긴즈버그의 고된 노력에 서광이 비치는 것 같던 때가 있었다. 우연한 만남을 통해 그녀의 의류 사업에 자금을 대주겠다는 투자자를 잡은 것이다(모르는 부부가 아들의 바르 미츠바bar mitzvah 잔치 메뉴를 두고 아웅다웅하는 대화를 엿듣게 되었는데, 알고 보니 남편이 의류 제조업자였다). 또 긴즈버그의 대리인은 홈쇼핑 채널인 HSN에서 제품을 판매할 수 있게 주선해주었고, 노드스트롬 백화점에서 좀 더 고급 라인을 선보일 기회까지 생겼다. 하지만 결국 부동산 시장이 붕괴하면서 투자자는 자취를 감추었다. 다른 제조업체와 추진한 계약도 실패로 끝났다. 차츰 선택지가 줄어들더니 아예 사라져버렸다. 자금 사정은 점점 더 나빠졌고, 그녀는 마지막 체면까지 내려놓게 되었다.

그녀는 마지못해 모기지 가치보다 더 낮은 가격으로 집을 처분한 다음, 재봉틀을 가지고 몬트리올로 가서 또 다른 의류 회사의 문을 두드렸다. 동업자가 될 만한 다른 사람들을 물색하기 위해 맨해튼도 정기적으로 방문하기 시작했다. 하지만 문제는 거기까지 갈 현금이 없었다는 것이다. 그래서 그녀는 몬트리올에서 야간 버스를 타고 밤새 달려, 다음날 뉴욕 터미널에 도착해서야 스타벅스 화장실에서 씻고 매무새를 정리했다. 그리고 일이 끝나면 친구 집 소파에서 신세를 진 다음, 다시 버스로 돌아갔다. 그녀가 할 수 있는 것은 거기까지였다. “사력을 다해, 할 수 있는 건 뭐든지 했어요. 더 이상 잃을 게 없었으니까요. 평생 쌓은 경험도 다 소용이 없더라고요. 어느 날 갑자기 아무것도 아닌 사람이 되어버렸으니까요.”

그녀의 불운은 계속해서 불어나기만 했다. 재정적 구렁텅이에서 가까스로 빠져나온 것 같던 순간에 그녀의 18세 아들이 호지킨 림프종 진단을 받은 것이다. 그녀는 일단 아들을 자신의 아버지가 사는 네덜란드로 보내 치료받게 했다. 그리고 본인도 곧장 따라가, 몇 개월 동안 임대한 아파트에서 생활했다. “돈도 집도 잃었는데 아이까지 암에 걸리니까……. 내가 전생에 엄청 큰 죄를 지었나 보다, 하는 생각이 들더라고요. 저는 점점 더 만신창이가 되었어요.”

실패는 성공의 가능성을 더 높인다

실패야말로 우리에게 일어날 수 있는 가장 좋은 일이라고 약속하는 책들은 서가 한 편을 채우고도 남는다. 이는 졸업 연설의 인기 주제이기도 하다. 연방대법원장인 존 로버츠는 2017년 아들의 중학교 졸업식 연설에서 학생들에게 “여러분에게 불운을 빕니다”라고 말했다. 덴절 워싱턴은 2011년 펜실베이니아대학교 학생들에게 “실패하지 않는다는 것은, 노력조차 하지 않는 겁니다”라고 말했다. 위대한 성공담은 대개 실패라는 '원작'에서 시작된다. J. K. 롤링이 생활보조금을 받으며 〈해리 포터〉 시리즈를 썼고, 마크 큐반(미국의 기업인이자 댈러스 매버릭스의 구단주)이 첫 직장인 컴퓨터 소프트웨어 회사에서 해고되고 뒤이어 창업한 파우더 우유 사업마저 말아먹은 것처럼 말이다.

하지만 피치 못해 실패한 사람에게 그런 이야기를 한들 화만 돋울 뿐이다. 마크 큐반이 재기 끝에 억만장자가 되었다고 해도, 그게 우리와 무슨 상관이란 말인가? "실패는 좋은 일"이라는 후렴구는 오직 성공한 사람들만의 전유물처럼 들린다. 성공한 *후에만* 그 안전함이 보장되기 때문이다. 실패가 정말 성공을 이끌까? 이는 그저 성공한 사람들이 스스로 뿌듯함에 젖어서 하는, 혹은 가련하고 시시한 사람들의 기분을 위로하기 위한 말일지도 모른다. 아니면 그들이 허풍을 떨고 있거나, 그저 이례적으로 운이 좋은 사람들일지도 모른다.

이런 상황은 인스타그램이라는 필터를 끼고 사는 지금 같은 시대에 한층 더 복잡해진다. 요즘에는 완벽히 연출된 타인의 삶을 너무 쉽게 볼 수 있다 보니, 그럭저럭 잘 살고 있는 사람들도 괜스레 자신이 부족하다고 느끼게 된다. 다들 불가능할 정도로 멋진 외모를 가진 데다, 나보다 더 똑똑하고, 더 화려하고, 더 성공한 것처럼 보인다. 그 결과 10대 사이에 특히 불안과 좌절감이 가중된다. 완벽함을 엿보기 위한 검색 행위가 강박에 가까울 정도로 심해져서, 아무리 잘하는 사람이라도 무언가 실패한 것 같은 기분이 든다고 한다. 심지어 객관적 기준으로 성공한 사람들도 자신이 제대로 살지 못하고 있다고 느낀다.

어떤 상황에서든 변화를 이행하는 것은 절대 쉽지 않다. 그런데 어떤 일에 실패한 기분이 들 때는 그 도전이 한층 더 가파르게 느껴진다. 이미 확인했듯이, 어떤 유형의 변화든 거기에는 공통된 요소들이 있다. 변화 방법에 대한 단서를 *탐색*하고, 변화 과정에서 *분투*하며, 교착 상태에 빠진 것을 깨닫고 잠시 *중단*한 다음, 마침내 *해법*에 다다른다는 점이다. 그런데 실패 후 자신을 초기화하려 할 때는 복잡함의 차원이 달라진다. 단언컨대 학업이든, 경력이든, 결혼이든, 어떤 일에 실패한다고 해서 결코 당신 자신이 실패작이 되는 것은 아니다. 경력 개발 전문가인 오빌 피어슨Orville Pierson에 따르면, 구직자는 최상의 상황이라도 직장을 얻기까지 평균 24명의 의사 결정자에게 거절을 당한다. 하지만 엎어지고 쓰러지는 와중에 그런 숫자까지 기억하기는 힘들다. 사실 실패는 숫자로 매길 수 없을 만큼 개인적인 문제다. 당신의 자존감과 자신감을 앗아가기 때문이다. 가장 괴로운 일은 감당할 수 없는 두려움으로 다시는 더 나은 미래를 꿈꾸지 못하는 상황이다. 실패는 당신이 위험을 감수하고 다음 단계로 넘어가지 못하도록 두 다리를 묶어버린다.

긴즈버그처럼 경력이 훼손된 경우에는 더 그렇다. 우리 다수는, 특히 대학 교육을 받은 미국인들은 자기 자신을 일과 동일시하려는 잘못된 경향이 있다. 잡지《애틀랜틱》의 전속 작가인 데릭 톰슨Derek Thompson은 이를 '워키즘workism', 즉 업무 중심 문화라 칭하며, "일종의 종교, 바람직한 정체성, 초월성, 공동체" 같은 하나의 철학으로 설명한다. 하지만 당신의 정체성이 직책과 하나로 묶인 상태에서 당신의 직업이 갑자기 사라진다면, 이제 당신은 누구일까? 자기 자신을 어떻게 생각하게 될까? 누군가와 처음 만날 때 제일 먼저 듣는 질문인 "무슨 일 하세요?"에 뭐라고 답해야 할까? 당신은 불시에 실존적 블랙홀에 빠지고 만다.

심리학자들은 이런 현상을 '밀착enmeshment'이라고 부른다. 당신과 당신의 일 사이에 경계가 없어져서, 직장을 잃었을 때 당신의 자아 가치와 정체성까지 잃게 되는 현상을 의미한다. 좀 더 노골적으로, 긴즈버그는 이를 자신의 정체성과 사무실 의자를 동일시하는 것이라 설명한다. "당신 엉덩이 아래에 있던 의자를 빼낸다고 해서, 당신이 같은 패거리라 여겼던 사람들도 함께 빠져나올까요? 아니죠. 그들은 머잖아 의자의 새 주인을 둘러쌀 겁니다."

게다가 우리는 어렸을 때부터 실패를 본질적으로 나쁜 것으로 여겨왔다. 스탠퍼드대학교의 심리학 교수인 캐롤 드웩Carol Dweck은 5학년 아이들을 대상으로 진행한 연구를 통해 '똑똑하다'라고 칭찬받은 아이들이 곤경에 처하면 자신감을 더 많이 잃는다는 것을 발견했다. 그들은 실패자가 된 기분을 느꼈고, 자신은 어려움을 겪고 있으므로 사실상 똑똑한 것이 아니라고 여겼다. 반면에, '노력하는 학생'으로 칭해진 아이들은 곤경에 처해도 자신감을 갖고 더 의욕적으로 도전에 대항했으며, 그 결과 더 나은 성과를 냈다.

하지만 실패를 학습 과정의 일부로 여기면 정반대의 효과가 나온다. 이런 경우에는 실패가 사실상 의욕을 높이고 학생의 학업 태도가 더 좋아지도록 일조하기 때문이다. 한 연구에서 저소득층 고등학생들에게 알베르트 아인슈타인과 마리 퀴리가 성공하기 전에 겪은 실패담을 읽게 했더니 성적이 향상되었다. 학생들은 성공 이전에 실패를 겪은 유명인들의 시행착오와 고난에 자신의 감정을 이입했고, 그러면서 학습 의욕까지 높아졌다. 하지만 두 위인의 위대한 업적에 대해서만 배운 경우에는 오히려 성적이 떨어진 학생들도 있었다. 이 연구를 주도한 컬럼비아대학교의 사범대학 교수이자 인지과학자인 샤오동 린-지글러Xiaodong Lin-Siegler는 "실패는 정보의 역할을 한다"라고 주장한다. 여기서 핵심은 실패를 분석하고, 왜 그런 일이 일어났는지 이해하고, 다음번에는 그것을 어떻게 바로잡을 수 있을지 확인하는 것이다.

실패를 제대로 이행하면 사실상 성공의 반反직관적 예측 변수가 될 수 있다. 노스웨스턴대학교의 계산사회학 교수인 다슌 왕Dashun Wang은 순위 경쟁 스포츠에서 선수 생활 초기에 안타깝게 시상대에 오르지 못한(예컨대 금·은·동 메달을 따는 경기에서 4등을 한) 선수가 나중에는 경쟁자들을 앞지르는 경우가 상당히 많다는 사실을 발견했다. 그들은 '과잉 교정overcorrect(문제 행동과 관련된 바람직한 행동을 지나칠 만큼 반복적으로 수행해서 스스로 문제를 제거하는 행동 교정 방법)'을 통해 챔피언이 될 수 있었다. 가령 자메이카의 스프린트 선수인 아사파 파월Asafa Powell은 고등학생 시절 챔피언십 대회에서 4등을 했지만, 이후 경쟁자들을 앞지르며 올림픽에 네 번 출전한 것은 물론이고, 100미터 육상 경기에서 세계신기록을 세웠다.

이런 역학은 스포츠 이외의 분야에도 똑같이 적용된다. 다슌 왕이 발견한 바에 따르면, 학계에서도 초기에 경력적 좌절을 겪은 학자들이 결국에는 표면상 더 일찍 성공한 것으로 보이는 동료들을 앞지른다. 왕 교수는 연구를 위해 권위 있는 국립보건원NIH의 지원금을 안타깝게 놓친 새내기 과학자들과 반대로 그 지원금을 따내는데 성공한 과학자들을 비교했다. 일반적 상식이나, "부익부, 빈익빈"이라는 격언으로 잘 알려진 누적 우위 이론인 마태 효과Matthew Effect를 생각하면 승자들이 금전적 보상과 기회를 더 많이 누리면서 계속 정상에 남아있어야 할 것으로 보인다.

하지만 실제로는 '실패한 그룹'이 10년 후 정상을 차지했다. 그들은 승자 그룹만큼이나 논문을 많이 발표했고, 더 독창적인 혁신을 이뤄냈으며, 승자들보다 더 영향력 있는 연구물을 발표했다. 그들은 철학자 프리드리히 니체의 그 유명한 "나를 죽이지 못하는 것은 나를 더 강하게 만든다"라는 말을 몸소 보여주었다. 그들의 성공담은 노벨화학상 수상자인 토마스 린달Tomas Lindahl을 떠올리게 했는데, 그는 노벨상 수상자로 선정되었다는 소식을 듣자마자 고등학교 때 낙제한 과목이 생각났다고 한다. "역설적이지만, 그 과목이 바로 화학이었어요. 덕분에 전 고등학교 화학에서 낙제한 유일한 노벨화학상 수상자로 남겠군요."

"이런 결과들을 통해 실패가 성공의 반직관적 예측 변수가 될 수 있다는 논리가 확립되기 시작했어요. 그렇게 생각하면 매일같이 일어나는 실패들도 괜찮더라고요." 왕 교수가 유쾌하게 말했다. "실패는 저를 더 기분 좋게 만들고, 희망을 품게 해줍니다."

빠르게, 그리고 확실하게 실패하라

확실히 짚고 넘어가야 할 것은, 모든 실패가 전환적 성공으로 이어지지는 않는다는 사실이다. 그렇다면 "왜?"가 중요한 질문으로 남는다. 특히, 실패 후 성공할 확률을 높이려면 어떻게 해야 할까? 지금까지의 연구는 그 답이 *어떻게* 실패하느냐에 달려있다고 말한다. 실제로 성공적인 실패에는 대부분 한 가지의 공통점이 있다. 궁극적으로 성공하는 사람들은 실패한 뒤 그 실패에서 잘못된 점을 찾아 수정하고, 조정하고, 계속 이리저리 바꿔보려 노력한다는 것이다. 그들은 노력하기를 완전히 포기하거나 처음부터 다시 시작하지 않는다. 대신 한 번에 한 요소씩 떼어내서 조정하는, 반복적이고 때로는 고통스러운 과정에 착수한다. 이들에게는 결과가 아니라 그 과정과 여정이 중요하다. 이들은 올바른 요소를 *탐색*하고, 지난한 *분투* 과정을 견뎌내고, 그런 다음에야 비로소 *해법*이라는 새로운 길을 찾아낸다.

이 승리 전략을 성공시키려면 대부분의 사람이 회피하는 일을 해내야만 한다. 바로 불편함에 기대고 고난을 감수하는 일이다. 광범위하고 압도적인 몸짓 대신, 조금씩 바꿔보는 인내심이 요구된다. 다슌 왕과 동료 학자들은 실패를 성공으로 탈바꿈하는 사람들은 점진적으로 나아지는 시도들을 통해 궁극적인 승리를 만들어내는 '현명한 개선' 작업에 참여한다는 것을 밝혀냈다. "여기서 핵심은 모든 실패를 값진 경험으로 여기는 겁니다. 그래야 충분히 배울 수 있고 매번 처음부터 다시 시작하지 않아도 되니까요." 이는 곧 효과적인 요소들은 유지하면서 그렇지 않은 것들은 폐기한 다음, 다시 시도하고 반복하는 것을 의미한다. "그러면 계속 배우게 되고, 실패의 속도가 더 빨라집니다. 과거에서 배우고, 그 보상에 주목하고, 제대로 작동하는 것은 고수하면서, 갱신과 변화가 필요한 부분을 알아내려 애쓰는 겁니다."

다슌 왕과 그의 동료들은 최근 연구에서 어떤 실패가 성공으로 이어지는지 알기 위해 과학자, 기업가, 그리고 (불쾌할 수도 있겠지만) 테러리스트 집단을 분석했다. 과학자의 경우에는 연구 자금을 따내는 것을, 기업가의 경우에는 사업을 매각하거나 공개하는 것을 성공이라고 규정했다. 테러리스트 집단을 위해서는 별도로 글로벌 테러

리즘 데이터베이스GTB에서 17만 개의 공격 사건을 추적했다. 그들에게 '실패'란 공격을 했음에도 사망자가 나오지 않은 경우였다. 반면, 다소 소름 끼치지만 적어도 한 명의 사망자가 나온 경우를 그들 집단의 '성공'으로 규정했다. 기괴하게 들릴지 몰라도, 점진적 개선 원칙은 실패를 겪은 후 성공한 이 세 집단의 일원들에게도 통했다.

린-지글러는 올림픽 체조 선수인 시몬 바일스Simone Biles, 축구 선수인 줄리 파우디Julie Foudy처럼 자기 분야에서 뛰어난 성과를 거둔 인물들을 지속적으로 연구하면서 비슷한 현상을 발견했다. 연구는 아직 초기 단계지만, 그녀는 내게 이렇게 말했다. "실패가 창조를 이끄는 중요한 동력 중 하나라는 것은 단언할 수 있어요." 린-지글러 역시 성공적인 실패의 핵심은 종결점보다 반복 과정(우리는 분투라는 말을 사용하지만)에 중점을 두는 것임을 발견했다. 경기 후 최종 보상만 생각하고 움직이는 사람들은 그 대상이 경력 전환이든 올림픽 금메달이든, 거의 예외 없이 실패를 맛보게 된다.

"정말로 창의적이고 성공적이며 늘 뭔가 새로운 것을 내놓는 사람들은 결과에만 중점을 두지 않아요." 그녀는 내게 말했다. "만약 결과에만 초점을 맞추면 번번이 실망감을 느끼면서 제풀에 지치거든요. 과정을 사랑해야 합니다." *분투*라는 과정은 개선을 향한 길 위에서 이행되는 반복과 자잘한 수정들로 이뤄진다. 이는 어쩔 수 없이 '지루한' 과정이므로("계속해서 같은 동작을 반복해야 하니까요") 자기 혁신을 향한 핵심은 그 여정을 즐겁게 만드는 법을 찾는 것이라고 린-지글러는 설명했다.

하지만 인간은 천성적으로 이런 과정을 즐겁게 여기지 않는다. 지루하고 반복적인 과정에 대해 들으려 하는 사람은 아무도 없고, 그런 과정에 자진해서 뛰어드는 사람은 더 없다. 우리는 모두 즉각적인 보상을 원한다. 분투라는 단계는 그 자체로 너무 따분하게 들릴 뿐이다. 그렇다 보니 우리는 어떤 위대한 자기 혁신 과정을 이야기할 때 그런 분투 단계를 아예 생략해버리려 한다.

그래서 우리는 구체적인 내용을 듣지 못할 때가 많다. 가령 J. K. 롤링이 자살을 생각할 정도로 수년간 비참한 생활을 하고, 많은 출판사로부터 원고를 퇴짜 맞은 후에야 한 출판사가 도전적인 시도를 해보는 셈 치고 〈해리 포터〉의 출간을 결정했다는 이야기처럼 말이다. 헨리 포드는 모델 T 자동차로 명성을 얻었지만, 그가 포드 자동차를 설립하기 전에 이미 두 번이나 자동차 회사를 파산에 몰아넣었다는 사실을 아는 사람은 거의 없다. 또 월트 디즈니는 애니메이터로 이름을 날리기 전, 신문《캔자스 시티 스타》에서 일러스트레이터로 일했지만 "상상력이 부족하고 좋은 아이디어가 없다"라는 이유로 편집자에게 해고당했다. 토머스 에디슨은 저조한 생산성 때문에 두 회사에서 쫓겨난 전력이 있고, 일찍이 섬뜩한 외모의 '말하는 인형' 등 여러 발명품을 만들었지만 전부 실패로 끝났다. 그는 "나는 1만 번의 실패를 한 것이 아니라 작동하지 않는 1만 가지 방법을 성공적으로 알아냈을 뿐이다"라는 명언을 남겼다. 마이클 조던도 에디슨과 비슷한 말을 했다. "선수 시절 나는 9,000개 이상의 슛을 놓쳤다. (……) 삶에서도 여러 번 실패했다. 그리고, 그 덕분에 성공했다."

피겨스케이팅 챔피언인 네이선 첸Nathan Chen은 2018년 올림픽에서 5위를 했지만 2022년에는 금메달을 목에 걸었다. 그리고 결코 근사하다고 할 수 없었던 그 과정의 중요성을 솔직히 털어놓았다. 2018년에 그는 오직 메달을 따는 데만 목을 맸고, 그런 건강하지 못한 집착은 콘플레이크 상자에 그의 얼굴이 찍히고 타임스퀘어 전광판이 그의 모습으로 장식되는 등 끊임없이 미디어에 노출되는 상황 탓에 더욱 심해졌다. 그는 그런 집착이 자신을 사지로 내몰았다고 말했다. 그랬던 네이선 첸이 신기록과 함께 성공적으로 컴백할 수 있었던 가장 중요한 이유는 그가 금메달이라는 결과에서 그 목표로 가는 과정으로 시선을 돌렸기 때문이다. 메달 획득에 실패한 이후 4년 동안 그는 대학 생활과 훈련을 병행하며 자신의 반경을 넓혔다. 마찬가지로 2018년 올림픽에 출전했지만 이후 네이선의 보조 코치가 된 애덤 리펀은 이렇게 말했다. "네이선은 운동을 하면서 학업에도 집중하게 되었고, 그렇게 뇌를 골고루 쓰는 동안 스케이트가 죽고 사는 문제가 아니라는 사실을 깨달았던 것 같아요. 관점이 바뀌니 스트레스도 줄었고요." 네이선 첸은 《뉴욕 타임스》와의 인터뷰에서 이렇게 말했다. "제 선수 생활을 생각해보면, 결국 실패를 통해 가장 많이 배울 수 있었습니다. 그것이 최선의 성장 방식이라는 것을 이제는 압니다."

이 모든 조정과 변경의 핵심은, 당신이 성공을 향해 나아가고 있다면 결국에는 티핑 포인트, 즉 상승세로 급격히 전환되는 시점에 도달한다는 것이다. 한동안은 실패에 실패가 반복될 것이다. 하지만 이윽고 모든 것이 원하는 대로 맞아떨어지는 마법 같은 순간이 온다.

다슌 왕은 이 과정을 얼음덩어리를 녹이는 것으로 비유한다. 얼음을 녹이는 것이 당신의 임무라고 상상해보자. 현재 방 온도는 영하 8도인데, 당신이 1도를 올린다. 아무 반응이 없다. 그래서 1도를 더 올리지만, 이번에도 얼음에는 아무 변화가 없다. 당신은 다시 1도를 올리고, 또 올리고 하면서 같은 시도를 반복한다. 당신이 얼마나 애를 썼는지, 방의 온도는 급기야 영하 2도, 영하 1도에 다다른다. 당신은 슬슬 포기하고 싶다고 생각할지도 모른다. 하지만 포기하면 조금씩 더해진 변화는 물론이고 당신이 행한 노력과 실험 전부가 헛수고로 끝날 것이다. 결국 다시 한번 1도를 올려 0도에 다다른 순간, 드디어 얼음이 녹기 시작한다.

당신도 정확히 이런 반복적인 단계를 밟아갈 것이다. 그러다 마침내 문제의 실마리가 풀리기 시작할 것이다. 그 순간이 바로 '티핑 포인트'다.

얼음덩어리를 녹이는 일과 마찬가지로 어떤 일에 실패할 때의 쟁

점은 포기의 시점이 너무 빠르다는 데 있을지도 모른다. 성공과 실패의 차이는 우리가 하는 일의 '양'에 있지 않다. 대신 우리는 우리가 해내는 일의 대부분이 최종 단계에 이르기 전까지는 표면 아래서 일어날 뿐, 눈에 잘 보이지 않는다는 점을 이해해야 한다. 에디슨이 말한 대로, "인생에서 실패한 사람들 다수는 자신이 성공에 얼마나 가까이 왔는지도 모른 채 포기해버린 이들이다."

다슌 왕은 우리에게 세상에서 가장 현명하고 운 좋은 사람만이 실패를 딛고 성공하는 것은 아니라는 통찰력을 제시한다. 실제로 창의성을 연구하는 143명의 학자에게 창의적인 성과를 내는 데 가장 중요한 요소를 하나만 꼽아달라고 했더니 그들은 타고난 재능이나 두뇌 대신 "경험에서 배우는" 능력을 꼽았다.

위로가 되는 조사 결과다. 다만 여기에서 그치지 않고, 한 가지 자질을 더 갖춰야만 한다. 바로 지속력이다. 넘어진 몸을 일으켜 다시 걸어나가려면, 더군다나 이미 여러 번 고꾸라진 경험이 있다면, 아주 강한 의지가 필요하다.

부단히 변경하고 반복해야 한다는 말은 실리콘밸리 어디를 가도 들을 수 있는 "빠르게, 그리고 자주 실패하라"라는 주문과 상당히 비슷하게 들린다. 이 접근법은 일론 머스크의 스페이스X 로켓과 테슬라 자동차 같은 혁신 제품이 성공하면서 그 효과를 입증했다. 하지만 그만큼 왜곡되고 뒤틀린 나머지 무모할 정도로 성급히 움직이고, 아직 제대로 준비되지 않았거나 절대 상용화되면 안 되는 어설

픈 제품을 출시하는 문화까지 조성했다. 가끔 "빠르게 실패하라"라는 주문은 테크 업계에서 유명한 또 다른 격언인 "될 때까지 그런 척 하면 그렇게 된다"와 짝을 이뤄 처참한 결과를 내기도 한다. 이 두 전술을 결합한 인물로는 테라노스Theranos의 설립자인 엘리자베스 홈스Elizabeth Holmes가 있다. 그녀는 효과가 없는 혈액 검사 기술을 획기적인 것으로 포장하고 무리하게 출시해 투자자들을 속인 사기 혐의로 기소되었다.

이렇듯 "빠르게 실패하라"라는 원칙은 너무 변질되어서, 《글로브 앤드 메일》은 이를 두고 "역사상 가장 어리석은 비즈니스 교리"라 명명하기도 했다. 하지만 이런 관점은 빠른 실패가 가진 효과적인 측면까지 간과해버린다. 바로 인내심과 과거의 실수에서 배우는 능력이다. "우리는 빠르게 실패하라고 말해요." 왕 교수가 설명했다. "연속적인 실패 사이의 간격이 더 짧아져야 한다는 뜻입니다. 이는 데이터에서 나타나는 큰 특징이기도 합니다. 다만 빠르게 실패하기 위해서는, 점진적인 변화가 꼭 동반되어야 합니다." 하던 과제를 무작정 중지하고 다음 과제에 돌입하거나, 지름길을 찾아 허우적거리기만 해서는 성공할 수 없다. "빠르게 실패하기"에는 수년이 걸릴 수도 있다.

그런데 만약 너무 일찍 포기하는 게 아니라, *정말 포기해야 할 때 마저* 포기하지 않고 버티는 상황이라면 어떨까? 다시 말해, 우리는 '진짜로 포기해야 할 때'가 왔음을 어떻게 알 수 있을까? 이는 중요한 방향 전환을 할 때 겪는 가장 어려운 도전 과제다. 우리는 이제 자기 혁신의 길을 걷는 사람들이 분투 단계에서 중단 단계로, 그런 다음 해법 단계로 이동한다는 것을 안다. 하지만 언제나 예외는 존재한다. 중단 단계에 도달했을 때, 사실상 거기서 방향 전환을 그만둬야 하는 경우도 있다. 내 앞을 가로막는 것이 일시적인 장애물이 아니라 선명한 빨간불인 경우다. 그런 상황이라면 거기서 여정을 마무리해야 한다. 하지만 계속해서 빠르게 나아가야 할지, 아니면 불가능한 꿈을 좇는 행위를 당장 중단해야 할지를 어떻게 판단할 수 있을까?

세상에 쉬운 답은 없지만, 의학 연구원인 멜라니 스테판Melanie Stefan은 우연히 유용한 전략 하나를 발견했다. 이 접근법은 우리에게 꼭 필요한 현실적인 조언을 제시한다. 그리고 미래를 위한 경로를 설정하거나 재설정하는 데 도움을 준다.

조금 역설적이지만, 실패 목록을 작성하는 것이 그 전략이다.

호주인이지만 현재 스코틀랜드에 거주하는 스테판에게 연락을 취하자, 그녀는 입이 떡 벌어질 만한 자신의 이력을 내게 간략히 설명했다. 그녀는 수학과 생물학을 복수 전공했고, 석사 학위를 두 개나 땄으며, 케임브리지대학교에서 박사 학위를 받았다. 이후 도쿄에서 지원금을 받으며 연구 활동을 했고, 캘리포니아대학교의 공과대학(칼텍Caltech)에서 박사후 과정을 밟았으며, 하버드대학교 의과대학의 연구 조교를 거쳐 에든버러대학교 의과대학에 연구 교수로 있었으며, 계산신경화학자라는 명함도 가지고 있었다.

"와." 나는 감탄했다. "스펙이 정말 넘사벽이시네요."

"제 얘기를 좀 더 들어보면 생각이 달라지실걸요." 그녀가 말했다.

스테판은 보통 5년 만에 마치는 학사와 석사 학위를 무려 13년에 걸쳐 받았다. 석사과정에 있을 때 그녀를 한심하게 여긴 생물학 지도 교수는 그녀에게 과학 말고 다른 진로를 찾아보라고 권했다. 박사과정도 여러 군데 지원했지만 딱 한 곳만이 그녀를 받아주었다. 칼텍 연구소에서 진행한 실험은 뜻대로 되지 않았고, 지도 교수는 그녀에게 하버드에서 연구 조교는 루저들이나 하는 일이며 진지하게 학술 연구를 하려는 이들에게는 경력을 망치는 지름길이자 파멸의 길이라고 경고했다.

"지금 돌이켜보면, 다 좋은 일 같거든요." 그녀는 내게 말했다. "근데 문제의 한복판에 있을 때는 그렇게 느껴지지 않아요. 단계를 밟을 때마다 결과가 좋을지 나쁠지 알 수 없으니까요. 실패할 때도 많고요. 게다가 그 과정이 굉장히 불투명하고 불안하잖아요."

일본에서 지낼 때가 특히 힘들었는데, 다음에는 무엇을 어떻게 할지 전혀 감이 없었고 불안감에 미쳐버릴 것 같았다. "이 불쾌한 감정은 뭐지?"라고 생각했다며 그녀는 당시를 회상했다. "이제 막 박사를 마쳤는데 그 정도로 자리가 불안정하니까, 그다음에는 또 어떤 상황이 벌어질지 초조하더라고요." 하지만 생각하면 할수록, 그런 상황에 처한 사람이 자기만은 아닐 거라는 생각이 강해졌다. 그것은 경쟁이 치열한 학계에서 겪는 가혹한 과정의 일부일 뿐이었다. 통계적으로 봐도 학계에 자리를 잡으려는 사람들은 이력서를 수십 개쯤 넣어야 겨우 한 곳에서 오퍼를 받는 것으로 나타났다. 그래서 스테판은 차분히 앉아 자신이 실수한 것들을 목록화하기 시작했다.

그리고 급기야 '실패 이력서'라는 새로운 유형의 이력서를 만들었다. 거기에 자신이 직업적으로 실패한 내용을 전부 써넣었다. 그런 다음 심호흡을 크게 하고 이력서를 공개했다. 스테판은 2015년에 《네이처》의 기사로 이 프로젝트를 다뤘다. 계산해보니 그녀는 성공한 제안서에 한 시간을 할애할 때 실패한 제안서에는 6시간을 투자했다. 그녀가 공식적으로 사용해온 이력서는 그녀가 학교에서 들인 노력 중 상당 부분을 반영하고 있지 않았다. "학회에서도 성공한 프로젝트만 논하고 실패한 것들은 대부분 언급하지 않는다"라고 그녀는 고백했다. "과학자로서, 우리는 안 풀린 일들은 자기 자신에게든 타인에게든 내비치지 않는 식으로 성공담을 만들어낸다. 그렇다 보니 개인적 실패를 겪을 때마다 외로워하며 낙담하기 일쑤다."

기사가 발표되자 여기저기서 안도의 숨소리가 들리는 것만 같았다. 스테판은 '우리는 모두 실패한다'라는 숨기고 싶은 비밀을 공개했고 이제는 모두가 그것을 알게 되었다. 그녀는 사실을 그저 인정하는 행위로 동료들과 동문들 사이에서 솔직함의 포문을 열었다. "사람들은 누군가가 실패에 관해 이야기하는 것만으로 큰 안도감을 느껴요." 그녀가 말했다. 요즘 스테판 교수는 대학원생 그룹 등을 대상으로 가끔 실패에 대해 강연한다. (그녀는 SNS 계정에서 자신을 '실패의 화신'이라 소개하기도 한다.) 그녀가 자신의 실패 이력서를 화면에 띄우면, 학생들도 기꺼이 그들의 실패담을 공유한다.

"박사 프로그램을 아홉 군데 지원했는데 전부 떨어졌어요. 심지어 대기자 명단에 오른 적도 없어요."
"논문을 낸 저널 다섯 군데서 전부 퇴짜를 맞았고 7년이 넘도록 게재된 적이 없어요."
"운전면허 시험에서 두 번이나 떨어졌어요."

그런데 실패 이력서를 만들고 보니 기대하지 못한 부수적 이익이 나타났다. 이력서가 다음 단계를 결정하는 데 도움이 된 것이다.

실패한 일들을 세부 내용까지 꼼꼼히 적은 이력서가 있으면 지금이 타개해야 할 교착 상태인지, 아니면 포기 외에는 길이 없는 단단한 벽인지 알려주는 신호를 포착할 수 있다. 즉 실패 이력서는 당신이 분투 과정을 거쳐 중단 단계에 이르렀을 때 다시 일어나 행군해야 하는지, 아니면 그 일을 그만둬야 하는지를 선명히 밝혀준다. 스테판 교수는 이렇게 요약했다. "실패 이력서는 당신에 대해 중요한 무언가를 말해줄 겁니다."

스테판의 실패 이력서 또한 의미심장했다. 이력서는 그녀에게 이제는 경력을 전환할 때가 되었다고 신호를 보내고 있었다. 과학은 이제 집어치우라는 생물학 지도 교수의 말은 그녀의 마음속에 깊은 상처를 남겼다. 하지만 손수 작성한 실패 이력서를 보니, 자신이 정말 잘못된 분야에 매진하고 있었다는 깨달음이 찾아왔다. 그녀는 연구실에서 주로 물고기와 같은 생물을 가지고 실험했는데, 사실 물고기알을 만지작거릴 때보다는 데이터를 조작하며 계산생물학을 할 때 심리적인 안정감이 더 컸던 것이다. 결국 그녀는 전공을 완전히 바꾸기로 했다. 생체의학을 전공해서 컴퓨터와 전산 능력을 활용해 학습과 기억을 이해하는 데 주력하기로 결정했다.

"실패는 자신을 반추할 기회가 되어줬어요." 스테판은 내게 말했다. 어쨌든 사람은 누구나 실패하기 마련이라고 생각하니 실패의 상처가 줄면서 헛된 꿈을 더 쉽게 내려놓을 수 있었다. 그녀는 여러 대학에 지원서를 내면서 어머니와 게임을 했다. "엄마가 30번째 퇴짜를 맞는 날에는 샴페인이나 한 병 따자고 하시더라고요." 거절을 한 번 당하면 샴페인을 터트릴 영광스러운 순간에 한 발짝 더 다가가는 셈이었기에, 실패가 실존적 위기보다는 일종의 게임으로 느껴졌다. 다행히 샴페인을 따는 마법의 숫자에 도달하기 전에 한 대학에서 연락이 왔다. 요즘 그녀는 학생들에게 성공을 만끽하기 전에 연이은 실패를 당할 가능성이 크다면 자기처럼 그 과정을 게임으로 만들어보라고 조언한다.

스테판은 동료 과학자들에게 실패 이력서를 작성해보라고 권한다. 다만 여기에 경고 하나를 재빨리 덧붙인다. 자기처럼 장황한 실패담을 꼭 공개할 필요는 없다는 것이다. "현재의 위치가 확고하고 직장을 옮길 때도 별 영향이 없는 경우에만 공개하는 게 좋습니다."

다른 사람들도 이 방식을 채택했다. 경제학자인 요하네스 하우스호퍼Johannes Haushofer는 스테판이 쓴 기사에 매료되어 프린스턴대학교에 재직할 당시 자신의 실패 이력서를 온라인에 게시했다. 거기에는 그가 거절당한 직장, 지원금, 수상 기회뿐 아니라 논문을 제출했지만 결국 게재하지 못한 여러 학술 저널도 포함되어 있었다. 그는 "내가 시도한 것 대부분은 실패로 끝났다. 하지만 성공은 눈에 띄는 반면 실패는 그렇지 않기 마련이다"라고 썼다. 그의 목표는 동료 학자들과 학생들이 실패로 인해 겪는 고통을 줄이는 것이었다. "실패담을 좀처럼 드러내질 않으니 주변 사람들은 내가 하는 일이 대부분 순조롭게 풀린다고 여기는 것 같았다. 이렇듯 실패를 숨기다 보면, 사람들은 세상이 확률에 의해 움직이며 어딘가에 지원하는 것은 도박일 뿐이라고 생각하게 된다. 선정 위원회나 심사위원들의 일진이 나쁜 날도 있다는 사실을 잊은 채 실패를 자신의 탓으로만 돌리게 된다는 뜻이다."

하우스호퍼 교수는 그의 이력서를 '메타실패' 항목으로 마무리했다. "이 미친한 실패 이력서는 필자가 지금까지 수행해온 학술 연구를 전부 합친 것보다 더 많이 주목받았음."

대부분의 다른 직종에서도 성공할 확률은 학계에서만큼이나 낮다. 하지만 실패를 점검하면 치유 효과가 발생할 수 있다. 나는 불황이 한창이던 시기에 대학을 졸업했는데, 그때 기숙사 룸메이트들과 함께 재미 삼아 면접을 본 기업들이 보내는 수두룩한 불합격 통지서로 공동 샤워실을 채우기로 했다. 당시에는 우리가 윈스턴 처칠의 격언 중 하나를 실천하고 있다는 사실조차 깨닫지 못했다. "성공이란 실패에 실패를 거듭해도 열정을 잃지 않는 것이다."

실패를 솔직히 털어놓으면 또 다른 이점이 있다. 성공을 과시하는 사람들은 종종 '악의적 부러움'의 대상이 된다. 반면 하버드 경영대학원 연구원들이 발견한 바에 따르면, 성공에 더해 실패를 공유하면 '선의적 부러움'을 불러일으켜 타인이 오히려 그의 발전을 지지하게 만든다고 한다.

실패를 인정하면 더 많은 위험을 감수할 수 있는 여유가 생기고, 동시에 더 많은 성과를 낼 수 있게 된다. 다음번 실패에 대한 면역력이 생기는 것이다. 실패를 할 만큼 하면 실패했다고 해서 세상이 끝나지도 않는다는 사실을 알게 된다. 자연히 다른 실패에 관한 두려움도 적어지고 계산된 위험을 더 쉽게 감수하며 자기 혁신에 이르게 된다. 경영대학원 교수인 제프리 쿠디쉬Jeffrey Kudisch는 종종 학생들에게 실패로 끝날 가능성이 큰 요청을 10번 해보는 과제를 낸다. 예를 들면 식당 주인에게 공짜로 음식을 달라거나, 경찰관에게 경찰차를 타고 싶으니 좀 태워달라고 부탁하는 것이다. 그는《워싱턴 포스트》를 통해 이 과제의 의도를 설명했다. "학생들을 '아니오, 싫습니다' 같은 거절에 익숙해지게 만든 뒤, 마침내 '예, 좋습니다'라는 말을 들었을 때 더 큰 기쁨을 느끼게 하기 위해서다."

노벨상 수상자인 야마나카 신야山中伸弥는 일반 성인의 신체 세포로 줄기세포를 만들어낸 최초의 과학자로, 연구 과정을 설명해달라는 요청에 이렇게 답했다고 한다. "대개는 실패로 끝납니다. 실패하고, 실패하고, 실패한 다음에야 성공합니다." 그는 과학자로서만이 아니라 마라톤 주자로서도 일상적인 실패에 익숙하다고 말했다. 그 덕분에 매번 장애물을 만나도 연구를 계속할 수 있었다는 것이다. 사실 그가 수많은 좌절 후에도 줄기세포 연구를 계속할 수 있었던 이유는 더 이상 잃을 것이 없다고 생각했기 때문이다. "저는 이제 어떤 실패를 하든 그것을 기회로 여기게 되었습니다. 그런 실패의 결과가 무언가 색다른 것을 알려줄 테니까요."

실패를 자신의 탓으로 돌리는 일을 그만두면, 모르고 살 수도 있었을 미지의 길을 볼 수 있다. 역사상 가장 위대한 의학적 발견 중 하나가 바로 그런 식으로 이루어졌다. 1928년, 런던의 세인트메리 병원에서 인플루엔자 바이러스를 연구하던 스코틀랜드 출신의 미

생물학자 알렉산더 플레밍은 2주간 휴가를 떠났다. 그리고 2주 후에 출근했더니, 열린 창문 곁에 두고 갔던 세균 배양용 접시에 곰팡이가 슬어있었다. "크기가 빠르게 불어나는 솜털 같은 흰색 곰팡이였다." 며칠이 지나자 곰팡이는 초록색에서 검은색, 그리고 다시 노란색으로 변했다.

그는 자신의 부주의를 자책하는 대신 이 흥미로운 현상을 조사해보기로 했다. 그리고 이내 곰팡이가 자라면서 분비되는 '곰팡이 주스'라는 물질이 접시에 있는 포도상구균을 죽이고 있다는 사실을 알게 되었다. 엄청난 발견이었다. 플레밍의 부주의함 덕분에 성홍열, 폐렴, 디프테리아 등 치명적인 질병의 병원체를 박멸할 수 있는 물질이 탄생한 것이다. 이런 그의 실수는 궁극적으로 페니실린 발견의 발판이 되었다. "가끔 의도하지 않았던 것을 찾을 때가 있습니다." 후에 그는 이렇게 말했다. "1928년 9월 28일, 동이 트고 잠에서 깼을 때만 해도 제가 박테리아를 죽이는 세계 최초의 항생제를 발견해서 의료계 전체를 뒤집어놓게 될 거라고는 상상조차 못 했으니까요. 그런데 정확히 그 일이 실제로 벌어진 겁니다."

1,009번의 실패와 KFC의 탄생

플레밍은 경력이 파탄 날 수도 있었던 불상사에 아주 슬기롭게 대처했다. 실패를 슬쩍 비껴가거나 묻어버릴 대상으로 치부하지 않았다. 그에게 실패는 오히려 훗날 성공의 중요한 동인이 되었다. 완벽한 실패 이후 성공한 사람들은 이처럼 좋은 실패를 절대 헛되이 쓰지 말라는 교훈을 받아들인다. 그들 다수는 한 분야에서 겪은 실패를 다른 분야에서 성공하는 기폭제로 활용한다. 실제로 실패는 경력 전환을 위한 최상의 준비물이자 완전한 재창조의 촉매제 역할을 한다.

이 교훈을 제대로 숙지한 사람으로는 할랜드 데이비드 샌더스 Harland David Sanders가 있다. 그는 변호사 생활을 참담한 실패로 끝냈고, 수십 개의 직장에서 해고당했으며, 개업한 식당이 망하고, 65세에 파산했다. 그럼에도 그는 이 모든 실패의 경험을 발판 삼아 마침내 천직을 찾는 데 성공했다. 샌더스는 1890년 인디애나 주에서 태어나 가난한 어린 시절을 보내고 13살에 집을 나왔다. 이후 몇 년간 증기기관차에서 석탄으로 불을 때는 일을 했지만, 반항적인 기질 탓에 쫓겨났다. 다행히 철도 일은 다시 할 수 있었지만 이번에도 동료와 쌈박질을 벌였다는 이유로 쫓겨났다. 그는 통신 교육으로 법을 공부했으나, 이번에는 법정에서 고객과 다툼을 벌이면서 스스로 경력을 끝장냈다. 이 밖에도 그가 실패로 끝낸 일에는 생명보험 영업(상사에게 대들다가 해고), 아세틸렌 램프 제조(사업 실패), 미쉐린 타이어 판매(정리해고), 주유소 경영(대공황으로 폐업), 노스캐롤라이나에서 모텔과 레스토랑 경영(화재로 붕괴) 등이 있다.

은퇴할 나이에 다다르자 샌더스는 거의 모든 일에서 제대로 실패한 사람이 되어있었다. 그나마 매달 사회보장금과 연금 수당으로 나오는 105달러 덕분에 생계는 근근이 유지할 수 있었다. 그리고 그때, 샌더스에게도 마침내 성공으로 향하는 묘안이 떠올랐다. 그것은 비록 폐업으로 끝났지만, 한때 그가 운영했던 식당에서 잘 팔렸던 프라이드치킨의 조리 비법으로 프랜차이즈 권리를 판매한다는 아이디어였다. 확실한 것은 없었다. 샌더스는 가맹점을 모집하려 미국 전역을 돌았고, 사장들을 설득하고 계약을 따내기 위해 방문한 식당 주방에서 직접 닭을 튀겨냈다. 밤에는 차에서 쪽잠을 자는 날이 많았다. 가맹 계약을 맺은 식당 주인들은 치킨 메뉴 하나를 판매할 때마다 샌더스에게 4센트만을 지불하면 되었다. 전해지는 말에 따르면 그는 1,009번의 퇴짜를 맞고 나서야 드디어 첫 가맹점을 얻었다고 한다.

이내 그의 조리법은 소문을 타고 퍼져나가기 시작했다. 수백 개의 식당이 가맹 계약에 서명했다. 샌더스의 아내는 양념을 제조해 가맹점들에 보냈다. 이어 샌더스는 오래전 켄터키 주에서 받았던 명예로운 군대 계급을 적극적으로 활용해 친근한 하얀 양복에 흰 콧수염을 한 샌더스 대령으로서 브랜드의 얼굴이 되었다. 이와 같은 모델 역할은 1964년에 가맹점을 매각한 이후에도 계속되었다. 샌더스가 90세의 나이로 사망했을 당시, 켄터키 프라이드치킨KFC은 48개국에 진출해 6,000개 이상의 브랜드 매장을 가지고 있었다.

삶을 돌이켜보면서 샌더스는 자신이 과거에 겪은 숱한 실패가 이후 인생 최대의 성공을 이루는 씨앗이 되었다는 사실을 깨달았다. 샌더스가 6살 때 아버지가 돌아가시고 그의 어머니가 캔 공장에 나가 토마토 까는 일을 시작하자 그는 어쩔 수 없이 요리하는 법을 배워야 했다. 외식 사업에 뛰어든 것도 우연이었다. 주유소를 운영하는 동안 부가 수입이 필요했기 때문이다. 프라이드치킨 레시피 또한 어쩌다 보니 알게 되었다. 처음에는 팬에서 닭을 튀겼지만 조리 시간이 너무 오래 걸렸고, 이 문제를 해결하기 위해 속도가 훨씬 빠른 압력 프라이어를 도입하며 자연스레 조리법을 터득해나갔다. 그가 부를 향해 걸어온 길은 구불구불하고, 끝없이 반복되었으며, 돌부리에 걸려 엎어지기 일쑤였다. 1940년에는 각종 허브와 양념들로 확실한 "비밀 레시피"를 확보했지만, 첫 번째 가맹점과 계약을 맺기까지 10년 이상 걸렸고, 사업을 본격적으로 시작하기까지는 근 20년이 걸렸다.

샌더스 대령은 결코 프라이드치킨 브랜드의 마스코트가 되겠다는 야망을 품고 달려온 것이 아니었다. 다만 '목적'이 아닌 '여정' 자체에 집중해 살았더니 어느새 그런 도착지에 도달했을 뿐이다.

다시 모든 것을 잃는다 해도
더 이상 두렵지 않아요

이 모든 요소, 즉 새로운 경력을 알아보려는 *탐색*과, 결과보다는 과정에 초점을 맞추고 경험을 반복하면서 *분투기*에 빠져버리는 과정은 말라 긴즈버그에게도 중요한 역할을 했다. 삶은 바닥을 쳤지만 그녀는 거기에 머무를 생각이 없었다. "그런 타격이 당신을 짓누르게 내버려두면 본인한테 이득 될 게 하나도 없어요." 그녀는 말했다. "'한때는 일등석만 타고 다녔는데 이제는 야간 버스나 타는 삶이라니……'라고 푸념해봤자 뭐가 바뀌겠어요?" 전문가들의 조언대로, 그녀는 불가능해 보이는 종착지가 아니라 하루하루를 헤쳐나가는 데 집중해서 디자이너로서의 자신을 재창조했다. "뒤돌아보는 것도, 너무 멀리 내다보는 것도 답이 아니에요. 오늘 내가 무엇을 할 수 있는지가 중요해요. 내내 과거만 돌이켜봤다면 저는 죽고 말았을 거예요. 또 너무 미래만 내다봤다면 결승점이 지나치게 멀리 있다는 느낌에 무기력해졌겠죠."

긴즈버그는 돈도 집도 모두 잃고 캐나다로 이사한 후, 본인의 미들네임을 활용한 의류 브랜드 말라윈MarlaWynne을 내기 위해 전력투구했다. 그녀가 만든 의류는 합리적인 가격대에 단순한 실루엣이 돋보이면서, "40대가 된다"라는 것의 의미를 아는 여성들을 대상으로 디자인되었다. 중년이 되면서 존재감이 사라지고, 체형이 변하면서 불현듯 "이 팔을 드러내고 싶어? 이렇게 출렁거리는데?"라고 느끼는 여성들 말이다. 긴즈버그는 브랜드의 얼굴로서 HSN 홈쇼핑 채널에서 그녀가 만든 옷을 직접 판매하기도 했다.

한때 그녀는 한 걸음 앞으로 전진하면 이후 두 걸음, 때로는 그 이상 퇴보하는 기분에 잠식되어 있었다. "아마 아버지에게 100만 번은 전화했을 거예요. '못하겠어요. 이제는, 더 이상은……'이라고요." 적어도 뒤로 미끄러지지 않으려면 어떻게든 자신을 지탱해야만 했다. "그것이 어린아이의 보폭에 불과할지라도, 그날그날 물러서지 않고 앞으로 가는 일을 제 목표로 삼았어요." 힘에 부쳤지만, 말라윈은 차츰 대중의 관심을 받기 시작했다. 그녀는 모든 체형의 여성들이 쉽게 입을 수 있는 옷을 디자인했다. 그녀의 옷들은 너무 섹시하지도, 너무 촌스럽지도, 너무 트렌디하지도, 너무 나이 들어 보이지도 않았다. 모든 제품이 XS부터 3XL까지 다양한 사이즈로 제작되었다. 사업이 성장하면서 야간 버스 여행도 성과를 냈다. 긴즈버그는 맨해튼에서 새 제조업체를 발굴했고 그러면서 미국으로 돌아갔다.

두려운 중단 단계가 찾아온 것은 그때였다. 아들이 병에 걸린 것이다. 긴즈버그는 크게 동요했다. 그리고 아들의 암 치료를 위해 암스테르담으로 날아갔다. 아들의 항암 치료와 학업에만 신경 쓰느라 그녀의 세계는 좁아졌다. 네덜란드에는 친구가 없었지만, 일상을 방해하는 요소도 없었다. 그녀의 삶은 아들을 살린다는 단 한 가지 목표를 중심으로 돌아갔다. 그 외에는 달리 할 일이 없었으므로 긴즈버그는 아들이 집을 비울 때면 어느샌가 옷 디자인을 스케치하며 시간을 보냈다. "제가 가진 창의성을 파헤쳤어요. 그냥 일에 몰두했는데, 결국 그 일이 저를 살린 셈이에요."

본인도 이유를 정확히 모르지만, 그녀의 창의성은 불타올랐다. 현대 과학을 근거로 설명하자면, 일상적인 루틴에서 벗어난 중단 단계에 이르면서 폭발적인 창의력에 불을 댕긴 셈이다. 역설적이지만 긴즈버그가 거대한 대양을 넘어간 것도 새로운 정체성에 적응하는 과정에 일조했을 것이다. 2016년에 800개 가정을 대상으로 진행한 연구에서, 연구자들은 새집으로 막 이사한 사람들이 삶의 중요한 변화를 더 쉽게 이룬다는 것을 발견했다. 그들은 그저 주위 환경을 바꾸는 것만으로 오랜 습관을 버리고 새로운 것을 받아들일 수 있었다. 런던 경영대학원의 아이바라 교수는 이에 대해 "변화는 늘 분리에서 시작된다"라고 강조했다.

과학에는 문외한이었지만 긴즈버그도 그 결과를 직접 목격했다. 그녀는 자기만의 디자인을 내겠다는 비전을 향해 자신을 연마했고, 추구하는 브랜드의 지향점과 목표를 더 폭넓게 고민하기 시작했다. "길고 외로운 싸움이었지만, 동시에 제 삶에서 가장 창조적인 시기였어요. 일은 제가 유일하게 통제할 수 있는 대상이기도 했고요."

다행히 그녀의 아들은 건강을 회복했다. 긴즈버그는 뉴욕으로 돌아오고 기운을 차린 다음, 더 젊은 여성들을 대상으로 믹스앤매치가 자유로운 새로운 의류 라인을 도입했다. 사업을 다각화하려고 시도한 변화였다. 그렇게 2017년에 윈레이어스WynneLayers라는 브랜드가 출시되었고, 그녀의 사업은 마침내 안정기에 올라섰다. 긴즈버그가 자기 쇄신의 길에 들어선 지 10년이 지난 때였다. 그 과정에서 여러 좌절을 겪었지만, 그녀는 어려움을 딛고 한 발짝씩 걸어나갔다. 그리하여 처음으로 "제 사업이 비로소 한숨 돌릴 수 있는 단계에 들어섰어요. 10년 동안은 숨조차 쉴 수 없었거든요."

최악의 순간들이 이어지는 중에도 긴즈버그는 자신의 처지가 다른 많은 사람보다는 유리하다는 사실을 잘 알았다. 그녀는 백인이었고, 교육을 받았으며, 연락할 친구들과 업계 지인들이 있었기 때문이다. 하지만 그런 무기가 없는 이들을 포함해 자신을 재창조한 다른 이들과 마찬가지로 그녀 또한 길고, 험난하고, 종종 비참하고, 때로는 수치스럽고, 무엇보다 반복적인 여정을 걸어왔다. "재창조 과정은 전쟁 같아요. 계속 싸우고 또 싸워야 해요."

또, 삶의 변곡점을 성공적으로 일궈낸 다른 이들처럼 그녀 역시 예전 삶에서 얻은 기술 대부분을 새로운 삶에 활용했다. "TV 방송물을 제작하는 일은 옷을 만드는 것과 똑같아요." 긴즈버그는 말했다. TV 시리즈는 이야기에 대한 아이디어로 시작한다. 의류 라인도 마찬가지다. "아이디어로 시작해서, 그것을 스케치하고, 컬렉션이라는 이야기로 표현합니다." TV 콘텐츠에서 다음 단계는 시리즈 전체 제작을 결정하기 전에 파일럿을 만들어 시청자 반응을 테스트하는 것이다. 의류에서의 다음 단계는 전체 컬렉션에 대한 생산 주문을 내기 전에 샘플을 만들어 테스트하는 것이다. 게다가 두 분야 모두 다양한 재능을 가진 여러 역할의 팀원이 참여하는 '팀 스포츠'라는 공통점도 있다.

긴즈버그는 자기가 운이 좋았을 뿐 아니라 부모님은 물론이고 사실상 모르는 이들을 포함해서 여러 사람의 도움을 받았다고 말한다. 암스테르담에 살던 친척은 자기 아파트를 빌려주었고, 한 친구는 그녀가 버스를 타고 뉴욕에 올 때마다 기꺼이 집 소파를 내주었다. 그녀는 부유했던 시절에 자주 드나들던 LA의 고급 화장품 가게 직원에 대해 말하면서 눈물을 흘리기도 했다. 빈털터리가 된 채 HSN 홈쇼핑 방송에 처음 출연하게 되었을 때, 그녀는 그 화장품 가게에 가서 할인 중인 제품이 없는지 물었다. 그러자 직원이 "저희 매장을 아주 오래 이용하셨는데, 그런 질문은 처음이신 것 같아요"라고 말하더니 쇼핑백 하나를 그녀에게 건넸다. "여기에 원하시는 제품을 모두 담으세요. 제가 드리는 선물입니다." 긴즈버그는 그녀의 이름도 몰랐는데 말이다.

"도움이란 '이 정도는 도와주겠지'라고 생각한 사람한테서 오는 게 아니라, 가장 뜻밖의 장소에서 찾아와요." 그녀가 말했다. "말 그대로, 낯선 이들의 다정함에서 오더라고요."

오늘날 말라윈은 미국은 물론이고 유럽과 아시아에까지 진출했으며 수백만 달러 규모를 자랑하는 세계적 브랜드로 성장했다. HSN 채널을 틀면 당신은 어쩌면 짧은 금발을 매끈하게 넘긴 모습으로, 본인이 한때 꿈꿨던 토크쇼 진행자처럼 경쾌한 농담을 섞어가며 원레이어스 에브리웨어 드로우스트링 조끼를 소개하는 그녀를 목격하게 될지도 모른다. 최근 방송에서 쇼핑 호스트가 카메라를 긴즈버그 쪽으로 돌려 다음 상품을 소개하려 하자 그녀는 "저 아직 갈아입는 중이에요! 엉망이라고요. 언니들, 이게 라이브 방송이라는 걸 아셔야 해요. 사는 게 이렇게 어처구니없다니까!"라고 외쳤다. 현재 66세인 긴즈버그는 자기 비하를 하거나, 때로는 저속한 말로 배꼽 빠지게 웃기면서도 너무나 솔직한 특유의 화법으로 HSN 단독 라인의 매출을 높여왔다. 덕분에 그녀는 《포브스》가 선정한 '50세 이상의 성공한 여성 50명50 over 50' 리스트에 카멀라 해리스, 낸시 펠로시와 함께 이름을 올렸다.

그녀는 모든 것이 언제든 순식간에 사라질 수 있다고 믿는다. "늘 절벽 위에서 사는 것 같아요. 모든 걸 잃어본 적이 있으면, 그 일이 당신에게 또다시 일어날 수 있다는 점도 알게 되죠." 하지만 그녀는 이미 트라우마와 실패를 견뎌낸 적이 있기에, 다음번에는 더 잘 대비할 수 있다고 믿는다.

"재창조를 경험하고 나면, 항상 지금 이 순간을 살게 됩니다"라고 그녀는 말했다. "매일 아침 눈을 떠야만 하고, 일에 돌입해야 하죠."

긴즈버그는 인생에서 처음 겪은 실패로 거의 나락에 갈 뻔했다. 하지만 더 이상 그런 일은 없을 것이다. "기업가로서 제 여정은 역경에서 탄생했어요. 지금과 그때의 차이점이 있다면, 이제는 피할 수 없는 역경이 닥쳤을 때 그것을 어떻게 활용해야 하는지를 안다는 것입니다."

3장

유레카!

당신에게 찾아온 바로 그 순간

순간의 통찰력이 평생의 경험만큼
진가를 발휘할 때가 있다.

올리버 웬들 홈스 시니어Oliver Wendell Holmes St., 미국의 의사이자 작가

이제 막 대학원을 졸업한 미니애폴리스의 젊은 화학자인 스펜서 실버Spencer Silver는 한 가지 문제와 싸우고 있었다. 그는 새로운 접착제를 발명하고 싶었고, 특히나 아주 강력하면서도 물에서는 쉽게 분리되는 궁극의 접착제를 위한 아이디어를 찾는 중이었다. 예컨대 물속에서 체모 손상 없이 떼어낼 수 있는 강력한 반창고나, 표면에 잘 붙어있다가도 떼어낼 때는 잔여물 없이 깔끔하게 분리되는 액자용 라벨 접착제 같은 것 말이다. 가능성은 무궁무진했다.

하지만 실버가 그날 혼합한 물질은 안타깝게도 실패로 끝났다. 물에서 녹지 않는 것까지는 좋았으나 그 어떤 상태에서도 녹지 않았기 때문이다. 실버는 실패한 물질을 현미경 슬라이드 위에 올려놓고 관찰했다. 그 물질은 머리카락 한 올 두께보다도 작은 알갱이들로 구성되어 있었다. "그런데 그 알갱이에는 훌륭한 성질이 있었어요. 점성이나 접착력을 그대로 유지하면서 부착과 탈착이 가능했거든요." 실버는 당시를 떠올렸다. 그의 눈에는 혼합물이 꽤 예뻐 보이기까지 했다. 문제는 알갱이들이 어떤 표면에는 잘 붙어있었지만, 다른 어떤 표면에서는 쉽게 떨어지는 바람에 통제하기가 극도로 어렵다는 점이었다. 몹시 까다로운 물질이었다. 아무리 고심해도 그 물질을 제대로 활용할 묘안이 떠오르지 않았다.

실버는 자신의 발명품을 동료들에게 보여주었다. 하지만 여러 사람이 머리를 맞대도 상황은 마찬가지였다. 동료들은 실버에게 그 물질은 그만 잊고 다른 방법을 찾아보라고 말했다. 합당한 조언이었다. 그는 스카치테이프와 산업용 접착제를 만드는 3M의 직원이었다. 이번에 발견한 접착제는 뭔가 달랐지만, 사실상 어디에도 쓸 곳이 없었다.

그럼에도 실버는 희망의 끈을 놓지 않았다. 그는 3M의 동료 과학자들과 내부 회의를 하면서 새로운 접착제에 대한 자료를 발표했다. 또 그 물질로 코팅한 게시판을 만들어서, '보세요! 압정 없이도 여기에 종이를 붙일 수 있다고요!'라고 호소하듯 비서들에게 나눠주었다. 부서장들의 이목을 끌려는 작전이었다. 하지만 이번에도 운은 따르지 않았다. "물론 처리해야 할 다른 일들도 있었어요. 상사들이 그런 식으로 하면 다른 프로젝트도 전부 포기할 수 없을 거라고 하더군요. 이제 거기서 손을 떼라거나 다른 일을 좀 하라는 말이 여기저기서 들려왔어요. 하지만 저는 대부분 무시했죠." 완전히 학을 뗀 동료들은 무리하게 고집을 부리는 그에게 '고집불통 사나이'라는 별명을 붙였다.

이야기는 그렇게 끝날 수도 있었다. 실제로 그럴 뻔했다. 스펜서 실버가 연구실의 플라스크로 혼합물을 만들고 6년이 지난 후, 3M의 또 다른 과학자인 아서 프라이Arthur Fry가 어느 날 교회 합창단에서 노래를 부르던 중 성가신 일이 벌어지지만 않았다면 말이다. 그는 수요일 예배에서 다가올 주말에 부를 찬송가들을 표시해두려고 성가집의 몇몇 페이지에 종잇조각을 하나씩 끼워두었다. 그런데 일요일 예배를 보던 중 그 종잇조각들이 계속 성가집에서 빠져나갔고, 그는 무척 허둥대며 당황할 수밖에 없었다. 아서 프라이는 동료 합창단원들과 노래를 맞추기 위해 성가집 페이지를 미친 듯 뒤적이며 진땀을 흘렸다. 그는 "다른 사람들은 다 노래를 부르는데, 저만 페이지를 찾으려고 우왕좌왕했어요"라며 그때를 떠올렸다.

그리고 그 순간, 아서 프라이의 삶을 완전히 바꿔버린 '아하'의 깨달음이 일어났다. 하필이면 그날의 예배는 "유난히 설교가 지루하고 이런저런 잡생각이 계속 떠올랐다"고 한다. 그러다 생각이 실버의 접착제로까지 흘러들었다. 아서 프라이는 개인적으로는 그 젊은 화학자를 잘 몰랐지만, 회사 동료와 골프를 치다 그의 수수께끼 같은 혼합물 이야기를 들었고 관련 내용이 발표된 회의에도 참석한 적이 있었다. 그 접착제를 제대로만 사용하면 성가집에도 잘 붙어있으면서 종이를 손상시키지 않고 떼어낼 수 있는 책갈피를 만들 수 있을 것 같다는 생각이 들었다. 다음 날 아침, 그는 출근하자마자 실버의 연구실로 달려가 그 물질의 샘플을 얻어왔다. 그리고 그것을 종잇조각에 바르기 시작했다. 그의 예상처럼, 종잇조각은 다른 종이 위에 잘 붙어있다가 뗄 때는 얼룩 하나 없이 깔끔하게 분리되었다. 프라이는 그렇게 완벽한 책갈피를 발명했다.

그로부터 얼마 후, 아서 프라이는 프로젝트 보고서를 작성하다 일부 데이터에 의문을 품었다. 그래서 자신이 만든 책갈피용 메모지 하나를 보고서에 붙여 거기에 문제의 데이터를 가리키는 화살표를 그려놓았다. 그런 다음 보고서를 상사에게 보냈는데, 상사 또

한 그 책갈피에 자신의 의견을 달아 보고서를 돌려보냈다. 그때 프라이는 깨달았다. "세상에, 이건 단순한 책갈피가 아니야. 사람들과 의사소통하는 완전히 새로운 방식이라고!"

목사님의 유난히 지루했던 설교와 갈피를 잡지 못하고 헤매던 화학 실험 덕분에 생긴 이 깨달음은 역사상 가장 수익성이 높은 재창조물 중 하나를 탄생시키기에 이른다. 실패한 접착제에서 탄생한 포스트잇이 바로 그 주인공이다. 3M은 아서 프라이가 발명한 포스트잇을 1980년부터 판매하기 시작했는데, 이는 스펜서 실버가 실험실에서 처음으로 화학 혼합물을 만들어낸 후 12년이나 지난 때였다. 여러 시행착오가 있었지만, 이 접착성 메모지는 상용화가 되자마자 성공을 거두었다. 3M은 현재 150개가 넘는 국가에서 3,000여 종류의 포스트잇을 매년 500억 개 이상 판매하고 있다.

그 주일 예배로부터 반세기가 지난 지금, 내가 아흔에 접어든 아서 프라이에게 당시 상황을 묻자 그는 마치 어제 일을 말하듯 흥분을 감추지 못했다. "'아하'의 순간이었죠. 새로운 원리를 발견했을 때 몸이 확 달아오르는 그런 느낌 말입니다." 그는 계속해서 말했다. "창조적인 아이디어가 떠오르면서 이전에 보지 못했던 것이 보이는 순간인데, 그게 신체적으로 느껴지거든요. 화끈거리며 달아오르는 일종의 흥분감이죠."

깨달음의 계시

한밤중에 엄청난 아이디어와 함께 번쩍 잠에서 깨거나, 샤워를 하다 문득 완벽한 통찰이 떠오른 적이 있다면 당신도 '아하'의 순간을 경험했다고 볼 수 있다. 그때 당신은 어떤 문제로 생각이 막혀있었거나 삶이나 직업에서 새로운 방향을 모색하던 중이었는지도 모른다. 그러다 마치 마법처럼 돌연 해결책이 떠올랐다면 그보다 더 멋진 일이 있겠는가? 위대하고 혁신적인 아이디어가 난데없이 당신의 머릿속에 나타나는 것이다. '벼락 맞은 것처럼', '천재적 번뜩임'이 강림하듯, '돌연' 깨달음이 내리친다.

표현 방법은 다양하지만, 이 모든 말은 동일한 현상을 가리킨다. 당신은 아주 독특한 비전을 생각해내고 그것이 옳다고 확신한다. 그것은 완전한 상태로 당신의 머릿속에 구현된다. 완벽하게 독창적이지만 너무 선명해서 이전에는 아무도 그것을 생각하지 못했다는 사실이 도통 믿기지 않을 정도다. 당신은 새로운 영감을 어서 빨리 실험해보고 싶어진다. 이것이 바로 '유레카!'의 순간이다. 삶이나 일에서 중대한 갈림길에 선 사람들에게 이런 순간은 변화의 촉매처럼 작용한다.

이러한 현상에 대한 전문용어인 '통찰력'의 번쩍임은 어떤 면에서 직감과도 비슷하다. 앨런 그린스펀이 음악을 그만두고 경제학을 택한 것처럼, 혹은 내슈빌에 사는 두 주부가 같이 점심을 먹다 동업하기로 결심하고 더홈에딧을 설립한 것처럼 말이다. 정확한 이유는 모르지만 내 결정이 옳다는 느낌이 든다. 하지만 '아하'의 순간은 직감과 달리 어떤 두 가지 일 중 하나를 선택하는 의사 결정과는 관련이 없다. 그것은 예기치 않게 새로운 개념이 번뜩이며 떠오르는 통찰의 순간이기 때문이다.

역사상 가장 획기적이고 주목할 만한 작품 중에도 이렇게 '아하'의 순간에 탄생한 것들이 있다. 제임스 캐머런 감독은 열병을 앓던 중 꿈에 〈터미네이터〉가 나타났다고 했다. J. K. 롤링은 1990년 기차로 어딘가에 가던 중 불현듯 〈해리 포터〉 이야기가 "완성된 형태로" 생각났다고 말해왔다. 〈해리 포터〉의 아이디어는 "마치 하늘에서 '툭' 하고 떨어지듯 난데없이 나타났는데 (……) 정말 기이했어요"라고 그녀는 밝혔다. 시인이자 노벨문학상 수상자인 루이즈 글릭Louise Gluck은 자신을 4년간 "괴롭혔던" 책을 쓰고 있는데, "갑자기 이 원고를 어떻게 구성하고 끝내야 할지가 눈에 보였어요. 기적이었죠"라고 증언했다. 캐럴 킹은 그녀의 대표곡인 'You've Got a Friend'를 작곡하던 순간을 이렇게 설명했다. "어느 날 피아노를 치려고 앉았는데 그 곡이 완성된 상태로 떠오른 거예요. 그냥 저에게로 스며들듯이 말이에요."

학자, 철학가, 과학자들은 이런 현상이 어떻게 발생하는지 확인하려고 수천 년 동안 애써왔다. 호메로스는 《일리아드》에서, 그리고 베르길리우스는 《아이네이스》를 쓰면서 영감을 얻기 위해 뮤즈에게 빌었다. '유레카 순간'이라는 말의 유래는 기원전 3세기로 거슬러 올라간다. 전해지는 말에 따르면 당시 그리스 수학자 아르키메데스에게는 왕의 왕관이 순금으로 만들어졌는지, 아니면 값싼 금속들을 섞어 만든 것인지 판단해보라는 명이 떨어졌다. 아르키메데스는 답을 몰라 고전하던 중 우연히 목욕탕에 갔는데, 그가 탕 안에 들어가 앉자 물이 불어나 넘쳤다. 이를 본 아르키메데스는 돌연 물의 변화로 왕관의 밀도를 계산할 수 있겠다는 생각을 떠올렸다. 전언에 따르면 그는 바로 목욕탕에서 뛰쳐나와 알몸인 채로 "유레카!"라 외치며 거리를 뛰어다녔다고 한다. '유레카'는 '내가 찾았다'라는 뜻이다. 사실 이 이야기는 누군가 지어낸 허구임이 확실하지만, '유레카'라는 표현만큼은 아직 통용되고 있다.

유레카의 순간은 이후 수 세기 동안 신성한 영감으로 인식되어 왔다. 발명가와 예술가, 과학자들은 자기가 하는 일에 대한 책임은 본인에게 없으며, 자기는 그저 더 높은 곳에 있는 힘을 담는 그릇일 뿐이라고 믿었다. 미켈란젤로는 자신과 자신이 쓰는 도구들을 하느님의 도구라고 여겼다. 밀턴은 1674년에 발표한 《실낙원》 재판본에서 "주께서 아시나니, 저를 가르쳐주소서"라고 신께 빌었다. 해리엇 비처 스토는 교회에서 목격한 환영을 바탕으로 《톰 아저씨의 오두막》을 쓰게 되었다고 밝혔다. '창의성'이란 머릿속에서 나온 독창적인 것을 나타내는 말로 1920년대가 되어서야 대중화되었다.

하지만 과학자들이 이런 과정의 작동 원리를 이해하기 시작한 것은 불과 몇십 년 전이다. 유레카 순간의 이면에 있는 과학은 우리의 귀를 솔깃하게 했던 과거 천재들의 증언처럼 낭만적이지도 신화적이지도 않지만, 일반인들에게는 대단히 유용하다. 실제로 뇌의 혈류를 보여주는 기능적 자기공명영상fMRI이나 뇌의 전기 활동을 측정하는 뇌파 같은 도구들을 사용하면 '아하'의 순간을 경험할 때 우리의 뇌 속에서 어떤 일이 벌어지는지 볼 수 있다. 그리고 과학자들이 이렇게 발견한 사실들은 단순히 '아하' 순간에 대한 통찰력으로 끝나지 않고, 우리가 어떻게 독창적인 아이디어를 떠올리는지, 또 어떻게 새로운 발명품이나 방향을 찾는지를 조명한다. 통찰력이 일어나는 과정을 이해하면, 어려운 문제를 해결하거나 삶의 새로운 경로를 구상할 때 더 풍부한 창의력을 발휘할 수 있다.

무의식이 모든 것을 해결한다

어떤 도전에 직면했을 때 그 해결책을 찾는 방법은 다양하다. 논리적이고 단계적인 접근법으로 문제를 분석적으로 해결할 수도 있다. 예컨대 경력 전환을 고려한다면 자신의 강점과 약점을 쭉 나열하고 다양한 직업을 조사한 다음, 각 직종에서 일하는 사람들과 인터뷰를 할 수 있다. 심지어 누군가를 그림자처럼 쫓아다니면서 그 업계에 관해 배울 수도 있고 자원봉사를 하며 새로운 분야를 가볍게나

마 체험할 수도 있다.

그런데 어떤 사람들에게는 이런 해법이 남들보다 훨씬 빨리 나타나는 것 같다. 노력을 전혀 하지 않았는데 유레카의 순간이 섬광처럼 내리치는 사람들 말이다. 자기가 정말 하고 싶은 일이 무엇인지, 그 깨달음이 느닷없이 선명하게 찾아오는 것이다.

올린 경영대학원의 에릭 데인은 몇 년 전 500명의 사람에게 '계시'를 받은 적이 있냐고 물었다. 여기서 계시란 "불시에, 갑작스럽게 얻은 통찰력, 자기와 자기 정체성에 관한 생각을 완전히 바꿔놓는 관점의 변화, 개인의 삶에 새로운 의미를 만드는 것"으로 규정했다. 조사 참여자 중 절반 정도가 그런 적이 있다고 응답했다. 해로운 관계를 끊게 도와준 계시를 받은 이들도 있었고, 나쁜 버릇을 고치도록 동기부여를 받았다는 사람도 있었다. 데인에게 가장 의외였던 사실은 조사 참여자들의 약 20%에 해당하는 꽤 많은 이가 자기 경력을 재창조하도록 영감을 받았다는 사실이었다. 그들의 응답을 관통하는 한 가지 공통점은 그런 계시가 단순한 생각이나 깨달음을 넘어 마치 불꽃처럼 행동을 이끌어 유의미한 변화를 이루게 했다는 것이었다.

엔지니어였던 한 남성은 잘 다니던 직장을 갑자기 그만두고 학교로 돌아가 경영 컨설턴트가 되기로 결심했다. 미 공군이었던 어떤 여성은 더 이상 군대에서 미래를 찾을 수 없었고, 그런 와중에 새로운 길에 대한 영감을 받았다.

참여자들은 그런 갑작스러운 통찰력이 언제, 어디서 일어나는지는 예측할 수 없었다. 하지만 그것이 시작되는 순간은 정확히 제시할 수 있었다. 한 참여자는 차로 출근하던 중에 갑자기 깨달음을 얻었다고 했다. 또 다른 참여자는 학교 행사에 앉아있는데 그런 순간이 찾아왔다고 전했다.

삶이 바뀔 정도로 심오한 변화를 거치려면 아주 많이 고민하고 분석해야 한다는 것이 사회적인 통념이다. 섬광처럼 찾아온 깨달음 때문에 몇 년간 몸에 익힌 일을 포기하는 것이 과연 옳을까? 우리는 보통 성급한 결론에 도달하기 전에, 손안의 선택지를 신중하게 따져보고 관련 요소를 전부 꼼꼼히 검토하려 한다.

하지만 데인의 연구 결과는 그렇지 않았다. 참여자들은 그런 갑작스러운 명료함이 마치 자기의 몸 바깥에서 어떤 목소리가 들려오듯 전해졌다고 말했다. 통찰력에 대한 책임이 자기에게 있다고 느껴지지도 않았다. 느닷없이 떠오른 지혜가 고마웠지만, 그런 계시의 창조자가 자기라고는 도통 생각되지 않았다. 데인은 사람들이 그런 깨달음을 "그들에게 부여된 일종의 선물"처럼 느꼈다고 전했다. 데인의 연구 결과에 따르면 계시를 겪은 사람들은 그런 경험에 관해 더 개방적으로 변한다. 그는 오히려 생각이 너무 많으면 통찰력이 번뜩이는 순간을 스스로 차단하면서 획기적인 아이디어를 가볍게 넘기고 무시하게 된다고 말했다.

참여자들이 보고한 계시의 특성에는 독특한 점이 하나 더 있었다. 그들은 자신의 뇌가 홀연히 사라진 뒤 보이지 않는 곳에서 전혀 관련 없는 정보 조각들을 가만가만 엮어내는 것 같았다고 말했다. 즉, 의식적으로 애쓰지 않았는데도 여러 아이디어가 별안간 합쳐졌다는 것이다. 어떻게 그런 일이 벌어지는지는 그들도 설명하지 못했다. 한 여성은 "제 생각에는 모든 정보 조각이 오랫동안 제 머릿속에서 부유하고 있었던 것 같아요"라고 말했다. 또 다른 사람은 "머릿속의 여러 문제들이 우연히 서로 연결점을 찾은 것 같았어요" 라고 설명했다. 세 번째 참여자는 직장에서 상사의 지시로 도덕적으로 옳지 않은 일을 이행해야 했는데, "막연히 찾고 있던 모든 답이 별안간 하나로 꿰어지면서" 직장을 옮겨야겠다는 깨달음을 받았다고 한다.

그런데 사실, 연구 참여자들이 설명한 내용은 창의성 및 창의적 문제 해결을 이행하는 전형적인 단계들과 동일하다. 1939년에 광고대행사 직원이었던 제임스 웹 영James Webb Young은 《아이디어 생산법》이라는 작은 책을 통해 단계별 공식 하나를 소개했다. 여기서 웹은 새롭고 신선한 개념을 발굴하는 작업은 개별적인 정보 조각을 모으는 일(우리가 *탐색*이라 말하는)로 시작된다고 설명한다. 다음으로는 당신의 머릿속을 부유하는 생각들을 모두 소환해서 "마치 퍼즐을 맞추듯" 그 정보 조각들을 새로운 방식으로 조합하는 것이다. 당신은 신선한 아이디어를 만들어내느라 *분투*하지만 어쩔 수 없이 실패하게 된다. 이제 "당신은 무기력한 단계에 도달할 것이다. 명확한 통찰력은 어디에도 없고 모든 게 머릿속에서 뒤범벅된다." 활동을 잠깐 *중단*할 때가 온 것이다. "이 세 번째 단계에서는 의식적인 노력을 전혀 기울이지 않아야 한다. 문제를 완전히 내려놓으면 된다. (……) 이때 해야 할 일은 문제를 무의식의 세계로 넘긴 다음, 잠에 들었을 때 무의식이 해결하도록 내버려 두는 것이다." 책에는 그렇게 해야 "별안간 아이디어(*해법*)가 나타날 것이다"라고 쓰여있다. 웹이 설명한 단계들을 요약하면 다음과 같다.

탐색 → 분투 → 중단 → 해법

19세기의 수학자 앙리 푸앵카레Henri Poincare는 이런 진척 과정을 처음으로 목격한 인물 중 하나였다. 그는 1908년에 발표한 〈수학적 창작Mathematical Creation〉이라는 논문에서 새로운 이론에 대해 고민하다 버스에 승차하던 순간 갑자기 해법을 발견한 경험을 이렇게 묘사했다. "승차 발판에 발을 올리는 순간 아이디어가 떠올랐는데, 그때까지 생각하던 것과는 전혀 상관이 없는 것이었다." 그 아이디어는 검증하지 않아도, "완벽하다는 것을 본능적으로 확신할 수 있었다." 그는 이 과정을 이론화했다. 그런 종류의 획기적 발견을 하기 위해서는 먼저 올바른 요소들을 *탐색*해야 하고, "완전히 헛되고 아무 성과가 없어 보일 때"까지 완전히 문제에 몰입해서 그 요소들을 조합하느라 *분투*해야 하며, 그러다 교착 상태에 도달하면 과정을 중단하고 "길든 짧든 휴식"을 취해야 한다. 그런 휴식 기간에 뇌는 무의식 상태에서 "수많은 조합"을 생성하면서 마침내 올바른 *해법*을 떠올린다. "불시에 나타난 계기가 수학자의 영혼을 사로잡는" 것이 바로 그때다. 유레카!

탐색 → 분투 → 중단 → 해법

푸앵카레의 설명에는 선견지명이 있었다. 신경과학자들도 실험실에서 동일한 진척 과정을 목격했기 때문이다. 웹과 푸앵카레가 설명한 현상(데인의 참여자가 "막연히 찾고 있던" 모든 답이 별안간 하나로 꿰어졌다고 말했던)은 그저 이상한 우연이 아니었다. 뇌과학적으로 봐도 옳은 현상이었다. 게다가 이는 '아하' 현상의 핵심이다.

인지신경과학자인 존 쿠니오스John Kounios와 마크 비만Mark Beeman은 '아하' 방식으로 해법을 끌어내도록 단어 퍼즐을 설계한 다음 그 문제들을 푸는 사람들의 뇌를 스캔했다. 그 결과 실험 참가자들이 '유레카'를 경험하는 순간, 뇌에서 단편적인 정보 조각들을 연결하는 영역이 활성화되는 것을 볼 수 있었다. 다시 말해 뇌가 서로 관련성이 옅거나 심지어는 아예 없는 개념들을 연결해서 해법을 찾아낸 것이다. 이 실험의 참가자들도 데인의 연구에 참여했던 경력 전환자처럼 "모든 답이 별안간 하나로 꿰어지는" 경험을 했다. 쿠니오스와 비만은 그들이 공동 집필한 《유레카의 비밀The Eureka

Factor》에서 이런 현상이 일어나는 순간을 뇌 스캔을 통해 실제로 볼 수 있었는데, "말 그대로, 깨달음의 불꽃 같았다"라고 표현했다.

이 연구에서 신경과학자들이 사용한 단어 퍼즐은 복합원격연상 CRA, Compound Remote Associates 테스트로 알려져 있다. 이 테스트는 참가자들에게 서로 관련이 없는 세 단어를 제시한 후 이 모두를 하나의 조합으로 만드는 네 번째 단어를 찾으라고 지시한다. 가령, 'pine(소나무)', 'crab(게)', 'sauce(소스)'에 적합한 네 번째 단어는 무엇일까? 당신은 분석적으로 답을 찾으려 할 것이다. 어쩌면 '소나무'와 관련된 'cone(솔방울)'이 떠오를지도 모른다. 하지만 'cone'을 'crab'이나 'sauce'에 붙여 보면 영 어울리지 않는다. 당신은 계속해서 다른 단어 조합을 찾으려고 애를 쓰겠지만, 결국 실패하고 만다.

하지만 운이 좋다면 고민할 겨를도 없이 섬광처럼 그 답이 머리를 스치는 '아하'의 순간을 경험한다. 답은 'apple'이다. 세 단어 모두 'apple'을 붙이면 'pineapple(파인애플)', 'crab apple(돌능금)', 'apple sauce(사과 소스)'라는 좋은 조합이 된다. 같은 문제를 몇 개만 더 풀어보자.

shock / shave / taste
line / fruit / drunk
bump / egg / step

두 과학자는 일련의 연구를 통해 이런 식의 퍼즐을 해결하려 애쓰는 참가자들의 뇌 활동을 측정했다. 실험 참가자들은 때에 따라 전극으로 뒤덮인 목욕 모자 같은 것을 뒤집어썼는데, 각 전극은 그 사람의 뇌파를 실시간으로 기록하는 뇌파 기록 장치EEG에 연결되어 있었다. 참가자가 각 단어 세트를 해결할 때 그 전극들은 실험 참가자의 뇌에서 일어나는 전기 활동의 변화를 감지했다. 또 다른 참가자들은 퍼즐을 푸는 동안 fMRI 스캐너로 뇌 혈류의 변화를 측정했다. 참가자들에게는 각 단어 세트를 푸는 데 30초의 시간이 주어졌다. 30초가 지나면 두 과학자는 참가자들에게 그 단어 세트를 분석적으로 풀었는지, 아니면 순간적인 통찰력으로 풀었는지를 물었다.

쿠니오스와 비만은 실험 대상자들의 뇌 활동을 분석하면서 참가자들이 순간적인 통찰력으로 단어 퍼즐을 푸는 찰나를 관찰할 수 있었는데, 이때 EEG와 fMRI 모두 실험자의 우뇌 활동이 급격히 높아지는 것을 분명히 보여주었다. 더 정확히 말하면 언어를 이해하고, 개별적인 정보 조각들을 연결하는 능력과 관련된 상측두이랑superior temporal gyrus으로 알려진 오른쪽 측두엽 부분의 활동을 말한다. 쿠니오스는 그 부분이 "뇌의 다른 영역과 빼곡하게 연결되어 있어서 곳곳에 흩어진 여러 유형의 정보를 통합하고, 서로 무관해 보이는 정보 부스러기들을 새로운 방향으로 합친 뒤, 그러다 별안간 완전한 형태의 개념을 우리의 의식 속으로 분출한다"라고 설명했다.

게다가 그런 통찰력이 나오기 전 찰나의 순간에 참가자들은 과학자들이 '뇌의 블링크brain blink'라 부르는 경험을 했다. 이는 마치 뇌가 모든 방해 요소를 차단이라도 하는 것처럼 뇌에서 시각을 처리하는 영역의 기능이 정지되는 것을 말한다. 이는 우리가 어려운 질문을 받았을 때 벌어지는 현상과도 비슷하다. 당신은 그 질문에 대한 답을 생각하면서 앞을 멍하니 응시하거나 눈을 질끈 감기도 한다. 스스로 의식하지 못한 채로 답을 내기 위해 과도한 자극을 차단하는 것이다. 깨달음을 준비하는 뇌도 정확히 이렇게 한다.

나는 과학적 호기심으로 쿠니오스의 실험 참가자들이 했던 방식의 단어 퍼즐 테스트를 직접 시도해봤다. 어떤 단어 조합들은 도무지 답을 알 수 없었다. 머릿속으로 가능성을 더하고 빼가면서 여러 답을 대입해봤지만, 소득이 없었다. 연관성이 영 보이지 않았기 때문이다. 나는 내 무지함에 의기소침해졌다. 그러나 어떤 조합은 세 단어를 사실상 읽기도 전에, 그러니까 세 단어를 혼자 조용히 입으로 뱉기도 전에 머릿속에 답이 떠올랐다. 그럴 때는 세 단어가 개별 요소가 아닌 하나의 집단으로 보였고, 거의 보자마자 그 답이 내 머리 앞에 떠오르는 것 같았다. 의식적으로 생각하지 않아도 그냥 답을 알고 있었다. 황당할 정도로 자명했다.

앞 장에서 제시한 세 가지 단어 세트들은 안타깝게도 내가 실패한 조합이다. 만약 그 단어들로 유레카의 순간을 경험한 독자가 있다면 스스로 의기양양할 만하다. 궁금한 이들을 위해 여기에 답을 공개한다.

shock / shave / taste

답: after

☞ aftershock(여진), aftershave(애프터셰이브 로션), aftertaste(여운)

line / fruit / drunk

답: punch

☞ punch line(펀치 라인), fruit punch(과일 화채), punch-drunk(연타를 맞아 휘청거리는)

bump / egg / step

답: goose

☞ goose bump(소름), goose egg(무득점), goose step(오리걸음)

어째서 나는 이 답을 몰랐을까?

창조적 돌파구를 찾은 사람 중에는 이런 과학이나 심리학을 전혀 모르는데도 종종 이와 비슷한 진행 단계를 기술하는 경우가 있다. 가령 전설적인 광고업자인 키스 라인하르트Keith Reinhard는 '아하'의 순간 덕분에 일생일대의 재창조를 할 수 있었다고 말한다. 때는 1980년으로 거슬러 올라간다. 그가 일하던 광고대행사는 맥도날드 광고를 따내려 애타게 경쟁하고 있었는데, 광고주의 마스코트인 로널드 맥도날드를 재탄생시키는 난처한 임무가 바로 그에게 떨어졌다. 그것은 위험부담이 큰 과제였다. 당시 로널드는 실패작으로 여겨지고 있었다. 그래서 경쟁 관계인 광고대행사는 로널드를 없애버리자는 제안까지 했다. 실제로 로널드는 살릴 가치가 거의 없어 보였다. 다만 대행사 선정의 열쇠를 쥔 고객사 책임자 중 한 명이 바로 로널드를 탄생시킨 장본인이었기에, 그의 운명은 민감한 사안이었다. 그래서 라인하르트의 팀은 로널드 맥도널드에는 '엄청난 잠재력'이 있지만, 캐릭터 이미지를 더 '강화할' 필요가 있다고 제안했다. 이런 식의 외교적인 접근법은 효과가 있었고, 결국 그의 회사가 맥도날드의 광고대행사로 낙점되었다.

하지만 아직 어려운 숙제가 남아있었다. 어떻게 하면 나약한 이미지의 로널드를 영웅으로 만들 수 있을까? 라인하르트는 이 질문에 완전히 몰두했다. 그는 영감을 얻기 위해 LA로 날아가서 '로드

러너'와 '와일 E. 코요테'를 만든 전설적인 애니메이션 제작자, 척 존스Chuck Jones를 만났다. 존스는 라인하르트가 하는 말을 차분히 들은 다음, 로널드 맥도날드에게 진짜 필요한 것은 '적'이라고 조언했다. 대적할 존재가 있어야 나약한 만화 캐릭터가 더 강해 보일 수 있다는 논리였다. 라인하르트는 이 조언이 썩 마음에 들었기에 즉시 광고팀과 공유했다. 그들은 로널드의 적수가 될 만한 다양한 악당 캐릭터에 대한 아이디어를 냈다. 해적, 괴물, 외계인, 여러 아이디어가 나왔지만 정말 확신이 가는 악당은 없었고, 그들은 점점 지쳐갔다. 그들은 막다른 벽 같은 교착 상태에 빠졌다. 그리고 나가떨어졌다. 라인하르트는 *탐색* 단계를 거쳐, *분투* 과정을 겪은 후, 돌연 *중단* 단계에 이른 것이다.

며칠 뒤, 잠시 고민에서 벗어나 깊은 잠에 들었던 라인하르트는 새벽 4시에 느닷없이 머릿속에 한 가지 생각이 꽂히는 것을 느끼며 깨어났다. 바로 'Burger(버거)'의 발음이 'burglar(강도)'와 비슷하다는 것이었다. 그는 단숨에 해법을 깨달았다. "햄버글러Hamburglar 탄생!" 도무지 풀리지 않던 문제가 그렇게 해결되었다. 어떻게든 햄버거를 훔치려는 악당 캐릭터가 창조되었고, 이 악당 덕분에 로널드 맥도날드는 세상을 구하는 위풍당당한 영웅으로 부활했다. 회사의 아트 디렉터는 몇 시간도 안 되어 이제는 익숙해진, 죄수복에 마스크를 쓰고 기차로 출근하는 악당 캐릭터를 스케치했다. 이 햄버글러 캐릭터는 고객사도 흡족하게 만들었을 뿐 아니라, 이후 맥도날드의 캐릭터 유니버스, 브랜드 의류, 게임, 장난감, 놀이터 등으로 확대되었다.

몇 년 뒤 라인하르트는 "오늘 하루, 당신에게 휴식을 주세요You Deserve a Break Today"나 "좋은 이웃처럼, 스테이트팜이 함께합니다 Just Like a Good Neighbor, State Farm Is There" 같은 슬로건으로 광고인 명예의 전당에 이름을 올렸다. 그럼에도 그는 자신의 광고 경력에서 가장 자랑스러운 성과로 한밤중 햄버글러 아이디어가 불시에 떠오른 그 '아하'의 순간을 꼽는다. 라인하르트는 그 순간 "광고를 초월한 마케팅 콘셉트에 대한 영감을 받았다"라고 말한다.

이런 '아하'의 순간은 곤도 마리에에게도 삶을 변화시키는 계기가 되었다. 일본에서 나고 자란 그녀는 신사에서 '제단 복사'로서 제례 진행을 보조하고, 부적을 판매하고, 신사를 청소하면서 5년을 보냈다. 칼 같은 흑색의 단발, 몸에 맞춘 듯 정갈한 옷차림, 얼룩 하나 없이 깔끔한 집 덕분에 그녀는 정리·정돈의 화신이 되었다. 하지만 정작 그녀 자신은 어떻게 삶을 일궈가야 할지 몰랐다. 사람들이 어떤 직업을 갖고 싶냐고 물으면, 망설이다가 결국 의기소침한 목소리로 "책 읽는 거요"라고 답하는 정도였다. 말은 그랬지만 '내가 원하는 게 뭐지?'라는 생각이 그녀의 머릿속을 떠나지 않았다.

그러다 "방을 청소하고 있는데 갑자기 어떤 장면이 플래시백으로 나타났다." 불현듯 그녀가 학생일 때 교실 미화 활동을 얼마나 좋아했는지가 떠오르면서 정리·정돈이야말로 운명이라는 사실을 깨달은 것이다. 어느 순간 그녀는 정신을 잃었다고 한다. "정신을 차려보니 신비로운 목소리가 들렸는데, 마치 정리의 신이 내게 물건들을 더 자세히 살펴보라고 속삭이는 것 같았다. 그러자 내가 무슨 실수를 했는지 알 수 있었다. 나는 항상 내버릴 것만 찾고 있었다. 내가 진짜 할 일은 보관할 물건들을 찾는 것이었다." 그로부터 10년도 지나지 않아, '기분이 좋아지는 물건'만 남겨두는 '콘마리 KonMari' 정리·정돈법이 생겨났고, 이를 통해 네 권의 베스트셀러와 넷플릭스 시리즈, 그리고 글로벌 컨설팅 회사가 탄생했다.

자기 혁신적 '아하'의 순간을 내가 원할 때 경험할 수 있다면 얼마나 좋을까? 하지만 안타깝게도 그럴 수는 없다. 게다가 획기적인 아이디어를 찾으려고 지나치게 애를 쓰면 오히려 우리 뇌에서 일어나는 창조적 과정이 아예 차단될 가능성도 있다. 물론 어떤 사람들은 선천적으로 유레카 순간을 쉽게 겪으면서 창의적인 아이디어를 내는 것처럼 보이기도 한다. 하지만 일반인 대다수는 그렇지 않다. 그렇다고 실망하기는 이르다. 적어도 그런 유레카의 가능성을 높이는 조건을 만들어낼 수는 있다. 여기에서는 특별히 과학자들이 제시하는 세 가지의 핵심 조건을 소개한다.

첫째, 주의를 분산할 것

우리는 대부분 문제에 직면하면 해결하도록 길들여진다. 해결책을 찾아내고, 해결할 때까지 계속 애쓰고, 나가떨어질 때까지 해결하려 한다. 하지만 연구 결과를 보면 이는 완전히 잘못된 접근법이다. 뇌를 소모하고 피로하게 해서 점점 긴장 상태로 만드는 것은 몸을 잔뜩 웅크리고 방어 태세로 있는 것과 감정적으로 매한가지다. 다시 말해 자유로운 사고 통로를 막아버리는 것과 같다. 사실은 생각을 중단하고 주의를 분산하는 것이 해결책에 이르는 유일한 방법일 때가 많다. 바로 이때 당신은 무의식 상태에서 여기저기서 부유하는 서로 무관하고 기이한 생각의 조각들을 하나로 합쳐 완전히 새로운 아이디어를 만들게 된다. 잠을 자든, 음식을 먹든, TV를 보든, 아니면 교회에서 찬송가를 부르든, 어떤 식으로든 당면한 문제를 내려놓고 뇌를 편하게 풀어주는 주의 분산은 그래서 꼭 필요하다.

키스 라인하르트와 곤도 마리에에게 '아하'의 순간이 어떻게 일어났는지 다시 살펴보자. 그들은 문제에 빠졌고, 해결책을 *탐색*했으며, *분투* 기간을 거쳤고, 막다른 지점에 도달해 거의 포기할 뻔했다. 라인하르트는 로널드 맥도날드를 영웅으로 만드는 방법을 찾지 못해 괴로워했다. 곤도 마리에는 무슨 일을 하며 살고 싶은지 질문을 받자 당황했다. 두 사람 모두 왕관이 순금으로 만들어졌는지 확인할 방법을 찾지 못해 쩔쩔매던 아르키메데스를 연상시키는 지점에 있었다. 이들 모두 하던 일을 중단하고, 잠을 자거나, 잠깐 기절

하거나, 또는 목욕을 하면서 주의를 분산시키고 나서야 홀연히 나타난 *해법*을 만났다.

아서 프라이 역시 지루한 예배 시간에 정처 없는 생각을 이어가다 갑자기 포스트잇 메모지의 아이디어를 떠올렸다. 이런 순간은 창조적 혁신을 위한 이상적인 조건이 된다. 캘리포니아대학교 샌타바버라 캠퍼스의 심리학과에서 뇌과학 교수로 있는 조너선 스쿨러Jonathan Schooler는 이를 *생각의 배회mind wandering*라 부른다. 이는 어떤 흥미로운 아이디어나 생산적인 결과를 생각하며 호기심에 발동이 걸린 상태에서 백일몽에 빠져있는 순간으로, 단순한 걱정으로 생각이 정처 없이 배회하는 상태와는 다르다.

"그러다 보면 어느새 생각의 발부리에 통찰력이 걸리게 된다. 경주마처럼 항상 눈가리개 가죽을 쓰고 있으면 앞으로만 전력 질주할 뿐이다. 하지만 통찰력에 불을 붙이는 것은 주변의 생각들이다"라고 앞서 단어 퍼즐 실험을 진행한 쿠니오스는 설명했다.

〈웨스트 윙〉과 〈소셜 네트워크〉 등 다수의 영화와 TV 시리즈물 각본을 쓴 에런 소킨Aaron Sorkin이 글을 쓰다 막히면 샤워를 하는 것도 그 때문이다. 참고로 그는 하루에 샤워를 8번이나 한 적도 있다고 한다! 이 기법은 그가 창조한 인물은 아니지만, 드라마 〈30 록30 Rock〉에서 앨릭 볼드윈이 연기한 떠버리 부사장의 대사로 가장 잘 요약된다. 2012년에 방영된 〈샤워의 원리The Shower Principle〉 에피소드에서 잭 도나기 부사장은 사무실에서 골프공을 치던 중 리즈 레몬(티나 페이가 분한 캐릭터)이 찾아와 방해하자 이렇게 소리 지른다. "레몬, 난 자네의 허튼소리를 들을 시간이 없다고. 지금 일하고 있는 거 안 보여? 자네는 이게 일로 안 보일 테지만 '샤워의 원리'는 들어봤겠지?"

도나기 부사장의 설명은 계속된다.

"샤워의 원리란 당면한 문제에서 벗어나 뇌를 풀어줄 때 일어나는 영감의 순간을 과학자들이 지칭하는 용어라네. 샤워나 골프 퍼팅 같은 걸 하면 대뇌피질의 주의력이 분산되면서 뇌의 또 다른 부위인 상측두이랑이 활성화되거든. 느닷없이 영감이 떠오르는 곳이 바로 거기라네."

빙고. 그가 말한 그대로다.

둘째, 마음껏 휴식할 것

샤워할 때(혹은 골프를 치거나, 잠을 자거나, 다른 방법으로 뇌에 휴식을 줄 때) 통찰력이 더 쉽게 떠오르는 이유는 또 있다. 통찰력은 우리 뇌가 편안한 상태일 때 발휘될 가능성이 가장 크기 때문이다. 특히 뇌에서 실행적 의사 결정을 관할하는 부위가 작동을 멈췄을 때, 통찰력의 발생 가능성은 부풀어오른다.

인간의 뇌는 안타깝게도 통제에 집착하는 편이다. 자녀에게 쓸데없는 공상은 그만두고 빨리 숙제나 하라고 간섭하는 고압적인 부모님과 다를 바가 없다. 뇌의 기본적인 통제 센터인 전전두엽피질은 우리의 행동이나 방향을 유지하는 역할을 하지만, 동시에 새로운 아이디어로 이어지는 자유로운 사고를 억누른다. 때로는 우리 내부의 부모에게 그만 물러나라고 요청할 필요가 있다. 우리 뇌에 쳐진 가드레일을 치우고, 분리된 생각들이 방해받지 않고 자유롭게 부유하도록 내버려둬야 뭔가 완전히 새로운 것을 만들어낼 수 있다.

금융계 임원인 샐리 크로첵Sallie Krawcheck에게는 "생각하고, 생각하고, 또 생각하고 나서 휴식을 취하는 것"이 성공의 열쇠였다. 월스트리트에서 가장 걸출한 여성 기업인에 속하는 크로첵은 대형 은행을 경영해본 몇 안 되는 여성이었다. 그런 그녀도 두 번 해고를 당한 경험이 있다. 한 번은 시티그룹의 자산 관리 부문 대표일 때였고, 또 한 번은 뱅크 오브 아메리카의 부문장 자리에서 물러났을 때다. 그녀는 자신이 낸 가장 위대하고 탁월한 아이디어는 주로 쉴 때 나왔다고 말한다. "일하다 잠깐 짬을 내어 쉬거나, 앉거나 서서 생각하며 빈둥댈 때 갑자기 그런 생각이 '훅'하고 떠올라요." 여성들을 위한 투자 플랫폼인 엘레베스트Ellevest도 바로 그런 순간에 탄생했다. 크로첵이 대표인 엘레베스트의 포트폴리오 규모는 현재 10억 달러가 넘는다. 이 플랫폼 아이디어는 말 그대로 "어느 날 아침에 마스카라를 칠하고 있는데 갑자기 생각났어요."

크로첵은 그런 영감이 "좀 피곤한 상태로 늘어져 있을 때, 또 생각에 고삐를 죄지 않을 때" 별안간 나타난다는 것을 알게 되었다.

이런 과정을 재즈기타 연주자들의 뇌를 실시간으로 관찰해서 정확히 기록한 신경과학자들이 있다. 2020년, 이 과학자들은 초보자부터 전문가까지 다양한 수준의 기타 연주자들에게 뇌 활동을 측정하는 EEG 장비를 연결한 다음 즉흥연주를 해달라고 요청했다. 그리고 재즈 전문 평론가들이 그렇게 나온 연주곡들을 평가했다. 그 결과 베테랑 연주자들은 독창적인 재즈 리프를 만들어낼 때 뇌에서 자기 검열과 억제를 관할하는 부위가 비활성화되었지만, 초보자들은 곡을 만들 때 오히려 분석적인 사고를 더 강화하는 것을 알 수 있었다. 경험 많은 연주자들의 경우에는 내부에서 부모 역할을 하는 전전두엽피질의 활동이 멈추는 것이 눈으로 확인되었다. 동시에 뇌에서 동기부여, 언어, 감정을 관할하는 영역이 활성화되는 것도 보였다. 이는 곧 연주자들의 사고가 가드레일 없이 섞이고 흘러 나갔다는 것을 의미했다.

시를 쓰는 시인이나, 책 표지를 그리는 일러스트레이터, 프리스타일 랩 가사를 즉석에서 만드는 래퍼들을 뇌 영상 기법으로 분석한 연구자들도 이와 비슷한 결과를 제시했다. 예를 들어 전문 시인들은 시를 창작할 때 초보자들보다 "인지적 통제력을 보류"하는 데 더 뛰어났고, 래퍼들의 뇌는 "틀에 박힌 제약에서 더 자유로웠다." 유명 재즈 트럼펫 연주자인 마일스 데이비스는 이 과정을 더 알기 쉽게 설명했다. "우선 연주부터 하고, 어떤 음악인지 알려줄게요."

음악가들과 예술가들을 보면 중요한 사실 하나를 더 포착할 수 있다. 우리는 보통 '아하'의 순간이 뇌에서 자발적으로 튀어나오며, 이는 천재성이 발현한 것이라고 여긴다. 하지만 이런 현상은 사실 우리가 이미 아는 각종 지식이 뇌에서 부유하다 생긴 산물일 가능성이 크다. 앞서 언급한 과학자들의 실험에 참여한 베테랑 재즈 연주자 중에는 이미 라이브 공연을 1,500번이나 한 이들도 있었다. 그들의 뇌에는 연주 패턴에 대한 방대한 지식뿐 아니라 수많은 변주법과 결합법이 저장되어 있었을 것이다. 즉 그들은 다량의 정보를 수집하는 *탐색* 단계를 이미 거친 상태였다. 그런 그들이 '내부의 부모'에게 휴식을 부여하자 각종 지식들이 소용돌이치다 완전히 새로운 방식으로 엮일 수 있었다.

이런 실험들은 또 한 명의 뮤지션이 겪은 일화를 떠올리게 한다. 비틀스가 국제 무대에 혜성처럼 등장하기 직전인 1964년에 폴 매카트니는 런던에 있는 여자친구 부모님 댁의 다락방에서 지내고 있었다. 그 방은 침대와 피아노만 겨우 들어갈 정도로 몹시 작았다. 훗날 그의 회상에 따르면, 때는 어느 아침이었다.

> 잠에서 막 깨려는데 머릿속에 아름다운 곡이 떠올랐어요. 저는 생각했죠. "기가 막히네, 이게 뭐지?"
> 그 멜로디가 진짜 마음에 들었는데 꿈에서 들은 곡이라서 저 스스로 작곡했다고는 도무지 믿기지 않았어요. 그래서 다시 생각했죠. "아니야, 이런 곡은 한 번도 써본 적이 없어." 하지만 제 머릿속에

분명히 그 곡이 있었어요. 마치 마법처럼요. 그러니 또 자문할 수밖에 없었어요. "이건 도대체 어디서 온 거지?"

폴 매카트니는 몇 달 동안 그 멜로디에 빠져있었고, 다른 누군가가 작곡한 곡이 틀림없다는 확신까지 품었다. 그래서 멜로디에 가사도 붙이지 않았다. 매카트니와 밴드 멤버들은 그 곡을 '스크램블 에그스Scramble Eggs'라고 불렀다. 그리고는 농담으로 이런 가사를 붙였다. "스크램블 에그, 오 사랑스러운 그대, 내가 당신의 두 다리를 얼마나 좋아하는데……."

아는 사람은 알겠지만, 이제는 고전이 된 '예스터데이'에 얽힌 이야기다. 폴 매카트니 스스로 그 멜로디를 작곡했다고 납득하기까지는 꽤 오랜 시간이 걸렸다. "너무 쉽게 나왔으니까요." 그는 이렇게 말했다. "그래서 믿을 수 없었어요. 제가 그런 곡을 썼다는 게 믿기지 않은 거죠. 전에 어딘가에서 비슷한 곡을 들은 건지도 모른다는 생각이 들었어요. 몇 주 동안 여기저기 다니면서 사람들에게 그 곡을 몇 코드 연주한 다음 '이거랑 비슷한 곡이 있던가요? 제가 작곡한 곡이긴 한데요'라고 묻곤 했어요. 그러면 사람들이 '아니요. 처음 듣는 곡인데, 좋네요'라고 대답했죠."

당시 폴 매카트니는 이미 몇 년 동안 음악을 작곡하고 연주한 상태였다. 그의 머릿속에는 개별 음표와 패턴들이 있었다. 매카트니에게는 기적처럼 느껴졌겠지만, 과학자들은 그가 잠자는 동안 머릿속에서 그 패턴들이 재구성되어 세상에서 가장 유명한 곡을 만들었다 해도 그다지 놀라운 일은 아니라고 생각할 것이다.

영국의 기업가 리처드 브랜슨이 A-B-C-D를 삶의 슬로건으로 삼는 데는 이유가 있다. "언제나 점들을 연결해야 합니다." 버진그룹 설립자인 브랜슨은 여행, 우주 공간, 음악, 대중문화 등 다양한 분야 전반에 파급력을 발휘해왔지만, 그렇다고 브랜슨의 사업 아이디어가 허공에서 툭 떨어진 것은 아니다. 그는 개별 '점'들에 대한 지식이 있어야 그것들을 연결해서 뭔가 새로운 것으로 만들 수 있다고 말한다. 스티브 잡스도 이와 상통하는 유명한 말을 했다. "창의력이란 단순히 사물을 연결하는 힘이다." 이런 면에서 두 기업가는 피카소와도 통하는 면이 있다. 전해지는 유명한 이야기(허구일 수도 있지만)로, 한 여성이 카페에서 피카소를 발견하고 그에게 다가가 뭐라도 좋으니 냅킨에 그림을 좀 그려달라고 부탁했다. 피카소는 냅킨에 뭔가를 그린 다음 그녀에게 건네주며 1만 달러를 요구했다. 그러자 그녀가 "어차피 그리는 데 30초밖에 안 걸렸잖아요!"라며 항의했다.

"그렇지 않소, 부인." 피카소가 응대했다. "그건 내 평생이 걸린 작품이오."

셋째, 긍정의 힘을 무시하지 말 것

'아하'의 순간을 유도하는 마지막 방법이 있다. '아하'의 가능성은 기분이 긍정적일 때 더 높아진다. 2009년 연구에서 쿠니오스와 비만이 공통점이 별로 없어 보이는 세 단어의 연관성을 찾으려고 씨름하는 79명의 뇌를 스캔했을 때, 그들은 더 긍정적인 감정 상태에 있는 사람들이 통찰력을 발휘해 답을 더 잘 찾는다는 사실을 알아냈다. 반면 불안감은 분석적인 답을 가져왔다. 쿠니오스는 긍정적이고 편안한 마음이 "사고의 반경을 넓힌다"라고 말한다. "그렇게 되면 희미한 관련성, 다른 가능성, 독특한 관점이 더 잘 보인다. 하지만 마음이 부정적일 때는, 특히 불안한 상태에서는 그런 것들이 통 보이지 않는다."

부정적인 기분이 들면 우리 뇌는 방어적 태도를 취하기 때문에, 새로운 아이디어가 등장해도 거부할 소지가 크다. 반면에 여러 연구에서 증명되었듯, 새로운 아이디어를 '환영'할 준비가 되어있으면 마음속에 상승기류가 형성된다. 마음이 더 열려있을수록 통찰력을 얻을 확률이 높아지는 것이다. 에릭 데인의 조사를 떠올려보면, 삶의 변곡점이 된 유레카 순간을 겪은 참가자들은 자신이 그런 경험을 받아들일 준비가 되어있었다고 말했다. 그의 표현을 빌리자면 일단은 그런 '준비된' 마음가짐이 혁신적 순간을 경험하는 중요한 요인으로 작용했다.

IT 창업가인 32세의 시나 앨런Sheena Allen도 정확히 그런 경우였다. 앨런은 삶에서 서로 무관해 보이는 두 영역을 조율해보자고 마음을 열었더니 새로운 사업 아이디어가 '찰칵' 하며 생각났다고 말했다. 미시시피 주, 잭슨 외곽의 주로 흑인들이 사는 테리라는 작은 마을에서 자란 그녀는 항상 호기심 많고 발명을 좋아했다. "당시 제 눈에 기업가란 꽃가게를 운영하는 삼촌 혹은 이발소나 미용실을 하는 사촌 정도였어요." 그러다 대학에 입학하고 페이스북을 설립한 마크 저커버그를 알게 되면서 그녀는 비로소 자신의 창업가적 욕망을 충족할 수 있는 다른 방법이 존재한다는 것을 깨달았다.

"1학년 때는 페이스북의 경쟁자가 되겠다고 생각했어요. 기숙사 방 안에서 A4 용지에다 그런 계획을 작성했어요. 신입생들은 죄다 파티를 하며 놀았지만, 저는 '안 돼, 이 웹사이트를 만들어보고 싶거든' 같은 말로 거절했어요." 서던미시시피대학교를 졸업할 즈음에는 그녀가 만든 모바일 앱이 이미 두 개나 완성되어 있었다. 이윽고 그녀는 캘리포니아 주의 새너제이("실리콘밸리로 떠날 때까지도 전 '테크 회사를 설립하기 좋은 곳'을 구글로 검색하는 수준이었어요")로 갔다. "흑인이 충격적일 만큼 눈에 띄지 않더라고요. 말 그대로, 흑인은 없었어요." 그녀는 몇 달 후 다시 텍사스 주의 오스틴으로 떠났고, 거기서 스타트업이나 창업자들을 지원하는 테크 액셀러레이터 조직에 들어가서 멘토로 일했다.

앨런은 투자 유치 자료, 코딩, 마케팅, 자금 조달 등 새로운 세계의 내용들로 머리를 잔뜩 채워 고향에 방문했다. 새로운 눈으로 자기가 자란 곳을 바라보니, 어렸을 때는 눈치채지 못했던 격차가 느껴졌고 개선이 필요한 모습이 곳곳에 보여 그녀는 충격을 받았다. 오스틴에서는 이제 아무도 현금을 쓰지 않았지만, 고향에서는 누구나 현금을 썼다. 그녀의 고향은 기본적으로 은행의 불모지였다. 앨런의 이웃들은 물론 친구들도 대부분 은행 계좌나 신용카드를 갖고 있지 않았다. 그녀의 증조모는 현금이 생기면 쿠션이나 안락의자 속에 숨겨두었다. 식료품점에 가면 수표를 현금화하려는 사람들 틈에 섞여 계산대에서 한참을 기다려야 했다. '즉시 입금'이나 '무현금 결제' 같은 세상이 그녀의 고향에서는 거의 존재하지 않았다. 대신 '급여 대출'이나 '수표 현금 교환소'의 세계가 있을 뿐이었다. "한참 뒤처져 있었지만 제 고향만 그런 것도 아니었어요."

그때 퍼뜩 그런 무현금 경제가 결국에는 미시시피 주의 잭슨이나 앨라배마 주의 버밍엄 같은 지역에도 자리를 잡는 때가 오겠다는 생각이 들었다. 앨런은 내게 말했다. "은행의 불모지에서 자란다는 게 어떤 것인지, (테크 분야에 속한) 다른 사람들은 알 수가 없거든요. 아무리 하버드나 스탠퍼드 같은 명문대를 졸업한 똑똑한 사람이라도 은행이 부족한 저소득 지역에서 자라는 것과 테크 공동체를 이해하는 것 사이를 연결 짓지는 못할 거예요."

앨런은 자기에게는 친밀한 두 세계의 지식을 결합하기로 했다. 소외된 지역에 특화된 모바일 뱅킹 플랫폼이라는 새로운 사업 아이디어를 구상해낸 것이다. 일단 아이디어가 떠오르자, '내 머리가 이상한 건가? 이렇게 잠재력이 큰 사업에 아직 아무도 뛰어들지 않았다는 게 말이 안 되잖아'라는 생각이 들었다. 물론 그녀의 머리는 멀쩡했다. 오늘날 그녀는 모바일 뱅킹 서비스와 금융 교육을 제공하는 캡웨이CapWay라는 핀테크 기업의 설립자이자 CEO다. 차분한 청록색 톤의 사용자친화적인 캡웨이 앱은 직관적인 용어('돈 이동하기', '돈 보내기' 등)를 사용하면서 학자금 대출 신청하기, 투자하기, 소득공제 신청하기처럼 실생활에 유용한 글들로 도움을 준다.

정답은 때로 쉽게 찾아온다

시나 앨런의 사례는 '아하'의 순간이 갖는 또 다른 근본적인 특징을 제시한다. 그것이 그저 '*옳게*' 느껴진다는 점이다. 앨런은 자신이 사업 아이디어를 어떻게 갖게 되었는지 설명할 때 그 일이 마치 네온 불빛으로 적은 것처럼 너무나 자명했다고 말했다. 그래서 다른 사람들은 어떻게 그런 생각을 하지 못한 것인지 의아할 정도였다.

'아하'의 순간에 그 생각이 명백히 옳게 느껴지는 이유는 실제로도 대부분 그렇기 때문이다. 텍사스대학교 오스틴 캠퍼스의 교수인 캐롤라 살비Carola Salvi는 2016년 연구에서 동료들과 함께 유레카 순간의 감정에 관한 정확성을 검증했다. 그들은 실험 참가자들에게 단어와 시각 이미지가 섞인 퍼즐로 네 가지 유형의 문제를 만들어

풀게 했다. 첫 번째 문제는 연관성이 적어 보이는 세 단어를 제시한 다음 그들을 하나로 묶는 네 번째 단어를 생각해내는 것이었다(앞서 설명했던 복합원격연상 문제다). 두 번째는 4~5개의 철자로 된 단어의 철자를 뒤섞은 다음 어떤 단어인지 알아맞히는 애너그램anagram 문제였다. 세 번째는 기호와 철자가 섞인 형태의 단어를 제시한 후 이를 해독하는 문제였고, 마지막 문제는 참가자들에게 어떤 그림을 일부만 보여준 다음에 그것이 무엇인지 알아맞히는 시각 테스트였다. 문제마다 15초의 시간이 주어졌고 참가자들에게 문제를 하나씩 풀 때마다 그 문제를 별안간 떠오른 '아하'의 통찰력으로 풀었는지, 아니면 의식적인 분석을 통해 풀었는지 기록해달라고 요청했다.

역시나 '아하'의 순간에 푼 문제들의 승률이 압도적으로 높았다. 단어 관련 문제들에서는 '아하'의 순간에 푼 답 중 무려 94%가 정답이었고, 분석적으로 푼 답의 정답율은 78%에 그쳤다. 그림 일부를 보여주고 전체 이미지를 맞추는 시각적 퍼즐 테스트에서도 '유레카' 순간에 푼 답들이 훨씬 더 정확했다. 그런 답들을 옳다고 느낀 이유는 실제로 그 답들이 옳았기 때문이다. 살비는 이를 "마치 대자연이 '아하'적 느낌에 풍부한 감정을 결합해서 그 아이디어의 질이 더 높다"라는 신호를 주려고 "속임수를 쓴 것 같았다"라고 표현했다.

그러나 함정이 있었다. 제한 시간이 거의 지나 5초만 남았을 때는 문제를 푸는 사람의 두뇌가 경직되면서 얼어버렸다. 정답을 찾던 그들은 재빨리 문제를 분석하려 했지만, 너무 애쓰다 보니 반대의 결과가 나왔다. 참여자들은 마음이 조급해지면서 틀린 답을 찍었다. "영감을 받으려면 여유를 가져야 한다. 편안한 마음 상태가 통찰력을 유도한다"가 살비 교수의 결론이었다.

그런 확신, 다시 말해 유레카의 순간에 밀려드는 낙관적인 감정은 혼란스러울 수 있다. 그래서 터무니없는 생각이라 여기면서 그런 낙관을 무시하고 가볍게 떨쳐버리기 쉽다. 하지만 이는 현명한 태도가 아니다. 역사상 가장 위대한 과학 발전 중에도 이렇게 그 창작자조차 당황스럽게 한 '아하'의 순간에 촉발된 것들이 있기 때문이다.

"가끔 명확한 근거도 없이 확신에 찰 때가 있다." 알베르트 아인슈타인은 1931년에 이렇게 썼다. 그런 상황에 해당하는 가장 유명한 순간은 아인슈타인이 젊은 시절 스위스 베른에서 특허청 직원으로 일할 때 발생했다. 그는 휴식 시간마다 거의 불가능해 보이는 물리학 문제 하나와 씨름하고 있었다. 그것은 공간, 시간과 관련된 두 가지의 대립적인 이론을 어떻게 양립하게 하느냐는 것이었다. 아인슈타인은 이 문제를 머릿속으로 끊임없이 고민했다. 하지만 아무리 치열하게 고민해도 방법을 알 수 없었다. 그는 몇 달째 문제를 붙들고 있었지만, 행운은 따르지 않았다.

"아무 성과 없이 고민만 하다 거의 1년을 허비했다." 후에 아인슈타인은 이렇게 회상했다. 결국 문제를 거의 포기하기로 결심했을 때, 그는 특허청 동료이자 친구였던 미셸 베소Michele Besso에게 자신이 얼마나 좌절감을 느끼는지 털어놓았다. 1905년 5월의 어느 날, 아인슈타인은 자신이 분석했던 모든 요소를 그에게 아주 구체적으로 제시하며 설명을 이어나갔다. 그렇게 문제를 포기하게 될 때까지 아무 소득 없이 막다른 벽에 부딪힌 것이다. 그는 *탐색* 단계를 거쳤고, *분투* 과정을 견뎌냈으며, 이제 *중단* 국면에 와있었다. 아인슈타인은 완전한 패배자였다. 그래서 더 이상은 할 게 없다고 친구에게 말했다. 그는 실패한 것이다.

아인슈타인은 전차로 퇴근하는 길에 그 모든 복잡하고 낙심한 마음을 내려놓고 도심의 지평선에 우뚝 솟아있는 시계탑을 멍하니 바라보았다. 바로 그때, 별안간 답이 떠올랐다. "마치 머릿속이 폭풍우로 요동치는 것 같았다." 모든 퍼즐 조각이 하나로 맞춰졌다. 궁극적으로는 그의 상대성이론으로 이어질 해법이 나온 것이다. 다음 날, 그는 베소의 집을 찾아가 인사를 할 새도 없이 "고맙네"라고 말했다. "그 문제를 완전히 해결했다네."

이후에도 아인슈타인은 자전거를 타거나 바이올린을 켜다가 그런 섬광 같은 영감을 받은 적이 있었다고 밝혔다. 전해지는 말에 따르면 아인슈타인은 그의 방정식 중 가장 유명한 $E=mc^2$도 자전거를 타다 떠올렸다고 한다. 물론 그의 이론 대부분은 몇 년간 이어진 끊임없는 탐구와 노고 끝에 완성되었다. 획기적 발견을 한 다른 인물들과 마찬가지로, 아인슈타인의 발견 역시 오랜 탐색과 분투의 결과이자 끈질긴 시행착오 끝에 이뤄진 반복되는 과정의 결과였다. 그는 1912년 베소에게 보낸 편지에 "모든 단계가 하나같이 무척 어렵네"라고 썼다. 하지만 그런 획기적인 발견들은 종종 그가 힘든 작업을 중단하고 한숨을 돌릴 때 나타났다. 그의 사촌 누나이자 1919년에 두 번째 아내가 된 엘사 아인슈타인은 "음악은 남편이 복잡한 이론을 고민하는 데 도움이 된다"라고 밝혔다. "남편은 연구실에 있다가 거실로 나와서는 피아노 멜로디를 몇 번 두드리고 뭔가를 끄적거린 다음, 다시 연구실로 돌아가고는 했다."

아인슈타인이 직접 밝힌 것처럼, 그가 탄생시킨 가장 위대한 아이디어들은 "이론적으로 큰 비약"을 시도한 다음에 왜 그것이 옳은지 거꾸로 풀어나가는 방식으로 도출되었다.

우리 대다수는 아인슈타인이 아니므로 그가 다뤘던 수준의 난해하고 이론적인 물리학 문제들로 씨름하는 경우가 거의 없다. 다행인 일은, '아하'의 순간의 또 다른 특징은 그것이 어떤 문제를 가지고 고군분투할 때만 찾아오는 것이 아니라는 점이다. 그냥 난데없이 영감이 떠오를 때도 있다. 그런 경우에는 사방이 막힌 듯 고통스러운 *중단* 단계를 건너뛰게 된다. 본인이 무엇을 찾고 있었는지도 알아채기 전에 바로 *해법*에 도달한다.

쿠니오스와 비만은 제2차 세계대전 중 해군 엔지니어로 일했던 리처드 제임스Richard James에 대한 재미있는 일화를 들려준다. 어느 날 제임스는 배가 파도에 출렁이거나 흔들려도 계기판을 제대로 읽을 수 있도록 배 안의 장비들을 열심히 고정하고 있었다. 그는 충격 흡수기로 스프링을 사용하고 있었는데, 유독 한 스프링만 "마치 살아있는 생명체처럼 튕겨 나와 실내를 이리저리 돌아다녔다." 그 광경이 신기했던 제임스는 스프링을 집으로 가져가서 아내에게 보여주었다. 그리고 몇 년 후, 부부는 스프링을 가지고 슬링키Slinky라는 아이들 장난감을 출시했고 이 제품은 2012년 기준 약 30억 달러 규모의 사업으로 성장했다. 때로는 유레카의 순간이 이렇게 "자신도 알아채지 못한 문제의 해법을 가져온다."

이 모든 이야기는 아서 프라이와 스펜서 실버가 쓸모없어 보였던 접착제를 어떻게 포스트잇이라는 대박 상품으로 변모시킬 수 있었는지를 새롭게 조명한다. 과학자들이 발견한 바에 따르면, 어떤 문제에 직면했을 때 그에 대해 분석적으로 접근하는 이들이 있는가 하면, '아하'의 순간을 더 쉽게 접하는 사람처럼 그저 '통찰력'에 의존하는 경향이 높은 이들도 있다. 아서 프라이는 후자에 속했다. 미주리 주의 캔자스시티와 아이오와 주의 작은 시골에서 자란 그는 교실이 하나뿐인 학교에 다니면서 고학년 학생들과 수업을 함께 들었고, 누군가 버린 물건을 집으로 가져와 그것을 분해하면서 작동 방식을 확인한 다음 다시 새로운 물건으로 재창조하는 것을 즐겼다. "호기심은 항상 제 마음속에서 큰 몫을 차지했어요. 이 물건은 어떻게 작동하는 걸까? 문제를 살펴보고, 그걸 어떻게 하면 의외의 방식으로 풀 수 있을지 고민했습니다. 그저 똑같은 퍼즐들을 뻔한 방식으로 맞추는 게 아니라, 어떻게 하면 새로운 조각을 찾을 수 있을지를 생각했어요."

아서 프라이는 미네소타대학교에서 화학공학을 전공한 후 3M에 들어갔다. 3M에서는 연구원들이 업무 시간의 15%를 자신이 원하는 프로젝트를 하며 보낼 수 있다는 것이 입사 동기 중 하나였다. 요즘은 구글 같은 IT 기업들 사이에서도 직원들이 자유롭게 생각할 수 있는 창의적인 시간을 주는 문화가 유행이지만, 3M은 이미 70여 년 전부터 이를 시행해왔다.

3M에서 프라이는 자기가 찾을 수 있는 정보는 어디서든 끌어모아 신제품을 개발하는 데 몰두했다. 그는 동료 연구원들이 제출한 특허 내용을 살펴보았고 자신이 작업 중인 프로젝트의 개요를 동료들과 공유했다. 연구원 주도로 매주 2~3회씩 열리는 기술 발표 회의에 참석하는 것은 물론이고, 회사의 27홀 골프장에서 엔지니어들과 잡담을 즐기기도 했다. 그가 '고집불통 사나이'와 그 사나이가 매달려있다는 기이한 접착제에 대해 처음 들은 것도 그 골프장에서였다. "당시 9홀 코스의 두 번째 홀에 있었는데, 동료에게 중앙 연구소 쪽은 요즘 어떠냐고 물었더니 동료가 '스펜서 실버라는 남자가 접착제 하나를 만들었는데, 좀 독특하긴 하지만 그걸로 뭘 할 수 있을지를 아무도 모르는 게 문제다'라고 하더군요."

프라이는 당시 들은 정보의 조각들을 다른 임의의 지식과 함께 머릿속에 저장해두었다. 교회에서 예배를 드리다 그것이 무의식중에 떠오른 운명의 그날까지 말이다. 하지만 그때까지도 포스트잇 메모지가 필연적인 결과물로 나올 수는 없었다. 창의력에 대한 고전적 이론에서는 '아하'의 순간 다음에 오는 마지막 단계가 하나 더 있다. 바로 드러난 해법을 검증하는 것이다. 이는 그 아이디어에 실효성이 있는지 확인하는 단계다. 앞서 이미 밝혔지만, 포스트잇 메모지의 경우에는 이런 검증에 몇 년이 걸렸다.

접착제 코팅 혼합물을 올바른 비율로 제조하는 것은 기술적으로 힘든 도전이자 시행착오가 거듭되는 지루한 과정이었다. 이 문제가 해결되자 그 뒤에는 제조상의 문제가 닥쳤다. 한쪽 표면 끝에 접착제가 묻어있는 메모지를 기계로 생산해본 경험이 없었기 때문이다. "그런 형태의 메모지 패드를 어떻게 만들 수 있는지 전 세계 사람들과 논의했지만, 아는 사람이 없었습니다." 결국 프라이는 자기 집 지하실에서 메모지 생산 기계를 만들어냈다. 그렇게 생산한 메모지 몇 개를 '프레스 앤 필Press 'n' Peel'이라는 일반적인 상품명으로 시장에서 테스트했지만, 제품은 참패했다. "다들 멍청한 아이디어라고 여겼거든요." 그는 말했다. "마케팅 직원 중에는 '끈적거리는 메모지를 누가 원한답니까? 게다가 일반 메모지보다 10배나 더 비싼데' 라며 제품을 폐기하려는 이들도 있었어요. 그걸 일반 메모지랑 비교하더라고요."

프로젝트는 사라질 위기를 여러 번 겪었다. 그러나 프라이는 그렇게 내버려두지 않았다. 그는 업무 시간의 15%를 그 프로젝트에 할애했고, 다른 부서 동료들을 설득해 함께 창의적 시간을 사용했다. "회사의 정규 프로젝트였다면 아마 사라졌을 겁니다. 15% 시간에 추진한 프로젝트였기에 살려둘 수 있었던 거죠."

3M은 결국 이 제품을 아이다호의 주도인 보이시에서 한 번 더 테스트하기로 했다. 무료 샘플을 배포하며 사람들을 끌어모아 이 기발한 물건의 용도를 소비자가 직접 알아내도록 유도하는 전략을 썼다. 그러자 메모지가 불티나게 팔려나가기 시작했다. 스펜서 실버가 1968년에 플라스크로 신비한 접착제 혼합물을 처음 제조한 지 12년이 지난 후의 일이었다. 결국, 아서 프라이가 교회에서 떠올린, 그리고 스스로 완벽히 옳다고 느꼈던 통찰력은 정말 옳은 것으로 입증되었다. 포스트잇은 정식으로 출시되자마자 대성공을 거두었다.

오늘날 포스트잇이 선도하는 이 끈적거리는 메모지 시장은 수십억 달러 규모의 글로벌 비즈니스로 성장했다. 포스트잇은 전 세계에서 우리가 상상할 수 있는 모든 형태 및 크기, 그리고 수십 가지의 색상으로 판매되고 있다. 이 제품은 문화적 아이콘이 되기도 했다. 가령 공포의 "포스트잇 이별 통보"가 〈섹스 앤 더 시티〉의 한 에피소드로 박제된 것처럼 말이다. 포스트잇 메모지는 현대미술박물관MoMA에 전시된 예술품이나 오트 쿠튀르 의상으로 제작되었고, 〈로미와 미셸〉이라는 코미디 영화의 주요 소재로 활용되기도 했다.

스펜서 실버가 회사 실험실에서 처음으로 혼합물을 만든 지 50년이 넘게 흐른 어느 날, 나는 세인트폴에서 그를 만났다. 80세가 된 그는 화가라는 새로운 직업에 흠뻑 빠져있었다. 그의 작품들은 절로 감탄을 자아냈다. 녹색과 파란색, 갈색, 그리고 선명한 포스트잇 노란색을 활용해 그린 몽환적 추상화였다. 좀 더 가까이에서 보니 그림이 아주 작은 점들로 이루어진 점묘화라는 것을 알 수 있었다. 그것은 마치 수십 년 전, 이제 막 입사한 젊고 파릇파릇한 화학자가 현미경 렌즈로 관찰한 접착성 미소 구체를 추억하는 그림 같았다.

내가 느낀 유사성은 우연이 아니었다. "제 두 직업은 연관되어 있어요." 실버는 이렇게 말했다. "화학에 있는 뭔가를 미술로 옮겨 보려고 했거든요. 저는 아주 시각적인 사람입니다. 포스트잇 메모지 개발이 근사했던 것도 그래서였어요. 시각적이잖아요. 저는 현미경 아래에 있던 것을 보면서 이렇게 말했습니다. '이거 꽤 유용하겠군.'" 그는 행복한 표정으로 덧붙였다. "그리고 지금은 화가로 다시 태어나는 중입니다." 슬픈 일이지만, 우리가 이런 대화를 하고 몇 주 후에 스펜서 실버는 세상을 떠났다.

아서 프라이는 90세에도 여전히 새로운 발명품을 만들고 있다. 그의 자동차 번호판 위에는 'POSTIT'이라는 글씨가 새겨져 있다. 그는 신경과학자들이 창의성과 재창조의 비밀을 밝혀내기 위해 영상 장비로 인간의 뇌를 살펴보기 시작한 수십 년 전에 이미 인생의 가장 위대한 유레카 순간을 접했다. 하지만 그에게 교회에서 실패한 접착제를 수십억 달러의 히트 상품으로 바꾼 '아하'의 순간을 어떤 식으로 겪었는지 그 과정을 묘사해달라고 하자, 그는 내게 신경과학자들이 그들의 연구실에서 발견하고, 심리학자들이 고전적인 창의성 이론에서 설명하는 것과 거의 똑같은 이야기를 했다.

"우리의 삶은 패턴에 의해 통제됩니다." 그는 이렇게 말했다. "좋은 혁신가들 대부분이 신선하고 새로운 발명품을 *탐색*하면서 한꺼번에 많은 일을 처리하죠." 그리고 곧 *분투*의 과정이 찾아온다. "그래서 어떤 일에 몰두하면 그 일에 피로감을 느끼게 됩니다. 정답을 얻을 수가 없어요. 그것을 해결하는 일 자체가 문제로 느껴지거든요." 결국 절망감을 느끼면서 막다른 벽에 도달하고, 하던 일을 중단하게 된다. 뭔가 다른 일로 주의를 분산하는 것이다. "원래의 일을 놓아둔 채 다른 프로젝트에 착수하고, 또 다른 프로젝트에 착수하는 동안 당신의 뇌는 다양한 패턴들을 비교하게 됩니다." 그러다 별안간 답이 나타난다. "그래서 C라는 프로젝트를 하다 A라는 프로젝트의 답이 떠오르면서 '아하!' 하는 상황이 종종 생기는 겁니다." 그것이 *해법*이다.

우리는 *탐색하고* → *분투하고* → *중단하고* → *해법을 찾는다*.

아서 프라이에게는 '아하'의 순간이 어떻게 작동하는지 말해줄 과학자가 필요하지 않았다. 그는 그런 순간의 산증인으로서 100년 가까이 살아왔기 때문이다.

4장

바닥을 치고 튀어오르기

때로 트라우마는 나를 더 강하게 만든다

세상은 모든 사람을 부러뜨리지만,
많은 사람이 그 부러진 곳에서 더 강해진다.

| 어니스트 헤밍웨이, 《무기여 잘 있거라》 중

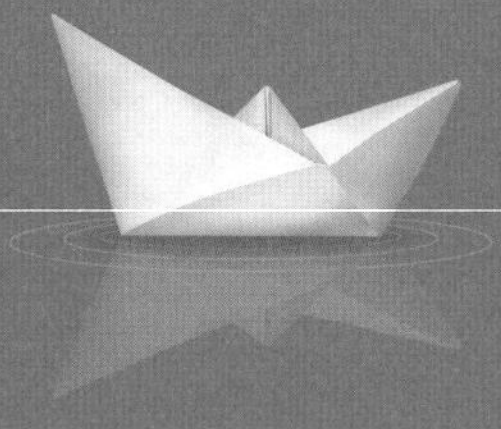

아름다운 토요일 오후였다. 예루살렘 근방의 숲에서 하이킹하기에는 더없이 완벽한 날이었다. 하늘은 맑았고, 태양은 높이 솟아있었다. 산책로 입구에 늘어선 소나무 그늘 아래로 소풍 나온 가족들이 보였다. 남자들은 그릴 위에서 뭔가를 굽고 있었고 아이는 파란색과 흰색 풍선을 허공에 흔들며 행복한 시간을 만끽하는 중이었다.

관광 가이드인 케이 윌슨은 마타 숲 주차장에 차를 세우면서부터 그녀의 새로운 고객이자 친구에게 그곳의 역사를 늘어놓기 시작했다. 윌슨은 영국 태생의 재즈 피아니스트이자 화가였다. 헝클어진 갈색 머리에 소탈한 미소가 매력적인 그녀는 어린 나이에 이스라엘로 이민을 온 여성이었다. 그녀는 자신이 선택한 나라에서 예전부터 바랐던 관광 가이드가 되기 위해 2년간 집중 훈련을 받았다. 그리고 오늘, 미국인이자 기독교인인 크리스틴 루컨에게 자신이 제일 좋아하는 장소를 뿌듯한 마음으로 소개하게 되었다. 두 사람은 얼마 전 폴란드를 여행하다 만나 친구가 된 사이였다.

두 여성은 집에서 가져온 물과 사과, 과도를 한데 모았다. 그리고 발아래에서 짖어대는 윌슨의 반려견인 피넛과 함께 미국 애팔래치아 산길의 이스라엘 버전이자 국립 등산로 코스 중 하나로 한때는 로마인들이 걸었던 시저의 길Caesar's Path에 들어섰다. 얼마 후 두 사람은 비잔틴 시대에 지어졌지만, 이제는 폐허가 된 교회의 모습에 감탄하며 발걸음을 멈췄다. 바닥에는 흙이 쌓여있었지만, 그 아래로 보이는 모자이크 양식은 원래의 모습을 간직하고 있었다. 둘은 다시 고요한 산길을 걷기 시작했고, 인근 도로에서 점차 멀어졌다. 숲을 따라 걷던 두 사람은 주위 풍경을 즐기기 위해 다시 발길을 멈췄다. 그리고 바위에 걸터앉아 간식으로 해바라기씨를 나눠 먹었다.

흉기를 든 괴한 둘이 그들을 습격한 것은 바로 그때였다.

이후 벌어진 끔찍한 공격으로 윌슨은 손발이 묶이고 입에 재갈이 물린 채 흉기로 13번을 찔려 폐와 횡격막이 찢겨나갔다. 가해자 중 한 명의 무자비한 공격으로 그녀는 흉골 두 군데와 갈비뼈 여섯 군데가 부러졌고, 어깨가 탈구되었으며, 죽지뼈가 부러졌고, 너무 심한 구타로 부러진 갈비뼈 조각이 폐에 박혔다. 바로 옆에서는 또 다른 남성이 루컨을 잔인하게 공격했고 그녀가 쓰러져 몸부림치는 와중에도 칼질을 멈추지 않았다. 윌슨은 필사적으로 학살 행위가 멈추길 바라며 죽은 시늉을 했다. 눈을 뜬 채 깜빡이지 않으려고 안간힘을 쓰는 바로 그 순간, 옆에서 숨을 거두는 루컨의 모습이 들어왔다. 이윽고 범인들은 떠났다가 잠시 후 돌아와 두 여자가 진짜 죽었는지 확인하는 잔인한 모습을 보였다. 가해자 중 한 명이 윌슨을 확실히 죽이기 위해 그녀의 가슴을 한 번 더 깊숙이 찔렀다. 그러고는 둘 다 사라졌다.

그녀는 여전히 결박된 채로 의식이 혼미하고 숨도 쉴 수 없었지만, 가까스로 몸을 일으켰다. 그리고 등산로 입구로 가기 위해 한발한발 힘겹게 몸을 움직였다. 한쪽 폐는 망가졌고 설상가상으로 입에는 재갈까지 물려있었다. 숨을 쉴 때마다 온몸이 찢겨나갈 것처럼 고통스러웠고, 빨대로 산소를 겨우 빨아들이는 느낌이었다. 그녀는 자신이 곧 죽으리라는 것을 확신했다. 다만 가능하다면 주차장 가까이라도 가서 누군가 자신들의 시신을 발견하길 빌었다. 괴한들이 그녀의 신발을 벗기고 그 끈으로 손목을 묶었기 때문에 그녀는 맨발로 숲길을 따라 1마일을 비틀거리며 걸을 수밖에 없었다. 윌슨은 어떻게든 의식을 잃지 않으려고 자신이 가장 사랑하는 노래인 '오버 더 레인보우Over the Rainbow'를 피아노로 연주하는 모습을 상상했다. 영화 〈오즈의 마법사〉의 주제가인 그 곡은 그날 아침 차에서 오스카 피터슨의 재즈 연주로 들은 마지막 곡이기도 했다. "곡의 화음을 생각했어요. 'C조로 연주해보자. 하지만 플랫 9로 연주하는 게 소리는 더 근사할 거야.'" 윌슨은 나중에 당시를 이렇게 기억했다. "살 수 있을 거라고는 꿈도 꾸지 못했어요." 그녀의 몸에서 생명이 빠져나가고 있었고 골절된 뼈가 살을 뚫고 나왔지만, 그녀는 오로지 음표만 생각하면서 비틀거리며 천천히 걸어갔다. 마침내 소풍을 즐기고 있던 한 가족의 모습이 보이자 그녀는 그대로 쓰러졌다.

윌슨이 살아남은 것은 기적이었다. 의사의 말로는 대동맥에서 겨우 4밀리미터 떨어진 위치에 가슴 자상을 입은 덕분에 간발의 차이로 목숨을 건졌다고 했다. 윌슨이 스스로 움직일 정도로 육체적 상처가 회복되는 데만 꼬박 3년이 걸렸다. 하지만 정신적 상처는 그보다 훨씬 더 오래 지속되었다. 그녀는 잠을 잘 수 없었다. 고통스러운 기억에 시달렸기 때문이다. 마치 바로 앞에서 살인이 다시 자행되는 것처럼 루컨의 울부짖음이 밤낮으로 생생하게 계속되었다. 아무리 그 비명을 듣지 않으려고 해도, 피가 날 정도로 귓속 깊숙이 손가락을 찔러넣어도 소용이 없었다. 그녀는 대화에도 집중할 수 없었고 낯익은 사람의 얼굴도 알아보지 못했다. 그 끔찍했던 사건을 떠올리는 것이 무엇보다 힘들었지만, 그 외 다른 어떤 생각도 할 수 없었다. 그녀는 자신이 혐오스러웠고, 친구들도 자신을 혐오할 것이라 믿었다.

그래도 상처가 조금씩 치유되면서 윌슨은 치료를 시작했다. 그녀는 혼자 있는 것이 두려웠지만, 집 밖으로 나가는 것은 더 공포였다. 특히 숲에는 절대 가지 않겠다고 다짐했다. 상담사는 그녀에게 용기를 내서 밖에 나가 단 5초라도 나무를 보라고 당부했다. 다음 주에는 조금 더 오래 머물게 했고, 그다음 주에는 마침내 밖으로 나가 수풀을 보게 했다. 그녀는 또 치료의 일환으로 그날의 기억을 모두 기록했다. 눈으로 본 것들, 들은 것들, 냄새, 그 모두를 세세히 적어내야 했다. 극도로 괴롭고 끝이 보이지 않는 과정이었다. 윌슨은 그녀만의 지옥 속에서 자기 자신을 결박한 채 살았다.

공격이 일어났던 날, 처음에는 윌슨도 갖고 있던 과도를 꺼내 가해자와 맞서 싸우려고 했고 그의 다리를 찌르기도 했지만, 결국 칼을 빼앗겼다. 천만다행으로 경찰은 그녀의 옷소매에 묻은 혈흔 몇

방울로 범인의 DNA를 추출할 수 있었다. 또 그 단서로 결국 팔레스타인인이었던 두 가해자를 모두 잡을 수 있었는데, 둘 중 한 명은 윌슨을 공격하기 전에 또 다른 여성을 살해한 전력이 있는 것으로 밝혀졌다. 이 사건을 다룬 이스라엘의 다큐멘터리를 보면 경찰이 피의자 중 한 명을 끌고 범죄 현장으로 가는 장면이 나온다. 주황색 죄수복 차림으로 깔끔하게 면도한 얼굴에 수갑을 찬 그는 소름이 끼칠 정도로 침착했고 경찰의 질문에 마치 장보기 목록이라도 읽듯 무미건조한 목소리로 답했다.

경찰: 왜 이곳을 범행 장소로 정했지?

피의자: 누군가를 죽이고 싶었습니다.

경찰: 누구를?

피의자: 유대인이요.

경찰: 왜지?

피의자: 그냥요. 죽이고 싶으니까요.

경찰: 정확한 이유를 대!

피의자: 이유는 없습니다.

윌슨은 법정에서 사건을 증언하면서 어쩔 수 없이 트라우마가 된 그 사건을 떠올렸다. 범인들에게는 무기징역이 선고되었다. 재판이 끝나자 윌슨은 사막으로 떠났다. 그리고 3년 동안 그곳에 머물렀다.

아무와도 말하지 않고 라디오조차 거의 듣지 않으면서 침묵 속에서 홀로 지냈다. 그녀는 여전히 잠들지 못했다. 소음을 견딜 수 없는 것도 마찬가지였다. 심지어 그녀는 자신의 숨소리조차 참을 수 없었다. 너무 힘들어서 숨 쉬는 것이 멈추기를 바랐다. 윌슨은 자신의 기억과 고통을 전부 쏟아내듯 치유적 글쓰기에 몰두했고, 그렇게 《분노를 덜어내는 여정The Rage Less Traveled》이라는 아름답고 가슴 아픈 책을 발표했다.

이제는 10년이 넘게 흘렀지만, 윌슨은 아직도 그때의 악몽에 시달린다. 증상은 완화되지 않았다. 잠 못 드는 밤도 여전하다. 소음 또한 견딜 수 없다. 항상 극도로 예민한 상태에 있다. 그녀는 그날 루컨을 숲으로 데려간 자신을 자책하며 생존자의 죄책감을 안고 살아간다. 그녀의 투쟁-도피fight-or-flight 본능은 앞으로도 영원히 각성 상태에 있을 것이다. 불안과 두려움은 그녀를 24시간 따라다닌다. 예전에 동경했던 관광 가이드의 삶은 포기한 지 오래다.

범인들을 향한 지독한 분노도 그대로다. 그렇지만 윌슨은 그런 분노를 팔레스타인 가해자들을 향한 복수심이 아닌 팔레스타인 아이들을 돕는 에너지로 분출했다. 그녀는 젊은 팔레스타인 친구 한 명과 난민촌 아이들을 위한 방과 후 프로그램을 만들었다. 그리고 이 프로그램의 이름을 '옐로우 브릭 로드 프로젝트Yellow Brick Road Project'라고 붙였다. 그녀는 이스라엘인들과 전통적으로 적대 관계에 있는 다른 이들에게도 손길을 뻗어, 팔레스타인인은 물론이고 이스라엘 내 아랍인들까지 포함해 친구들의 네트워크를 키워나갔다. 몇 년 전에는 이스라엘 청소년들을 납치하는 팔레스타인 무장단체인 하마스를 비판한 행위로 살해 위협을 받던 한 아랍 소년을 그녀의 집에 숨겨준 일로 언론의 헤드라인을 장식하기도 했다.

나와의 줌 인터뷰 화면에 등장한 케이 윌슨은 스웨트셔츠에 알록달록한 스카프를 두른 채 조명이 환한 주방에 앉아있다. 그녀의 뒤로는 반려견 쉬바와 먼치킨이 열심히 짖고 있다. 그녀는 다시 그림을 그리기 시작했다고 전한다. 그러면서 친구의 어린 자녀를 위해 최근에 그린 그림 하나를 보여준다. 원색의 동물들이 행복한 모습으로 행진하는 자유롭고 다채로운 퍼레이드 그림이다. “저는 색이 좋아요. 만화도 좋아하고요. 사람들을 행복하게 하는 게 좋습니다. 그런 것들에 대한 열정을 되찾았어요.” 그녀가 이렇게 말한다. 윌슨은 피아노도 다시 연주하게 되었다고 한다. 주로 혼자 연주하지만, 몇 년 전 워싱턴 D.C.에 갔을 때는 더없이 끔찍했던 그날의 여정을 영감으로 ‘오버 더 레인보우’를 감미로운 재즈로 편곡해 연주했다. 그녀는 여전한 유머 감각으로 자신의 만성 불면증을 제대로 활용하는 법을 찾았다는 소식을 알린다. “저는 소음은 싫은데 새를 보는 건 좋더라고요. 유레카 순간 같았어요. 다른 사람들도 새 지켜보기에 동참시키고 싶어요. 새는 일찍 일어나서 울고, 사람들은 닥치고 그냥 들으면 되거든요.”

나는 뭔가 상반되어 보이지만 케이 윌슨의 내면에 공존하는 이

두 가지 성향을 이해하려고 애쓴다. 한쪽은 살인 공격에서 살아남은 끔찍한 트라우마로 아직도 매일 고통스러워하는 생존자의 자아이고, 다른 한쪽은 적의 아이들과 친구를 맺고 기분 좋은 그림을 그리는 화가라는 자아다.

"암흑은 지난 10년 동안 충분히 겪은 것 같아요." 그녀는 말한다. "우리가 살아가는 어둡고 혼란한 사회 뒤에는 아름다운 것들도 많으니까요. 그런 것들을 찾으면 됩니다."

인류와 함께한 PTSD의 역사

기록된 역사가 시작된 이래로, 트라우마의 끔찍한 고통을 전하는 이야기들은 계속 존재해왔다. 전쟁의 상처를 입은 영웅들도 케이윌슨처럼 불안, 불면, 우울증에 시달렸다. 이라크 지역에서 발굴된 메소포타미아의 설형문자 서판은 기원전 3200년에 만들어진 것으로 추정되는데, 거기에도 전투 후 무시무시한 환영과 악몽에 시달리는 전사들의 이야기가 기록되어 있다. 메소포타미아인들은 그 전사들이 공포로 마비되어 어디에도 집중하지 못했으며, 이는 그들이 죽인 적군의 영혼들이 불러온 저주 때문이라고 믿었다. 고대 그리스에서도 마찬가지로 전쟁에서 귀환한 전사들이 환영 때문에 쓰러지고 공포에 사로잡혔다고 한다. 고대 그리스의 역사가 헤로도토스는 기원전 440년에 마라톤 전투에서 싸운 에피젤루스라는 병사가 "유령처럼 보이는 큼직한 수염을 단 거대한 전사"가 동료 병사를 죽이는 모습을 본 이후 "검이나 화살에 맞지도 않았는데 눈이 멀었다(그는 신체적으로 아무 이상이 없었다)"라는 이야기를 남겼다.

고대의 필경사들은 그런 전투가 벌어지는 동안 강간과 약탈을 당한 여성들의 정신적 고통에 대해서는 놀라울 정도로 무감했던 것으로 보인다. 그들의 글에는 그런 여성들이 그냥 '미친' 것으로 기록되어 있다. 남성과 달리 외상을 당한 여성들에 대해서는 그들이 여신들을 화나게 했다거나, 여성의 몸 안을 돌아다니면서 미치광이 짓을 하게 만드는 '방황하는 자궁'을 갖고 있기 때문이라는 둥 그 원인을 여성의 탓으로 돌렸다. 그렇게 성가신 자궁(그리스어로 히스테라hystera)은 후에 '히스테리아hysteria'라는 병적 증세를 뜻하는 단어의 기원이 되었다. 하지만 여성의 광기는 남성이 전투에서 얻은 상처와 꽤 닮아있을 때가 많다. 이는 셰익스피어가 쓴 《맥베스》에도 잘 드러나는데, 광기에 휩싸인 맥베스 부인은 몽유병 환자처럼 멍한 상태로 돌아다니면서 손에 묻지도 않은 피를 닦아낸다.

이후 여러 세기가 지나면서 동일한 고통이 여러 이름을 갖게 되었다. 미국에서 남북전쟁이 끝나자 병사들이 '군인의 심장'을 가지고 귀향했다. 제1차 세계대전 이후에는 두려움, 악몽, 침입적 기억intrusive memories(생각하지 않으려고 해도 예기치 않게, 비자발적, 반복적으로 떠오르는 끔찍한 기억)에 발작하며 돌아온 전사들이 폭격으로 인한

'셸쇼크shell shock(폭격이나 전투 상황 속에서 두려움 때문에 정상적인 사고나 걷기, 말하기 등이 불가능한 상태)'에 시달렸다고 전해진다. 제2차 세계대전의 참전용사들은 '전투 피로증'으로 고통받았다. 위대한 세대The Greatest Generation 중 전쟁에 참여한 100만 명 이상의 군인들이 이 병으로 치료받았으며 군대에서 중도 전역한 병사의 40%가 이 질환을 앓았다.

1980년, 베트남전쟁에서 복귀한 병사들이 동일한 증상을 보이자 정신과 의사들은 비로소 이를 공식적인 의학 문헌에 남기며 외상 후 스트레스 장애PTSD라는 현재 우리에게 익숙한 이름을 부여했다. 이 증상을 앓는 이들은 자기가 미치지 않았고 그 병이 상상의 산물이 아니라는 데 안도했다. 심리학자들은 우리 뇌가 아주 끔찍한 사건을 납득하지 못한다는 이론으로 PTSD를 설명한다. 인간은 그런 경험을 처리할 수 없는 것이다. 트라우마의 생생한 기억은 예기치 못한 순간에 갑자기 떠올라 언제든 우리를 공격한다. 우리의 뇌는 이렇게 생각할 수 없는 생각을 회피하려고 속임수를 쓰는데, 그 결과 우울증, 불면증, 분노 같은 증상이 나타난다. 임상적인 PTSD 증상에는 플래시백, 집중력 부족, 그리고 약물중독 및 알코올중독 등의 자기 파괴적이고 자기치료적인 행동이 포함된다. 자기혐오와 분노 또한 계속된다.

PTSD에 대한 이런 의학적 정의는 원래 개인적으로 생명이 위태로울 정도의 스트레스를 겪은 사람들을 지칭하기 위해 사용되었고, 주로 전쟁에서 돌아온 남성들이 그에 해당했다. 실제로 미국 보훈국DVA은 퇴역 병사의 11~20%가 PTSD를 경험하는 것으로 추정한다. 그러나 이 증상이 처음으로 확인된 후 수십 년이 지나면서, PTSD의 정의는 폭력이나 일반 질환, 자연재해의 희생자뿐 아니라 사랑하는 이의 죽음으로 충격을 받은 이들, 심지어 고통스러운 사건을 겪은 사람을 목격한 이들까지 포함하는 방향으로 점점 확대되었다.

PTSD의 자연적 치유는 보장되지 않는다. 최근 몇십 년간, 신경과학자들은 기능적 MRI 같은 영상 의학 기술로 인간의 두개골 내부를 들여다보면서 뇌의 어느 부위가 기억과 감정을 활성화하는지 파악할 수 있었다. 그 결과 PTSD가 단순히 심리적 증상만은 아니라는 것을 알게 되었다. 극심한 트라우마는 우리의 뇌를 재배선할 수 있기 때문이다.

PTSD 피해자들은 트라우마를 되살리는 어떤 요인(심지어 소리나 냄새처럼 가벼운 요소)을 떠올리는 것만으로도 과거의 끔찍했던 상황이 다시금 생생하게 벌어지는 듯한 착각을 느낀다. 그럴 때 그들의 뇌와 신체는 높은 경계 태세로 변한다. 그들의 몸에서는 아드레날린이 솟구치고 심장박동 수와 혈압이 급상승하며, 편도체라는 뇌 부위가 참혹한 사건이 벌어졌던 때와 마찬가지로 투쟁-도피 본능을 발동시킨다. 마치 차량 경보 시스템이 고장 난 것처럼 그들의 경계 체계가 엉망이 된다. PTSD를 겪는 이들은 내부 경계 시스템을 스스로 차단할 수 없다. 그렇기에 고도의 스트레스 상태가 계속 유지되고, 이는 불면증이나 기억력과 집중력 문제 등 다양한 증상으로 이어진다.

케이 윌슨의 사례는 사실상 PTSD의 교과서에 가깝다. 불면증, 분노, 침입적 사고, 소음에 대한 극도의 예민함, 늘 심각한 경계 상태인 신체까지 말이다. 그녀는 공격당한 이후부터 누구와도 대화를 이어나가기 힘들었고 이야기의 맥을 자주 놓쳤다. 또 오랜 친구들의 이름도 잘 기억하지 못했다. 친구들의 얼굴을 보면 그들의 모습 위로 살해당한 루컨의 얼굴이 겹쳤다. 그녀는 세상에 무감각했고 자기혐오에 휩싸였다. 병원에서 퇴원하고 얼마 후, 그녀는 그 사건 자체가 모두 꿈이었다는 내용의 꿈을 꿨다. 하지만 잠에서 깨고 정신을 차리자 트라우마가 외려 너무 강해져서 다시는 자의로 잠들 수 없었다. 그리고 이후 10년간 그녀는 꿈을 꿀 새도 없이 자주 잠에서 깼다.

하지만 케이 윌슨을 직접 만나자, 나는 그녀의 이야기에는 PTSD만으로 설명할 수 없는 뭔가가 더 있다는 느낌을 떨칠 수 없었다. 물론 공격 이후 몇 년간 그녀를 고통스럽게 만든 문제들은 PTSD로 설명할 수 있다. 하지만 윌슨을 크게 변화시킨 다른 근본적이고 지극히 현실적인 방식들까지는 설명하지 못했다. 다시 말해 그녀가 왜 팔레스타인 아이들을 돕고 있고, 적이어야 마땅한 사람들과 친구가 되려고 애쓰는지는 밝혀내지 못했다. 게다가 환한 색채로 그림을 그리는 취미, 새를 감상하는 즐거움, 삶의 혼란 뒤에 숨겨진 아름다움에 새삼 감사하는 그녀의 모습은 어떤가? 그 모든 상황을 어떻게 설명할 수 있을까?

이 질문에 대한 답을, 윌슨과 수천 마일 떨어진 곳에서 심리학자들이 파헤치고 있었다.

외상 이후의 성장

1980년대 초, 샬럿에 있는 노스캐롤라이나대학교의 심리학자였던 리처드 테데스키Richard Tedeschi는 지혜에 대해 생각하기 시작했다. 더 구체적으로, 그는 사람들을 현명하게 만드는 것이 정확히 무엇인지 궁금했다. 이론적으로 똑똑한 사람은 많지만, 그는 인간의 뇌가 지혜를 축적하고 처리하는 방식을 탐색하고 싶었다. 즉, 인간의 지혜가 사전적 정의처럼 '삶에서 많은 것을 경험하면서 쌓은 지식' 덕분인지, 아니면 '다른 사람들은 이해 못 하는 것을 터득하는 천성적인 능력' 때문인지 확인하고 싶었다. 이에 심리학자들은 인간이 사고하는 방식의 거의 모든 측면을 조사했다. 신경과학자들은 우리 뇌의 좁은 틈들을 속속들이 살펴보기 위해 수백만 달러짜리 영상 장비들을 사용했다. 그럼에도 불구하고, 우리가 지혜를 어떻게 얻고 그것이 어디서 나오는지 하는 지혜의 기원은 인간 영혼을 본질적으로 이해하는 것만큼이나 복잡한 불가사의로 남았다.

테데스키와 동료 학자인 로런스 캘훈Lawrence Calhoun은 그 답을 찾기 위한 연구를 설계했다. 그 첫 번째 임무는 지혜를 *가진* 사람들을 찾는 것이었다. 그들 생각에 노인들, 특히 사랑하는 사람을 떠나보내는 것처럼 인생에서 가장 고통스러운 순간을 견디고 살아온 노인들은 분명 현명해지는 방법에 대한 특별한 단서를 갖고 있을 것 같았다. 그런 가정은 비단 노인뿐 아니라 고통을 겪은 다른 이들도 현명한 인간이 되는 방법을 조명해줄지 모른다는 판단으로 이어졌다. 그래서 두 학자는 고통을 겪은 사람들을 찾아 나섰다. 그들은 노인들을 연구했고, 심각한 장애가 있거나 참담한 사고를 당한 사람들을 몇 시간씩 인터뷰했다. 그들은 그런 고된 경험이 그들에게 무엇을 가르쳐줬는지 알고 싶었다.

안타깝게도 테데스키와 캘훈은 지혜의 기원에 대해서는 거의 아무것도 알아내지 못했다. 하지만 그들이 찾던 것과 전혀 다른 무언가를 발견하고는 어리둥절했다. 그들이 인터뷰했던 사람 다수가 그런 아픔을 겪은 후 삶에 긍정적인 변화가 일어났다고 증언했기 때문이다. 연구 참여자들은 전보다 더 강해진 자신을 발견했다. 그들은 새로운 경험에 더 마음을 열고, 새로운 기량을 개발하게 되었다고 말했다. 자기 삶을 완전히 재창조한 이들도 있었다. 단순히 트라우마가 있기 전의 삶으로 '돌아간' 것이 아니었다. 그들은 사실상 앞으로 뛰어올랐고, 많은 경우에 완전히 새롭고 충만한 목표를 향해 나아가게 되었다.

테데스키는 연구 참여자 중 자동차 사고로 하반신이 마비된 제리라는 록 뮤지션에게서 특히 큰 감동을 받았다. "그 사고는 제 인생에 일어난 일이자 일어나야만 했던 일이었어요. 어쩌면 제게 일어난 최고의 일일지도 모릅니다." 하반신이 마비된 34세의 남자는 그 일이 일어나고 8년이 지난 시점에 이렇게 말했다. "겉으로만 보면 납득하기 어렵겠지만, 확실해요. 저는 그렇게 생각합니다. 그런 사고를 겪고 이겨내지 않았다면 지금의 저는 없었을 거예요. 예전의 저는 정말 자기 파괴적인 길을 걷고 있었거든요."

이해할 수 없었다. 그들은 삶이 누군가에게 가할 수 있는 최악을 경험한 이들이었다. 테데스키가 연구 중 만난 노인들은 배우자나 자녀가 병으로 죽거나 심지어 자살로 생을 마무리하는 모습을 지켜봐야만 했던 이들이었다. 제리 같은 사고 희생자들은 삶의 정점에서 하루아침에 꺾여 쓰러진 이들이었다. 테데스키는 제리의 반응에 "충격을 받았어요"라고 내게 털어놓았다. 그보다 더 놀라운 일은 "그런 말을 제리만 한 게 아니었습니다." 테데스키와 캘훈은 다수의 사고 희생자나 장애인들을 인터뷰하면서 접한 다음과 같은 말들에 일종의 경외감을 느꼈다고 한다.

"삶에서 새로운 길을 찾았어요."

"더 좋은 일을 하며 살게 되었습니다."

"그런 일이 없었다면 누리지 못할 기회가 생겼어요."

"삶에서 중요한 것에 대한 우선순위가 바뀌었어요."

제리는 사고를 당하기 전 파티와 약에 취해 살았었다. 하지만 그 날 이후로 뮤지션의 삶은 끝났기에 그는 학교로 돌아갔다. 그리고 궁극적으로는 석사 학위를 받고 장애인 재활을 돕는 비영리단체에서 일하게 되었다. 그는 삶에서 벌어진 최악의 사고를 뭔가 긍정적인 것으로 바꾸는 데 성공했다.

테데스키와 캘훈은 PTSD 이론에 정통한 학자들이었다. 그런 그들에게도 이제 PTSD를 부정적인 영향력 중심으로만 보는 시각은 너무 편협하다는 것이 분명해졌다. 그런 인식 때문에 트라우마가 불러오는 다른 영향력들이 가려지기 때문이다. 일차원적인 시각으로는 생존자들을 연구하는 조리개를 넓혔을 때 목격되는 현상들을 제대로 설명하지 못한다. 두 사람의 연구에서 PTSD를 경험한 사람 다수가 고통과 동시에 성장을 경험했다.

두 학자는 그 이유를 알고 싶었다. 그래서 트라우마를 극복한 다른 사람들을 찾아 나섰다. 이후 몇 년간 테데스키와 캘훈을 위시한 학자들은 일련의 연구에서 허리케인, 전쟁, 가정 폭력, 가족의 사망 같은 일을 견뎌낸 사람들을 인터뷰했다. 그들에게는 당연히 트라우마가 있었다. 많은 이가 PTSD로 고통받고 있었다. 하지만 각 연구에서 접한 응답자들의 상당수가 다시 태어난 것 같은 새로움도 느겼다고 했다. 그들은 삶의 우선순위를 변경했다. 삶에서 새로운 가능성을 찾았다. 또 새로운 길을 기꺼이 따르게 되었다.

1995년에 두 학자는 이런 현상에 '외상 후 성장post-traumatic growth'이라는 용어를 붙였다. 그리고 장애로 인해 본인의 삶이 오히려 나아졌다고 말한 남녀 장애인 집단의 의견을 바탕으로 21가지 체크리스트를 개발했다. 각 항목은 생존자들의 입에서 나온 말을 그대로 사용했다. 가령 "새로운 흥밋거리를 갖게 되었다"와 "내가 생각보다 더 강하다는 것을 알게 되었다" 같은 말이었다. 오늘날 이 체크리스트 항목들은 삶에 대한 감사, 타인과의 관계, 정신적 변화, 개인의 힘, 그리고 삶의 새로운 가능성이라는 성장의 다섯 가지 영역을 특징짓는다. 마리 포거드Marie J. C. Forgeard가 373명을 대상으로 수행한 연구에서 응답자 대부분은 트라우마를 겪은 후에 창의력이 증가했다고 증언했다.

그때 이후로 급성장 중인 이 분야는 거의 모든 유형의 트라우마 희생자들을 아우르며 범위가 확대되었다. 뉴질랜드 지진, 칠레의 국가 테러, 마드리드의 기차 폭탄 테러 생존자들 또한 사건 이후 개인적으로 긍정적인 변화가 생겼다고 보고했다. 수백 건의 다른 연구도 아동 성범죄 피해자, 가정 폭력 생존자, 전쟁 퇴역 군인, 골수 이식 환자, 심근경색 생존자에 이르기까지 다양한 생존자 집단에서 유사한 경향을 발견했다. 2019년에 26개 연구를 메타분석한 결과, 트라우마 생존자의 절반 가까이가 궁극적으로 외상 후 성장을 경험했다. 결국 외상 후 성장은 전쟁과 같은 공동 트라우마는 물론이고 더 직접적으로는 팬데믹 이후의 사회 전체에 영향을 미칠 수 있는 현상이다.

외상 후 성장이 가장 먼저 기록된 사례 중 하나로 1987년 유럽에서 일어난 끔찍한 페리 사고를 들 수 있다. 당시 벨기에에서 영국으로 향하던 헤럴드 오브 프리 엔터프라이즈Herald of Free Enterprise호는 선박 앞쪽의 문이 열린 채로 항해하다 좌초되었다. 페리는 몇 초 만에 가라앉았고, 남녀노소 할 것 없이 칠흑 같은 어둠 속에서 차가운 바다로 뛰어들어 193명이 사망했다. 참사 직후 심리학자인 스티븐 조지프Stephen Joseph는 생존자들을 인터뷰할 수 있었는데, 당연히 그들은 악몽과 불안감에 고통받고 있었다. 하지만 3년 후 생존자들을 다시 인터뷰하자 그중 43%는 사건 이후 자기 삶과 태도가 더 나아졌다고 말했다.

게다가 유방암에 관한 메타분석 결과를 보면 외상 후 성장 정도는 시간이 지날수록 사실상 증가한다는 것을 알 수 있다. 유방암 환자 653명을 대상으로 한 연구에서 참가자들은 외상 후 성장을 평가하기 위해 설계된 21가지 문구에 각각 얼마나 긍정, 또는 부정하는지 답했다. 조사 문구에는 "새로운 흥밋거리가 생겼다", "우선순위가 바뀌었다", "삶에서 새로운 길을 찾았다" 같은 내용이 포함되어 있었다. 응답자들은 총 네 번에 걸쳐 같은 질문에 답했다. 첫 번째는 유방암 진단을 받은 직후였고, 이후 6개월, 12개월, 18개월이 지난 시점에 동일한 질문지로 조사를 했다. 흥미로운 점은 매번 조사할 때마다 긍정적인 감정에 대한 응답률이 증가했다는 것이다. 비록 치명적인 결과를 가져올 수도 있는 질병을 앓고 있었지만, 그들은 새로운 현실에 적응하는 기간이 길어질수록 자기 삶이 어떤 면에서 사실상 나아졌다고 느꼈다.

크게 성공한 인물 중에도 자신의 성공이 트라우마를 경험한 덕분이었다고 말하는 사람들이 있다. CBS와 바이어컴Viacom 등 미디어 제국을 거느리는 수십억 달러의 자산가인 섬너 레드스톤Sumner Redstone은 55세 때 끔찍한 호텔 화재로 가까스로 목숨을 건지기 전까지 무명의 변호사이자 극장주에 불과했다. 그는 몸 절반에 3도 화상을 남긴 화염에 휩싸인 채, 꽤 높은 층이었지만 창문 밖으로 탈출한 후 좁은 턱에 손가락 끝으로 매달려 살아남았다. 그는 화상의 고통에서 회복된 후, 야심의 불꽃을 태우며 미디어 제국 구축에 미친 듯이 달려들었다. "그전에도 욕심은 있었지만, 제가 지금껏 해온 일 중 가장 신나는 일은 대부분 그 화염을 통해 나왔습니다"라고 그는 말했다.

테데스키와 캘훈이 외상 후 성장이라는 이름을 처음으로 붙인 것은 맞지만, 이 증상은 문학, 역사, 종교 분야에 이미 오래 전부터 등장해왔다. 기독교에서는 예수가 몸소 고통을 받는 모습으로 추종자들을 변화시킨다. 신약성서(요한복음 16장 20절)에서 예수는 "내가 진실로 진실로 너희에게 이르노니, 너희는 곡하고 애통하겠으나 세상은 기뻐하리라. 너희는 근심하겠으나 너희 근심이 도리어 기쁨이 되리라"라고 말한다. 불교에서는 신자들에게 고통을 받아들이라고 가르친다. 이슬람 신앙에서는 선지자 무함마드가 아내와 삼촌의 사망 같은 시련을 통해 시험에 든다. 무엇보다 문학에는 호메로스의《오디세이아》와 J. R. R. 톨킨의《반지의 제왕》부터 토니 모리슨의《빌러비드》와 마거릿 애트우드의《시녀 이야기》, 또 스탠 리의〈스파이더맨〉까지 큰 역경을 겪은 후에 단순한 갱생이 아니라 완전히 새로 태어나는 영웅담으로 가득하다.

홀로코스트 생존자로서《죽음의 수용소에서》를 쓴 빅터 프랭클만큼 고난 이후의 성장이라는 개념을 명징하게 보여준 인물은 아마 없을 것이다. 그는 차마 입에 담지 못할 정도로 참담한 상황에서도 인간은 삶의 의미를 찾고 발전할 수 있다고 상정한다. 프랭클은 유대인 집단 수용소에서 겪은 끔찍한 경험을 되살리며 "인간은 어디서나 운명에 대응할 수 있고, 자신이 겪는 고통을 통해 무엇인가를 성취할 기회와 마주한다"라는 결론을 낸다. 그는 이것을 '비극 속 낙관'이라 부르며, "인간의 창의력을 통해 삶의 부정적인 면을 긍정적이거나 건설적인 것으로 변화시키는 능력"으로 정의한다.

아픔을 통해 변화하는 법

놀라운 사실이지만 지금까지 수행된 연구 결과로는 트라우마 생존자들이 임상적 PTSD 환자보다 더 큰 성장을 경험한다. 다만 누구나 그런 것은 아니다. 그런 계기로 자기 삶을 완전히 탈바꿈하는 사람도 있지만, 스트레스와 절망감 속에 계속 갇혀 사는 이들도 있다. 그런 차이는 어디서 올까? 다른 사람들이 따라 해볼 만한 전략은 없을까?

외상 후 성장을 촉진하고 자극하는 방법은 있다. 앞서 살펴본 것처럼 *탐색과 분투와 중단과 해법*의 여정 뒤에는 재창조가 따른다. 그런데 트라우마를 겪은 사람들에게는 이 과정에 변화가 생길 수 있다. 트라우마가 촉매제 역할을 하면서 분투의 순서가 바뀌는 것이다. 즉 분투 과정을 겪으면서 자신에게 일어난 일을 납득하려는 탐색 단계가 촉발된다.

트라우마는 기존의 신념 체계와 세상에 대한 이해를 뒤흔들기 마련이다. 자신의 미래나 공평함이나 통제 가능성처럼 그때까지 당연시했던 모든 것이 별안간 붕괴한다. 트라우마 생존자들이 이 단계를 헤쳐 나가려면 자신은 혼자가 아니고 미치지도 않았다는 것을 스스로 납득해야 한다. 그래야 비정상적인 상황에 정상적으로 대응할 수 있다. 이 단계(탐색)에 있는 생존자들은 삶과 미래에 대해 자기가 믿고 있던 것들을 재편성하기 시작한다. 이는 미래의 '가능한 자기'를 탐색하는 태도와 어느 정도 비슷하다.

이 단계가 지나면 또 다른 '분투기'가 찾아온다. 이는 다른 유형의 변화에서도 공통적으로 발견되는 혼란스럽고, 종종 절망적이며, 힘든 시기다. 생존자는 기존의 정체성과 세계관은 버렸지만, 그다음에 대해서는 아직 확신이 없는, 마치 림보limbo(예수가 강생하여 세상을 구할 때까지 기다리는 곳)처럼 중간에 낀 시기를 마주하게 된다. 회복탄력성이나 재기라는 말의 의미처럼 원래 있던 곳으로 "되돌아갈 수"는 없다. 그런 일은 불가능하다. 대신 새로운 무언가를 향해 앞으로 헤쳐 나가려고 애쓰게 된다. "시간이 걸리는 일입니다." 테데스키는 내게 이렇게 말했다. "다시 일어서서 나아갈 방향을 알기까지는 꽤 오랜 시간이 필요하거든요."

심리학자들이 발견한 바에 따르면, 생존자들이 분투 단계를 잘 극복하려면 자기 감정을 다스리는 법을 찾아야 한다. 운동이든 명상이든, 아니면 다른 무엇이든, 본인에게 효과적인 방법을 찾는 것이다. 외부 세계에 마음을 열고 자기 경험에 대한 새로운 서사를 만들어야 한다. 과거와 현재와 앞으로 나아가야 할 미래를 연결하는 이야기가 필요하다. 달리 말해, 성장을 경험하는 이들은 자신에 대한 밀도 높은 '이야기'를 들려주는 방법을 배우게 된다. 이런 새로운 서사는 으스러진 현재의 삶을 단순히 되찾는 것을 넘어 앞으로 나아갈 길을 제시한다.

흥미롭게도, 이렇게 현재를 극복하고 다른 편으로 넘어간 생존자들에게는 테데스키가 '전문가 동반자expert companion'라고 부르는 또 다른 공통점이 존재한다. 물론 심리치료사 같은 전문가가 그런 역할을 할 때도 있지만, 일반적으로는 가족이나 친구, 더 나아가 그들이 이 세상을 현재 상태 그대로 이해하는 데 도움을 주는 지인이 전문가 동반자가 될 때가 더 많다. 전문가 동반자는 생존자가 마음을 열고 새로운 사고방식으로 그들 앞에 놓인 길을 밝힐 수 있게 돕는다. 그렇게 되어야만 비로소 성장, 더 나아가 환골탈태의 빗장이 열리는 것이다.

마이클 머피의 경우가 그랬다. 2007년에 그는 랜돌프-메이컨 아카데미 역사학과의 2학년 학생이자 야구와 미식축구 선수였다. 하지만 그의 세계는 한 하우스 파티에서 술에 취해 캠퍼스 전경을 구경하겠다고 친구 한 명과 지붕 위로 올라간 순간 무너졌다. 그는 지붕에서 미끄러져 8미터 아래로 추락하면서 척추가 부러졌다.

그 후 3년간 그는 새로운 삶을 받아들이려고 고군분투했다. 하지만 10년이 넘은 지금은 기이한 운명의 장난처럼 그 사고가 자신의 인생에서 가장 좋은 일 중 하나가 되었다고 말한다. "사고를 계기로 정말 많은 기회가 열렸거든요." 그는 자신을 재정립하기 시작했고, 새로운 목표를 향해 정진해갔다. '터프 머더Tough Mudder' 장애물 코스(현재까지 2회 도전) 완주하기, 마라톤 참가하기(10회 이상 완주), 모노스키 배우기 같은 것들도 그런 목표에 속했다. 그는 개인 블로그에 이런 변화가 어떻게 이뤄졌고 그 터닝 포인트는 무엇이었는지를 자세히 기록했다. 그가 깨달은 변화의 핵심은 '자기의 취약함'을 받아들이고 '각자도생'의 함정에 빠지지 않는 것이었다. 운동을 향한 그의 열망은 친구들은 물론이고 낯선 이들의 도움으로 충족될 수 있었다. 그들은 머피가 불가능해 보이는 신체 조건을 극복하고 끊임없이 노력할 수 있게 도왔다. 물리치료사 덕분에 지금의 아내도 만났다. "내 곁에는 도움의 손길이 있었고, 나는 도움을 요청했으며, 그들에게 도움을 받았다"라고 그는 블로그에 썼다.

케이 윌슨도 마찬가지였다. 그녀는 내게 이렇게 말했다. "제게는 축복이라 할 만큼 엄청난 친구들이 있어요. 다들 특성에 맞게 제게 필요한 것들을 착착 채워주거든요." 한나라는 친구는 사건이 일어난 직후부터 그녀를 책임지고 돌봐주었다. 가이드 시절 관광버스 기사로 같이 일했던 건장한 아랍계 이스라엘인인 카릴도 그런 사람 중 하나였다. "가끔 건들대는 모습으로 찾아와서 제가 입에도 안 댈 음식을 풀어놓고는 앉아서 위스키를 마셔요. 그러더니 '내가 아랍어 욕을 몇 개 가르쳐 줄게'라고 하더라고요." 또 다른 친구들은 순번을 짜서 돌아가며 그녀의 운전기사 노릇을 해주었다. 그들은 영국에 있는 윌슨의 가족을 위해 통역을 해주고, 그녀를 자기 집에 재우고, 그녀가 회복하고 자기에게 일어난 일을 조금씩 처리하기 시작하자 홍보 담당자 역할을 자처했다. 그들은 윌슨이 자신에게 벌어진 일을 털어놓을 수 있는 사람들이었고, 새로운 이야기를 함께 만들어갈 수 있는 친구들이었다.

힘든 분투의 기간이 수년 넘게 지속되기도 하지만, 아무리 끔찍한 비극에서 살아남은 사람도 결국에는 그 건너편으로 넘어갈 수 있다. 1993년에 연구자들은 삶에서 가장 고통스러운 일을 겪은 94명과 한자리에 모였다. 바로 배우자나 자녀가 교통사고로 갑자기 사망한 이들이었다. 사고 후 4~7년이 지난 시점에 그들과 인터뷰를 해보니 놀랍게도 그중 다수가 자신감이 커지거나 현재를 더 즐기게 되었다는 등 적어도 한 가지의 긍정적인 변화가 생겼다고 밝혔다. 참가자의 4분의 1 정도는 전보다 삶에 더 감사하게 되었다고도 말했다. 연구자들을 놀라게 한 사실은 긍정적인 변화를 보고한 사람이 부정적인 변화를 보고한 사람보다 '현저히' 많았다는 점이다.

자녀의 죽음처럼 상상조차 할 수 없는 끔찍한 비극을 긍정적이라 말할 사람은 아무도 없을 것이다. 이에 대해 테데스키는 "성장을 이끄는 것은 참혹한 사건 자체가 아니다"라고 설명한다. 그런 차이를 만들어내는 핵심은 사건에 대한 생존자들의 대응 방식이다. 즉, 자기의 삶, 목표, 우선순위를 재평가하고 트라우마를 새로운 틀에 맞추는 방법을 모색하는 태도를 말한다.

생존자들이 종종 발견하는 해법 중 하나는 타인을 돕는 것이다. 연구자들은 이타주의가 외상 후 성장을 촉진하고 높일 수 있다는 사실을 발견했다. 우리는 자녀를 잃은 부모가 추모를 위해 비영리 재단을 설립했다는 소식을 종종 듣는다. 가령 2012년 코네티컷의

한 초등학교에서 26명의 목숨을 앗아간(그중 대부분이 1학년 아이들이었다) 끔찍한 총기 사건이 벌어진 후, 총기 폭력을 막기 위해 설립된 샌디 훅 프로미스Sandy Hook Promise 재단도 그런 경우다. 스코틀랜드에서 암을 이겨낸 사람들을 대상으로 연구했더니 그중 반 이상이 자선 활동을 하고 있었다. 그런 자원봉사자 수가 꿈 같은 휴가로 힘든 시간을 보상한 사람보다 더 많았다.

내가 직접 트라우마 생존자들과 진행한 인터뷰에서도 비슷한 결과가 나왔다. 이는 팔레스타인 남성들 손에 거의 죽을 뻔했지만 사고 후 팔레스타인 아이들을 위해 방과 후 프로그램을 만든 케이 윌슨만 봐도 알 수 있다. 그녀는 말했다. “대상이 아랍인이든 유대인이든, 우리 사회에서 혐오가 없어졌으면 합니다.” 그녀에게 자선 활동은 “무의미한 것들로부터 의미를 만드는 데 도움이 되었습니다.” 윌슨은 대화를 이어가던 중 잠시 멈췄다가 똑같은 말을 반복했다. 중요한 것은 의미를 찾는 것이 아니라, 의미를 만드는 것이라고 강조했다. 사소하게 들릴 수도 있겠지만, 윌슨 같은 트라우마 생존자에게는 꼭 필요한 일이다. 묻지마 살인 사건에서 의미를 찾을 방법은 없을 것이다. 다만 그런 사건 이후에 뭔가 더 긍정적인 것을 만드는 방법이 있을 뿐이다.

모두가 분투하고, 모두가 성장한다

코로나19 팬데믹 이후, 우리는 대규모 외상 후 성장을 목격할 수 있을까? 과거에 일어난 대형 사건들을 다룬 연구들, 그중에서도 2001년에 발생한 9·11테러 공격에 초점을 맞춘 최근 연구들은 사회 전체가 외상 후 성장을 경험할 수 있다고 설명한다. 알카에다에 의해 자행된 미국 역사상 최악의 테러 공격으로 남을 그날의 사건으로 3,000여 명이 사망했고 미국 사회 전체가 충격과 불신에 빠졌다. 공격을 직접 당하지 않았는데도 미국인 대부분이 사고 이후 트라우마 증상을 호소했다. 수백만 명이 TV를 통해 비행기가 세계무역센터 건물에 연쇄 충돌하며 건물이 무너지는 장면을 실시간으로 목격했기 때문이다. 그들은 미 국방부 청사에 충돌한 항공기 한 대와 펜실베이니아의 한 광산에 추락한 또 다른 비행기의 불타는 잔해도 봤다. 이제는 20년 이상이 지났지만, 9·11로 인한 육체적·정신적 상처는 여전히 치료 중이다. 다량의 유독가스와 먼지를 흡입한 후유증으로 사망한 사람도 2,000명이 넘었다.

첫 번째 비행기가 세계무역센터에 충돌할 당시, 나 역시 '조'라는 동료와 함께 그곳에 있었다. 가까스로 건물 밖으로 빠져나온 순간, 비현실적인 광경이 우리를 맞이했다. 머리 위 건물 상층에서 나오는 거대하고 고약한 먼지들로 주위가 자욱했다. 전방 인도는 아무렇게나 버려진 차들로 엉망이었다. 커다란 콘크리트 덩어리와 충돌해 찌그러진 차도 보였다. 산산이 부서진 시멘트 가루들이 새파란 하늘에 마치 눈처럼 흩날리고 있었고, 그중 일부가 내 이마 위의 선글라스에 날아와 부딪치며 금속성의 소리를 냈다. 공중에는 금융회사의 서류들도 떠다녔다. 목을 길게 빼고 그 압도적인 광경을 멍하니 지켜보던 나는 이윽고 정신을 차렸다. 그리고 이 끔찍한 '비행기 충돌 사고'를 긴급 속보로 빨리 내보내야 한다는 생각에 부리나케 건너편 《월스트리트 저널》 사무실로 향했다. 하지만 우리의 움직임은 이내 거리를 점령한 불타는 비행기 좌석들과 파편들로 막혔고, 다른 도로로 우회하려 했지만 그쪽 상황은 더 나빴다. 도로, 인도 할 것 없이 부서지고 조각난 주검들이 두껍게 쌓여 벌건 피로 물들고 있었다.

우리는 누군가가 턱없이 부족하게나마 식당 냅킨으로 덮어놓은 머리 없는 시체를 밟지 않으려고 조심스레 발을 옮기며 그 지옥 같은 광경을 뚫고 나아갔다. 바로 그때, 두 번째 비행기가 우리 머리 위에 나타나 귀를 찢는 듯한 굉음을 내며 건물로 날아가 충돌했다. 거리에 있던 사람 모두가 위를 올려다볼 새도 없이 동물적 본능으로 일시에 흩어져 가장 가까운 건물 벽에 몸을 납작하게 붙였다. 그때야 비로소 깨달았다. 그것은 '사고'가 아니었다. 우리는 공격을 받고 있었다.

거리의 다른 수백 명과 마찬가지로 조와 나는 결국 걸어서 맨해튼 업타운까지 가는 데 성공했다. 그 와중에도 카메라를 챙길 정신이 있었던 동료 기자 한 명이 그 과정을 사진으로 찍었다. 지금 와서 새삼 놀라운 사실 하나는, 제1세계무역센터 건물이 붕괴되기 직전 찍은 사진을 보면 공격을 피해 업타운으로 향하는 사람 중 뒤를 돌아보는 사람이 아무도 없다는 점이다. 그렇다고 달리지도 않는다. 대신 사람들은 텅 빈 표정으로 앞을 향해 계속해서 터덕터덕 천천히 발을 옮기고 있다. 정장 차림만 아니라면 그들의 모습은 전쟁으로 잿더미가 된 모국을 등지고 국경으로 향하는 텅 빈 눈의 난민들처럼 보인다. 내게도 그 경험은 머릿속으로 처리하기에 너무 압도적이었다. 그 사진에는 업타운에서 내려오는, 사고를 직접 목격하지는 못했지만 공포로 눈이 휘둥그레진 사람들의 모습도 보인다.

조와 나는 그날 이후 악몽, 플래시백, 신경과민 같은 외상 후 스트레스 증상을 겪었다. 심지어 20년이 넘은 지금도 나는 그때 그곳에 있었던 다른 많은 이들처럼 매년 TV에서 중계되는 9·11 추도 행사나, 여러 신문의 지면을 채우는 그날의 기억들에 대한 글을 애써 외면한다. 이는 전형적인 PTSD 증상 중 하나인 회피다. 나를 비롯해 내가 아는 많은 이들에게 세상은 그날 '이전'과 그날 '이후'로 나뉘었다.

하지만 그 사건 이후 해가 바뀌면서 우리 다수는 결국 개인의 삶을 완전히 새로운 방식으로 다시 구상하게 되었다. 조와 나는 신문사를 떠나 각자가 원했던 새로운 일을 시작했다. 그리고 몇 년 후 나는 유방암을 극복하면서 전에는 한 번도 상상하지 못했던 업계로 또 다른 도약을 했다. 안정적인 직장을 버리고 잡지 일을 시작한 것이다. 잡지는 최상의 순간에도 위험이 따르는 분야지만 그대로 놓치기에는 너무 신나는 기회였다. 우리는 스스로 깨닫지 못한 채로 "새로운 흥밋거리를 갖게 되었다"든지 "삶에서 새로운 길을 찾았다" 같은 외상 후 성장의 원칙을 받아들이고 있었다.

우리가 특이한 것은 아니었다. 9·11 테러 공격은 심리학자와 신경과학자들에게 트라우마 생존자들이 겪는 여정을 실시간으로 추적할 수 있는 전례 없던 기회를 제공했다. 사건 직후와 6개월이 지난 시점에 1,505명을 대상으로 수행된 한 연구에서 전체 샘플의 11%가 9·11 테러로 가까운 누군가가 죽거나 다쳤다고 응답했다. 연구자들은 이 조사를 통해 외상 후 스트레스와 외상 후 성장 간의 상관관계를 찾을 수 있었다. 테러 직후인 2001년 11월부터 3년간 1,382명의 성인을 추적한 또 다른 연구에서 조사 대상의 반 이상(58%)이 사건 이후 어떤 형태로든 긍정적 변화를 겪었다고 보고했다.

9·11 공격이 있기 얼마 전, 심리학자인 크리스토퍼 피터슨Christopher Peterson과 마틴 셀리그먼Martin E.P. Seligman은 친절함, 리더십, 감사함 같은 성격상의 강점들을 평가하는 프로젝트를 4,000여 명 대상의 설문 조사 형식으로 실시했다. 그들은 외상 후 성장이라는 주제는 살펴보지 않았고, 앞으로 벌어질 비극적 사건에 대해서도 당연히 아는 바가 없었다. 하지만 테러 공격이 있고 두 달 후와 열 달 후에 동일한 사람들을 대상으로 같은 설문 조사를 했더니 감

사함, 희망, 리더십, 팀워크, 친절함 같은 항목의 점수가 높아진 것을 알 수 있었다.

코로나19 팬데믹이 이와 비슷한 긍정적 성장을 견인할 것인지는 아직 모르는 일이다. 게다가 우리는 2001년과는 다른 세상을 살고 있다. 그때는 테러 위협이 국가를 훨씬 더 단단히 통합했지만, 오늘날에는 팬데믹이 오히려 국가를 더 분열시키고 있다. 그렇다고 할지라도, 우리가 스스로를 교육하고 힘든 시기를 빠져나와 마침내 우리 자신에 대한 새로운 이야기를 할 수 있다면, 외상 후 성장에 대한 희망을 적어도 조금은 가질 수 있을 것이다.

외상 후 성장을 더 쉽게 경험하는 유형이 있는 것 같다. 낙관주의자, 외향적 성격, 새로운 것을 잘 수용하는 사람들이 특히나 그래 보인다. 하지만 테데스키와 동료 연구자들은 유형과 상관없이 모든 트라우마 생존자들이 그런 긍정적인 과정을 이행하는 방법을 배우기를 바란다. PTSD가 희생자들의 남은 삶 전체를 지배할 것이며, 그러므로 그런 끔찍한 증상들과 공존하는 법을 익혀야 한다는 식의 접근 대신에 트라우마를 희망과 성장 등의 개념으로 재편성하기를 원한다. "저는 '대응'이라는 말이 제일 싫습니다. 그건 사람들에게 작아지는 존재감을 받아들이라고 하는 것 같거든요." 이는 외상 후 성장을 위한 비영리단체인 볼더 크레스트 재단Boulder Crest Foundation을 공동 창업한 조시 골드버그Josh Goldberg가 한 말이다.

테데스키가 회장으로 있는 볼더 크레스트 재단은 트라우마를 극복하려고 애쓰는 참전 군인과 응급처치 대원들에게 무료 강의를 해준다. 이 과정에 참가하는 군인들은 버지니아에 있는 재단의 블루몬트 캠퍼스에서 일주일을 보내고, 이후 18개월간은 주기적인 수행 교육에 참여한다. 이 프로그램은 분노와 마비 같은 증상이 "비정상적인 상황에 대한 정상적인 반응"이라는 것을 참가자들이 이해하도록 돕는 교육으로 시작한다. 그리고 명상, 호흡, 자연에 몰입하기 같은 감정을 조절하는 방법을 가르친다. 그런 다음 '공개'라는 단계에 들어가는데, 이는 사건이 자신에게 끼친 영향을 털어놓고, 서로 개인적인 이야기를 나누면서 그 안에서 성장의 씨앗을 찾아내는 과정이다. 마지막 단계는 '봉사'와 비슷하다. 다른 이들에게 환원하는 것에 초점을 맞춘다.

볼더 크레스트 재단은 최근 이 교육 프로그램의 대상을 경찰, 의료진, 소방관 등의 보다 폭넓은 응급처치 인력으로 확대했다. 골드버그는 그들의 교육이 더 많은 사람들에게 의미를 줄 수 있다고 믿는다. "우리는 힘들게 분투할 때면 '내게 뭔가 잘못된 게 있어. 다시는 정상으로 돌아가지 못할 거야. 그리고 아무도 이런 내 감정을 이해하지 못할 거야'라고 생각합니다." 그는 말했다. "역설적인 건, 이 세상의 모두가 이런 분투 과정을 겪게 된다는 사실입니다. (……) 우리가 가르치는 것에는 보편성이 있습니다. 당신이 응급처치 요원이든 아니든 상관없습니다."

상처와 함께 재도약하라

이 모든 증거에도 불구하고, 테데스키는 의료계가 아직도 트라우마가 불러오는 잠재적이고 긍정적인 효과보다 '장애와 상처' 같은 부정적인 측면에만 초점을 맞춘다고 말한다. 그러다 보면 고통스러운 증상을 완화하려는 치료에만 방점이 찍히게 된다. 결국 "희생자들이 본래의 자신보다 위축된 버전으로 살게 되는" 것이다. 그는 이런 접근법이 사람들에게 "충분히 만족스럽지 않은 삶"을 남겨준다고 주장한다. 게다가 부정적인 측면에 초점을 맞춘 치료는 보통 트라우마가 된 사건에 반복적으로 노출되어야 고통에 무감각해진다고 여기기 때문에, 그때의 기억을 되살리고 이야기하도록 유도하기 일쑤다. 하지만 "이는 특별히 유쾌한 일이 아니므로" 많은 이들이 치료를 회피하는 원인이 된다.

테데스키는 그런 접근법의 방향을 바꿔서, 트라우마의 부정적인 면을 파고드는 대신 그로 인해 일어날 수 있는 긍정적인 결과에 관심을 기울이길 바란다. "저희는 트라우마가 사람들에게 미치는 영향에 대한 시각을 바꾸려고 합니다. 이 문제에 있어서는 정신건강 분야가 핵심을 놓치고 있는 것 같거든요."

이런 견해에 동조하는 사람들이 늘고 있다. 옥스퍼드대학 사이드 Said 경영대학원에서 조직행동과 리더십을 가르치는 샐리 메이틀리스Sally Maitlis 교수는 부상으로 경력이 단절된 댄서와 뮤지션들에게 주목해왔다. 이런 분야는 직업이 곧 자신의 정체성이므로 실직으로 인한 타격이 이루 말할 수 없이 크다. 부상으로 춤을 못 추게 된 한 댄서는 "더 이상 공연을 할 수 없다면 내 정체성은 어떻게 되는 거지? 나는 누구인 거야?"라고 자문했다. 그런데 메이틀리스 교수는 이런 사람들을 10년 이상 연구하면서 한 가지 사실을 발견했다. "나중에 보면 대부분이 의미 있는 미래를 일궈나가고, 심지어 기존보다 더 만족하며 살더라고요." 보통 전에는 미처 몰랐던 자신의 어떤 특징을 찾아내면서, 자신이 어떤 사람이 될 수 있고 어떤 일을 할 수 있는지를 새로운 방식으로 이해하게 된다는 것이다.

그녀는 이 과정이 성급히 이루어질 수는 없다고 말했다. 하지만 그녀가 설명한 방법은 사실 볼더 크레스트 재단이 참전 군인들을 대상으로 하는 교육 내용과 상당히 비슷하다. 예술가들은 먼저 감정적 후유증을 극복하는 훈련을 했는데, 이는 대개 전문가 동반자의 도움으로 이뤄졌다. "사람들은 면담에서 자신의 고통을 말하며 눈물을 흘립니다. (……) 그들 중에는 실행으로 옮기지는 못해도 자살을 생각하는 경우가 많아요." 그녀가 말했다. "치유 과정의 일부는 그런 감정을 조절하고 자신의 상태를 누군가와 이야기해 나누는 방식으로 진행됩니다. 자기에게 벌어진 일을 큰 고통 없이 말하고 원래 하던 일로 돌아갈 수 있을 때까지 보통 수주, 수개월이 아니라, 수년이 걸립니다. 자신에게 일어난 일을 인정하는 것도 포함되고요. 그러면 더 이상 현실을 부정하지 않습니다. 말하자면 '이게 사실이고 현실이야. 그럼 이제부터 어떻게 해야 하지?'라고 물을 수 있게 되는 겁니다."

이후에는 트라우마가 덜한 상태에서 경력 전환이 이뤄지는 것과 상당히 비슷한 과정이 전개된다. 우선 정보 *탐색*이 시작된다. 단순히 이제 뭘 해야 하지?' 같은 생각만 하는 게 아니라 '내가 잃은 게 뭐지?', '내가 생각은 해봤지만 한 번도 시도하지 않은 건 뭘까?' 같은 질문들을 하는 매우 적극적인 과정이 시작된다. 이런 탐색 단계 다음에는 실험 기간이 이어진다. 기존 정체성은 이제 과거로 남았지만, 아직 새로운 정체성을 완전히 받아들이지 못한 경계적 기간을 말한다. 메이틀리스는 이에 대해 "뭔가 작은 것부터 시작하세요"라고 조언한다. 요리를 좋아한다면 바로 식당을 차리는 대신 요식업에 있는 누군가와 같이 협력하거나 그 직업을 먼저 관찰할 수 있도록 무급으로 일해보는 것이다.

메이틀리스가 추적한 예술가들은 이런 단계들을 따른 결과 스파 체인의 이사가 된 댄서부터 인지과학 분야에서 박사 학위를 따고 공연 전문 신경과학자가 된 바순 연주자까지 아주 다양한 업종에 진출하게 되었다. "전에는 몰랐던 자신의 일면들을 깨닫게 되는 겁니다." 메이틀리스는 말했다. "그냥 극복으로 끝나지 않고, 그 너머로 나아갈 수 있다고 스스로에게 증명해내는 경우가 아주 많습니다."

여기서 분명히 짚고 넘어갈 사실은 외상 후 성장으로 슬픔이나 비애, 불안감이 완전이 사라지지는 않는다는 점이다. 외상 후 성장은 그런 트라우마 반응들과 공존할 수 있고 실제로도 그럴 때가 많다. 연구자들이 전쟁 포로로 30년 이상 투옥되었던 이스라엘인 103명을 추적해보니 해당 병사들은 외상 후 성장 효과가 두드러졌음에도 불구하고 PTSD로 인한 고통이 사라지지는 않았다는 사실을 알 수 있었다. 이는 근본적으로 그들이 포로 생활 중에 느낀 통제력 상실이라는 감정 때문이었다. 연구자들은 "PTSD 증상과 외상 후 성장이라는 두 현상은 대치하는 것이 아니라 겹치는 것이다"라는 결론을 냈다.

결국 성장을 촉진하면서 PTSD를 억제하는 방법을 배워야 변화에 이를 수 있다. 케이 윌슨의 경우가 그랬다. 괜찮은 날도 있었지만, 순간적으로 마주한 어떤 장면이나 냄새로 인해 바로 공황에 빠질 때도 있었다. 그녀의 여정은 직선적으로 진행되지 않았다. "절대로 선형적으로 되지 않더라고요. 그보다는 복잡해요. (……) PTSD라는 게 한 걸음 걸어가면 다시 두 걸음 후퇴하게 되더라고요." 트라우마는 계속된다.

윌슨은 다시 관광 가이드가 될 가능성이 없고, 여전히 잠을 이루지 못하며, 육체적 고통 또한 지속적으로 겪고 있다. 하지만 이런 고질적인 PTSD 증상이 윌슨이 탐조birdwatching 가이드, 화가, 피아니스트, 그리고 타인을 도우면서 즐거움을 느끼는 사람이 되는 것까지는 막지 못했다. 그녀의 말로는 분노의 대상을 확대하지 않고 진짜 가해자들에게만 맞췄더니 다른 방식으로 마음을 열 수 있었다고 한다. "그렇게 하니까 모든 팔레스타인 사람을 악으로 낙인찍지 않는 여유가 생겼어요. 이제는 팔레스타인 아이들을 돕는 일로 어느 정도 의미를 찾았습니다. 테러는 정말 무의미한 일이에요. 자기가 누구를 죽이는지도 모른 채 살인을 자행하죠. 진흙탕 속에서도 머리를 들어 올릴 수 있는 일종의 균형점을 찾아야 해요."

그녀는 희생자라는 프레임에 갇히는 일도 거부한다. "제가 느낀 무력감은 저 자신을 재창조하는 데 도움이 되었어요. 그런 무력감을 다시는 느끼고 싶지 않았거든요. 목숨을 구걸할 생각도 없고요. 저는 다만 자존감과 독립성을 원해요." 그녀는 말했다. "성장에 이르는 핵심은 내 고통이 다른 누군가의 고통보다 더 심하지 않다는 사실을 깨닫는 겁니다. 고통은 그저 다를 뿐이에요. 테러 공격을 당하는 사람들도 있는가 하면 코로나 바이러스로 죽는 사람들도 있는 것처럼요. '왜 그들인 거지?'라고 묻는 사람은 없잖아요? 그런데도 '왜 나인 거지?'라고 물을 수 있는 당돌함이나 오만함은 어디서 나오는 걸까요?"

케이 윌슨은 하던 말을 멈추더니 체리 색의 주방 서랍에서 담배를 꺼내 불을 붙인다. "끔찍한 날도 있지만, 그렇다고 성장의 효과가 사라지지는 않아요." 그녀가 말했다. "제가 저 자신을 재창조한 것처럼요."

5장

선택의 여지가 없는 창업의 길

언더독과 아웃라이어의 비범함

필요는 기회를 잡는 어머니다.

| 마크 트웨인

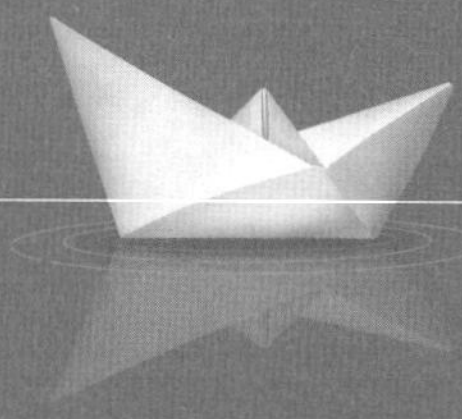

제인 베론은 직장을 그만두고 싶지 않았다. 그녀는 하버드 경영대학원MBA 출신에 베인앤드컴퍼니와 아메리칸 익스프레스에 재직했던 여성으로, 무엇보다 자기 일을 사랑했다. 하지만 가정을 잘 꾸리는 것 또한 그녀의 꿈이었다. 다른 많은 여성처럼 베론은 이 두 영역 모두에 책임감이 강했고, 그런 만큼 어느 하나에도 완전히 헌신하지 못하는 자신의 처지가 안타까웠다. 그래서 둘째가 생기자 어쩔 수 없이 퇴사를 결정했다.

이후 10년 동안 베론은 뉴욕 스카스데일에 있는 집에서 세 딸을 키우며 보냈다. 그녀는 육아에만 전념할 수 있다는 데 감사했고 그 또한 행운이라고 느꼈다. 하지만 힘들게 얻은 직장인으로서의 정체성을 잃은 상실감이 컸다. "12년 동안은 마치 제 존재감이 사라진 것 같았어요." 그녀는 당시를 떠올렸다. "세상에서 급격히 뒤처지는 기분도 들었고요. 사람의 정체성은 전부 일과 연결되어 있으니까요." 부부 동반 행사에 참석하면 누군가 어김없이 "무슨 일을 하세요?"라는 질문을 했는데, 그때마다 그녀는 더듬거릴 수밖에 없었다. 베론이 무언가 대답하면, 대체로 멀뚱하고 무관심한 표정이 돌아왔다. "사실상 바로 제쳐지더라고요. 다들 제 머리 위를 보면서 다음 사람으로 넘어가는 거죠." 베론은 항상 가정과 직장이라는 두 마리 토끼를 다 잡은 자기 모습을 상상해왔기에 이런 상황에 특히 무력감을 느꼈다. "저는 추진력과 결단력이 정말 좋았거든요. 만약 회사가 어떻게든 가능한 방식으로 제게 일할 수 있는 조건을 제안했다면 저는 좋은 인재가 되었을 거예요. 당연히 직장에 남아있었을 거고요." 그녀는 내게 말한다. "하지만 그럴 수 없었어요."

베론은 여분의 에너지와 숙련된 직업적 수완을 지역공동체 프로젝트에 참여하며 쏟았다. 먼저 동네에 놀이터를 만들기 위한 탄원 활동을 했다. 그러면서 지역 협의회에 새로운 활력을 불어넣었고 그 덕분에 회원들의 추천으로 협회 운영자로 선출되었다. 그녀는 지자체, 공공사업부, 학교, 경찰과 힘을 합쳐 인근 고등학교 주변에 사거리 신호등도 설치했다. 어느 날에는 하버드 MBA 동창회에 참석했는데, 동기들은 으스대며 투자은행 대표나 컨설팅 회사 파트너 같은 명함을 내밀었다. "저도 뿌듯한 마음으로 동창회에 다시 나간 거였어요. 그래서 '고등학교 옆에 사거리 신호 시스템을 설치했어. 정말, 쉬운 일이 아니더라'라고 말했죠. 그 일로 목적의식이 생긴 기분이었어요."

베론은 여전히 직장인 무리에 섞여 일하는 삶을 동경했다. 그래서 셋째 딸을 임신한 상태로 컨설팅 회사에 지원했다. 하지만 출장이 필요한 자리라 그녀의 조건과 현실적으로 맞지 않았다. 결국 베론은 딸들의 성장을 지켜보며 지역사회 활동에 더 몰두하게 되었다. 그러는 동안 지자체 기획위원회 회장이자 여성유권자연맹 회장, 그리고 지역 의원까지 되었다.

맏딸이 대학에 입학해 집을 떠나자 베론은 자신에게 다음 장이 필요하다는 것을 마침내 깨닫게 되었다. 회사를 떠난 지 10년이 넘은 상태였고, 집에는 아직 엄마의 손길이 필요한 두 딸이 있었다. 그래서 그녀는 직장을 그만뒀던 지점에서 다시 시작하는 대신 방향을 틀었다. 베론은 자신이 가진 지역사회와 엄마들에 대한 지식을 끌어모았고 이를 통해 지역 내 자영업자들, 그중에서도 여성과 유색인을 지원하는 액셀러레이션 프로젝트The Acceleration Project라는 비영리단체를 공동 설립했다. 자문 활동을 위해서는 본인처럼 이전에는 경영과 금융 분야에서 일했지만, 육아를 위해 퇴직한 여성들로 자원봉사자 팀을 꾸려서 재무 보고서, 마케팅, 오퍼레이션에 대한 멘토 역할을 하게 했다.

비영리단체의 목표에는 자영업자뿐 아니라 자원봉사자로 나선 엄마들을 지원하는 것도 포함되어 있었다. 그들 중에도 직업 세계로 복귀하길 바라는 여성들이 있었다. "그들에게 자기 재능을 활용할 기회를 주고 싶었어요." 베론은 말한다. "그들이 쓸모없지 않다는 것을 증명하고 싶었습니다."

CEO가 될 수밖에 없었던 이들

삶에서 커다란 변화를 이룬 사람들은 종종 특별한 꿈을 좇다 그렇게 된다. 제임스 패터슨이 광고대행사 사무실 책상 위에서 소설을 썼던 것처럼 말이다. 하지만 그렇게 자신을 재창조하는 것이 선택

사항이 아닌 사람들도 있다. 재창조가 필수적인 경우다. 가령 일반적인 직장에 자기 삶을 맞출 수 없었던 베론 같은 사람들이 기업가 정신을 타고난 것은 아닐 것이다. 다만 세상이 그들에게 다른 선택지를 제공하지 않을 때, 기업가 정신은 그들이 앞으로 나아갈 수 있는 유일한 방법이 된다.

베론처럼 자녀가 어릴 때 경력을 포기하는 여성은 수없이 많다. 하지만 아이들은 빠르게 성장한다. 그러면 엄마들은 터져나갈 듯한 열정과 야심, 지혜로 무장하고 사회 복귀를 향한 시동을 건다. 그렇지만 예전에 몸담았던 업계는 등을 돌리고, 그녀를 뽑아줄 법한 회사들도 매몰차게 퇴짜를 놓기 일쑤다. 이런 '보이지 않는 여성들'이야말로 세상에서 잠재력이 가장 큰 자원에 속한다. 예전 직업은 더 이상 선택지를 주지 않지만, 경력 단절로 인해 다른 일을 찾을 수도 없다. 때로는 이력서를 자동으로 걸러내는 소프트웨어가 인간이 그 내용을 직접 들여다보기도 전에 그녀들의 이력서를 휴지통으로 보내버린다. 이런 여성들은 보통 재교육을 통해 새로운 업계에 진출하거나 본인의 사업체를 직접 설립해서 재도약의 길을 만들어나가게 된다.

여성은 유색인, 장애인, 노년층 같은 다른 소수자 집단과 마찬가지로 구직 전선에서 많은 도전에 직면한다. 그들에게는 멘토의 조언을 받을 기회가 제한되고, 급여도 상대적으로 적은 편이며, 승진 비율도 낮다. 예컨대 맥킨지의 분석에 따르면 유급직 신입사원 중 흑인의 비율은 12%(미국 전체 인구 중 흑인의 비율이 14%인 것에 비해)인데 이 비율이 부사장급으로 올라가면 4%로 뚝 떨어진다. 그리고 미국 인구의 19%를 차지하는 히스패닉의 유급직 신입사원 비율은 11%지만, 부사장 등의 임원 비율은 고작 6%에 그친다.

이런 소수자 집단에 속하는 임원이 조직의 정상에 올랐다면 보통 그 회사는 위급 상황인 경우가 많다. 엑서터대학교의 미셸 라이언Michelle Ryan과 알렉산더 해슬람Alexander Haslam이 여성 임원들을 주제로 진행한 연구에서 여성 리더가 조직의 피라미드 꼭대기에 오르는 경우는 종종 그 자리에 맡겨진 임무가 완수 불가능해서 실패할 운명이 거의 확정되어 있고, 그래서 남성들이 원하지 않았기 때문이라는 사실을 발견했다. 승진 후에 그 여성 리더가 문제를 해결하지 못하면 그녀는 비난과 함께 해고된다. 두 교수가 명명한 끔찍한 '유리 절벽'에서 바로 미끄러지는 것이다.

업계를 불문하고 흑인 리더들은 실패했을 때 백인 리더보다 더 가혹한 처벌을 받았으며 특히 흑인 여성들은 흑인 남성, 백인 남성, 백인 여성 그 누구보다 더 엄격한 심판대에 올랐다. 자기 재창조는 이들에게 '선택'이 아니라 '필수'였다.

이런 사람들은 은퇴 시기가 되면 직장에서 자리를 보전하기 어렵고, 이는 베이비붐 세대도 예외가 아니다. 57세부터 75세에 속하는 사람들을 대상으로 한 최근 조사에서 이들 중 79%는 은퇴를 원하지 않았다. 물론 퇴직을 하게 되면 생계유지가 어려워진다는 사람들도 있었지만, 그냥 일을 그만두고 싶지 않다는 것이 가장 주된 이유였다. 또 다른 설문 조사에서는 응답자의 78%가 직장에서 나이로 인해 차별받은 경험이 있거나 그런 차별을 목격했다고 답했다. 노인 차별은 암묵적으로 용인되는 데다 불가피하다고 여겨지는, 가장 이해할 수 없는 차별 중 하나다. 한편 여러 연구 결과를 보면 시니어 직원이 있는 팀이 더 생산적이고, 혁신적이며, 만족도가 높다.

이런 맥락에서 볼 때, 많은 시니어가 환영받지 못하는 직장에 자기를 맞추느라 진을 빼는 대신에 자기 자신과 경력을 재창조하기 위해 기업가 정신으로 눈을 돌리는 것은 어찌 보면 당연한 순서일 것이다. 샌프란시스코에 있는 한 소비재 기업의 임원이었던 64세의 폴 태스너Paul Tasner도 그런 사람 중 하나였다. 크리스마스를 한 주 앞둔 어느 금요일 저녁, 상사가 태스너를 사무실로 부르더니 몇 마디 말로 해고를 통보했다. 그는 충격에 휩싸였다. 그때까지 한 번도 해고당한 적이 없었기 때문이다. 공학을 공부하고 수학으로 박사 학위까지 받은 그는 공급망과 제조 관련 전문가였다. 태스너는 대학을 졸업한 이후로 한 번도 일을 쉰 적이 없었다. 해고는 그의 사전에 없는 단어였고, 그는 이런 자신의 운명도 모르고 미리 잡아둔 저녁 모임에 나가 아내와 친구들에게 해고 소식을 알렸다. "다들 웃더라고요. 농담인 줄 알았나 봐요."

갑작스레 실직자가 되자 태스너는 자기가 가진 기술을 활용할 수 있는 방법을 다방면으로 찾아 나섰다. “우리 문화에서는 특정 나이가 되면 골프나 치고 손주들이랑 놀아주면서 하루를 보내기 마련이라고 생각합니다.” 그는 말했다. “저도 손주들을 사랑하지만, 그만큼 의미 있는 일을 원하거든요.” 공급망 문제를 해결하려는 몇몇 회사들이 그에게 컨설팅 프로젝트를 부탁해왔지만, 자기가 제대로 쓰이고 있다는 느낌은 들지 않았다. 그에게는 훨씬 더 많은 일을 해낼 에너지와 기술, 인맥이 있었다. “제게는 40년 이상의 경험이 있었거든요! 그저 컨설턴트로 사라지고 싶지는 않았어요.” 사실상 일반 직장에서 원하는 선택지를 찾지 못하자 그는 “뭔가 제 경험을 살릴 수 있는 창업 기회”를 찾기 시작했다.

태스너는 66세의 나이로 펄프웍스PulpWorks라는 회사를 공동으로 설립하기에 이르렀다. 폐품으로 생분해 포장재를 만들어 독성 플라스틱을 대체하는 일을 하는 회사였다. 그로부터 9년 후 그는 “제가 몸담았던 그 어떤 회사보다 좋아요. 물론 예전 직장들도 괜찮았지만요”라고 말했다. 그는 75세의 나이로 여전히 회사 대표직을 맡고 있었다. 예전만큼 많이 벌지는 못하지만, “제 아이들도 제 일을 높이 사고 특히 손주들이 정말 좋아해요. 그것만으로도 만족합니다. 이 일을 계기로 제게 성공의 의미가 바뀌었습니다. 더 이상 성공을 경제적인 용어로 생각하지 않게 되었어요. 아직 갚아야 할 대출금이 남아있는데도 엄청나게 성공한 사람처럼 느껴져요. 왜 안 그렇겠어요? 좋은 일을 하고 있는데요. 전 플라스틱으로 인한 공기

오염을 막기 위해 작게나마 소임을 다하고 있습니다."

이런 그의 성과는 TED 토크로 이어졌고, 태스너는 그 자리에서 현재 우리 사회에 자신과 같은 사람들이 얼마나 많은지, 앞으로는 또 얼마나 많을지를 역설했다. 그는 인구조사 데이터를 바탕으로 2050년이 되면 미국에는 노인 인구가 8,400만 명에 이른다고 설명했다. "그 8,400만 명 중 난생처음 창업에 도전한 사람이 얼마나 많을지 상상이 되세요?" 이윽고 그는 청중을 향해 "일흔 살의 기업가가 이룬 업적이 서른 살의 기업가가 이룬 업적만큼이나 유의미한 뉴스로 보도되지 못할 이유가 있나요?"라고 되물었다. "그렇기 때문에 저는 '70세 이상의 혁신적 기업가 70인'과 같은 표현들을 '30세 미만의 혁신적 기업가 30인'만큼 익숙하게 들을 수 있는 세상을 만들고 싶습니다."

소수자 집단에 속한 이들 모두가 장벽에 부딪히지만, 여성은 자기 경력을 재창조하는 경향이 특히 높고 그중에서도 유색인 여성은 더욱 그렇다. 그 원인 중 하나는 직장 사회가 일하는 엄마들의 필요성을 놀랍게도 거의 인식하지 못하기 때문이다. 다수의 연구 결과에 따르면 일하는 엄마들은 능력이 부족하고 업무에 대한 책임감이 약하다고 인식된다. 노동 데이터 분석 내용만 봐도 여성이 남성보다 해고될 가능성이 크다. 집단별로 보면, 일하는 엄마들이 해고 위협에 놓일 가능성이 가장 크지만 일하는 아빠들은 그런 가능성이 가장 작다. 또 실업률 데이터를 보면 연령 차별은 모든 집단에 영향을 미치지만, 여성의 경우에는 더 이른 나이(남성은 45세, 여성은 40세)부터 더 심한 영향을 받는다.

여성이 전체 노동력의 거의 절반을 차지하고 여성 대부분이 학사 학위 소유자가 된 지도 이미 수십 년이 지났다. 그런데도 여성은 조직 내 직급을 막론하고 남성보다 승진에 어려움을 겪으며, 이 문제는 일찌감치 시작된다. 맥킨지와 린인Lean In의 분석 결과에 따르면, 관리직 사다리의 최하단 가로대에 오르는 남성이 100명일 때 여성은 85명이다. 이때 유색인 여성은 그 숫자가 현저히 낮아지며 흑인 여성은 단 58명만이 초급 관리직에 오른다. 이런 불균형은 사다리 위로 올라갈수록 기하급수적으로 커져서 여성의 절대다수가 최고 경영진 자리에서 밀려난다. 승진 과정에서 남성만큼 멘토링이나 좋은 기회를 누리지 못하기 때문이다. 《포춘》이 선정한 500대 기업의 CEO 중 여성의 비율은 8.8%이며 이조차 사상 최고일 때의 수치다.

문제를 더 복잡하게 하는 것은 남성들은 리더 자리를 자처하고 본인의 자질을 더 적극적으로 어필한다는 점이다. 반면 여성들은 대개 누군가 자기 능력을 알아봐줄 때까지 기다린다. 스포츠용품 전문 소매 기업인 딕스 스포팅 굿즈Dick's Sporting Goods의 CEO인 로런 호바트Lauren Hobart도 이런 차이를 알고 있었다. 회사의 이사회는 호바트를 대표로 임명하기 전부터 오랫동안 눈여겨봤지만, 그녀의 생각은 좀 달랐다. "CEO는 제 목표가 아니었어요. 저는 최고 마케팅 책임자였고, 전자 상거래 부문까지 맡게 되면서 충분히 성장할 기회를 얻었거든요. 이유를 막론하고 여자들은 자신을 CEO로 보지 않는다는 말이 종종 들리더군요."

2021년에 회사 대표로 취임한 그녀는 이렇게 말했다. "다른 여러 여성 CEO와 이야기를 나눌 일이 많았어요. 대부분이 저와 비슷했습니다. 스스로 깨닫기 전에 다른 누군가가 먼저 제가 가진 능력을 발견했다는 점에서요." 이런 현상은 여성들 사이에서 너무 일반적이라 '왕관 증후군tiara syndrome'이라는 전문용어까지 생겼다. 캐롤 프롤링거Carol Frohlinger와 데보라 콜브Deborah Kolb가 만든 이 용어는 자신의 성과가 타인에 의해 인정될 때까지 기다리려고 하는 여성의 성향을 일컫는다.

그러나 여성이 일단 리더 자리에 오르면 그들의 성과는 종종 남성 리더들을 앞지른다. 재무 성과가 향상되고 부채비율이 떨어지며 위험 요소들이 줄어든다. 연구 결과들을 보면 경영진에 여성 비율이 높은 기업들은 수익률이 개선되고 주가가 높아진다. 이런 회사들은 사회적 책임에서 앞서고 더 나은 소비자 경험을 선사한다. 하지만 여성 리더들은 훨씬 더 엄격한 평가를 받기 마련이다. 록펠러 재단의 연구에 따르면, 회사가 위기에 처했을 때 CEO가 여성이면 언론 보도의 80%가 그녀를 사적으로 탓하지만, 그 대상이 남성 CEO일 경우에는 그런 비율이 확연히 줄어든다. 여성의 실수는 남성의 실수보다 더 오래 기억되고, 여성은 잘못한 대가로 훨씬 가혹한 처벌을 받는다.

한 실험에 참여한 성인 200명에게 통제할 수 없는 난동으로 번진 집회를 다룬 기사 하나를 읽게 한 다음 경찰청장을 평가해달라고 요청했다. 여기서 유일한 차이는 일부 기사에서는 청장이 남성으로 묘사된 반면 나머지 기사에서는 여성으로 묘사되었다는 점이었다. 남성 경찰청장이 부상당한 시민 25명을 책임져야 한다는 기사를 읽은 실험 참가자들은 그의 유능함이 10% 정도 감소했다고 평가했다. 하지만 청장을 여성으로 설정했을 때는 유능함이 30% 정도 감소했다는 평가가 나왔고 몇몇 실험 참가자는 그녀의 좌천까지 요구했다. 빅토리아 브레스콜Victoria Brescoll과 그녀의 동료 연구원들이 실시한 연구에서도 비슷한 결과가 나왔다. 참가자들에게 어떤 주의 대법관과 엔지니어링 회사 CEO가 저지른 가상의 실수를 제시했을 때, 그 대상이 여성일 때는 남성일 때보다 더 훨씬 엄격한 잣대로 평가되었다.

우리는 이런 결과를 비단 학계뿐 아니라 현실에서도 목격해왔다. 정부 데이터를 분석한 결과에 따르면 외과수술 중 환자가 사망하면 여자 의사는 사건 이후 추천될 확률이 54% 줄어들지만, 남자 의사는 같은 상황에 처해도 거의 영향을 받지 않는다.

자기 혁신의 옹호자, 여성들

남성들만 여성에게 더 냉혹한 것은 아니다. 여성들이 같은 여성에게 더 냉혹할 수도 있다. 여자들은 어렸을 적부터 남자들보다 자신의 가치를 저평가하도록 교육받는다. 여성 창업자들은 일반적으로 남성 창업자보다 본인이 받을 급여를 더 적게 할당한다. 여성 자영업자도 남성 자영업자보다 3분의 1 정도 낮은 수입을 취한다. 이런 결과가 나오는 이유 중 하나는 여성 기업가들이 남성 기업가보다 자금 지원을 턱없이 적게 받기 때문이다. 하지만 문제는 그보다 더 복잡하다. 연구에 따르면 여성은 자신의 가치가 떨어진다는 인식을 체화하며 성장한다.

이런 맥락에서 가장 충격적이었던 연구는 허쉬 키세스 초콜릿을 가지고 아이들을 실험한 경우였다. 초등학교 1학년 아이들에게 간단한 심부름을 시킨 다음, 그에 대한 보수를 초콜릿 개수로 매겨달라고 요청했다. 같은 7세였지만 남자아이들은 여자아이들보다 훨씬 더 많은 초콜릿을 자신에게 허락했다! 동일한 실험을 초콜릿 대신 현금을 사용해서 중학생과 고등학생을 대상으로 실험했을 때도 매번 남학생들이 자신에게 더 많은 몫을 할당했다. 사실상 이 격차는 실험 대상의 나이가 많을수록 더 커졌다. 고등학교 1학년들의 경우에는 심부름 비용으로 남학생들이 여학생들보다 다섯 배나 더 많은 몫을 자신에게 할당했다.

상황이 이러니, 코로나19가 한창일 때 스타트업을 운영하는 남성 CEO들이 자기 연봉을 *인상한* 반면 여성 스타트업 CEO들은 자기 연봉을 30%나 *삭감*했다는 뉴스도 그리 놀랍지는 않다.

여성에게는 이렇게 더 가혹한 처벌이 내려지기 때문에, 직장에서 실수를 저질렀을 때도 재기하기가 더 어려워진다. 게다가 이들을 구제하려고 적극적으로 나서는 이들까지 적은 탓에 재기는 근본적으로 한층 힘겨워진다. 여성 리더는 남성 리더보다 무려 45%나 더 해고당하기 쉽다. 《포춘》이 자사에서 선정하는 '가장 영향력 있는 여성' 명단에 대해 조사해본 결과, 해고 혹은 퇴직을 이유로 해당 명단에서 제외된 여성들의 13%만이 이전과 비슷한 조건의 일자리를 찾는 데 성공한 것으로 나타났다.

역설적으로 바로 이런 장벽 때문에 여성들은 자기 혁신의 옹호자가 되었다. 그런 불공정한 확률에도 불구하고, 또는 그런 확률 때문에 여성들은 자기 경력을 다시 상상하는 전문가가 되었고, 특히 최근 몇 년 동안에는 유색인 여성들 사이에서 기업가적 성향이 두드러지게 나타나고 있다. 아메리칸 익스프레스가 보고한 결과에 따르면 여성 창업가가 이끄는 회사의 수는 2014년부터 2019년 사이에 20% 이상 급증했고, 대상을 흑인이나 히스패닉, 태평양 섬 출신 여성으로 좁히면 그 비율은 다시 두 배 이상 뛴다. 미국 여성 중 유색인 여성이 차지하는 비율은 39%지만, 새로 회사를 차린 여성 중 유색인 여성이 차지하는 비율은 자그마치 89%다.

이 연구는 그런 여성 중 다수에게 선택의 여지가 없었다고 강조한다. 그들은 자기를 뽑아줄 만한 회사가 없거나 직장이 없는 한 실직 상태로 남을 수밖에 없는 사실상 '생계형 기업가necessity entrepreneurs'라는 것이다. 그 외 여성들은 근로 규정이 가족을 부양해야 하는 그들의 상황과 맞지 않아서 직장 밖으로 밀려나온 '유연근무 창업자flexibility entrepreneurs'였다. 즉, 자신에게 적합한 직장을 찾을 수 없어서 직접 사업에 뛰어든 경우를 말한다. 그들은 놀라울 정도로 엉망인 처지에 내몰린 상태였다. 따라서 그들에게도 사업은 생존의 문제였다. 그렇지만 대개 여성이 이끄는 사업에 대한 자금 지원은 턱없이 부족하다. 전 세계 모든 사업체의 3분의 1이 여성의 소유지만, 자금 투자액 총액을 놓고 비교하면 이들이 이끄는 사업은 남성들이 이끄는 사업보다 *총 1조 5,000억 달러*나 적게 지원받는다.

이런 기업가들은 "필요는 발명의 어머니다"라는 옛 속담에 새로운 의미를 부여한다. 여기서 눈길을 끄는 점은 아무도 발명의 '아버지'라고는 말하지 않는다는 사실이다. 그럴 만한 이유가 있을 것이다.

남성의 경력은 일반적으로 예측할 수 있을 만한 성장 패턴을 따라 진행된다. 즉 그들의 경력은 상향 직선을 그리다 고점에서 멈춘 다음 은퇴로 끝난다. 조직심리학자인 데보라 오닐Deborah O'Neil은 직장인 여성들을 대상으로 진행한 연구에서 여성의 경력이 우리가 다른 유형의 변화에서 이미 목격한 패턴 중 세 가지의 익숙한 단계에 따라 진행된다는 점을 발견했다. 그 패턴이란 바로 *시작* → *분투* → *중단* → *해법*을 말한다. 그녀의 분류 체계에서는 마지막 단계인 해법을 '재창조'라고 부른다. 오닐은 연구를 통해 여성 대부분이 어느 시점에 이르면 불가피하게 경력 전환을 맞고 경로를 완전히 재구성한다는 것을 알게 되었다.

데보라 오닐이 발견한 바에 따르면, 여성들은 우리가 탐색이라 부를 만한 첫 단계에서 자기 경력에 대해 희망적인 태도를 보인다. 그들은 적극적으로 기회를 잡으려 하고 미래의 무한한 가능성을 상상하며 업적과 성공에 초점을 맞춘다. 그러나 두 번째 단계, 다시 말해 경력의 중간 단계에 다다르면 현실에 강타당하며 본격적인 분투가 시작된다. 보통 여성의 경력이 정체되는 시기가 이에 해당한다. 이때쯤이면 여성은 10년 이상 직장 경력이 쌓이면서 중간 간부 정도에 다다랐을 테지만 자신의 앞길이 막혀있다는 것을 깨닫는다. 오닐은 연구를 통해 이 단계에 있는 여성들이 대부분 직장에서 괴롭힘과 차별 등의 고충을 겪는다고 밝힌다. 성취감을 맛보려고 애써왔는데 돌아오는 것은 공허함이다. 그 결과 "저는 일이 삶의 연장이 되고, 나아가 삶에 의미를 불어넣어줄 줄 알았어요. 그런데 그런 일은 일어나지 않더라고요"라고 느낀다.

사회적 통념으로는 이런 무기력한 상태를 일과 가정의 충돌로 상정한다. 하지만 이제 우리는 그런 통념이 틀렸다는 것을 안다. 이런 직업적 정체가 기혼이든 미혼이든, 아이가 있든 없든 여성에게 일반적으로 나타나기 때문이다. 예를 들어 패기 가득한 MBA 졸업생들을 세 대륙에 걸쳐 조사한 카탈리스트Catalyst의 연구 내용을 보면, 여성들은 직업적 단절 없이 계속 일한 경우에도 조건이 비슷한 남성들만큼의 기회는 누리지 못한다는 것을 알 수 있다. 밀레니얼 세대 여성을 대상으로 한 또 다른 글로벌 연구도 30대 여성이 일을 그만두는 이유는 일반적인 인식과 달리 결혼이나 육아 때문이 아니라는 것을 보여준다. 그들이 직장을 떠나는 가장 큰 이유는 연봉을 더 많이 주는 회사로 이직하기 위해서였고, 두 번째 이유는 직업상 더 좋은 기회를 찾기 위해서였다. 육아는 다섯 번째 퇴직 이유로 생각보다 순위가 낮았다. 이렇게 객관적인 사실이 버젓이 존재하는데도 여성은 야망을 쉽게 내려놓고 육아를 위해 경력을 포기한다는 잘못된 믿음이 고집스레 계속된다. 그리고 이처럼 잘못된 편견이 수십 년간 이어져온 불평등한 급여와 승진을 뒷받침한다.

볼링그린 주립대학교의 교수이기도 한 오닐은 자신의 논문에서 이렇게 여성이 경력의 중기에 겪는 분투를 '실용주의적 인내pragmatic endurance'라고 칭한다. 무력감을 직장과 가정에서 모두 극복해야 하기 때문이다.

오닐 교수가 확인한 바에 따르면 이 험난한 기간 뒤에는 보통 (다른 장에서 본 것과 마찬가지로) 중단 단계가 이어진다. 그녀들은 정리해고를 당하거나, 직장에서 쫓겨나거나, 아니면 그냥 지쳐서 자의로 회사를 그만둔다. 이런 결정에는 이혼, 배우자의 사망, 자녀의 대학 입학처럼 다양한 트리거 요인이 있을지도 모른다. 어떤 동기에 의해서든 이 지점에 다다른 여성들은 벽에 부딪힌다. 막다른 골목에 다다르는 것이다. 이는 그들에게 현실에 안주하지 말라고 경각심을 주며 뒤흔드는 일종의 신호다.

이런 충격요법에는 긍정적인 면이 있다. 비록 어쩔 수 없었다고 할지라도 기대를 재평가하고 재수립하면 예기치 않게, 그리고 더 만족스러운 방식으로 자신을 재창조할 수 있기 때문이다. 무엇이 되었든 경력의 궤도 밖으로 내몰리는 것이 "그 순간에는 고통스럽겠지만, 나중에는 실질적인 기회로 바뀔 수 있어요"라고 오닐은 말한다. 그녀는 연구를 하면서 그런 순간이야말로 여성들이 '흠…….좋아. 나 자신을 재창조할 시간이 왔군' 같은 생각을 떠올리는 계기가 된다는 것을 발견했다. 이제 여성들은 해법 단계에 이르고 자기의 미래를 완전히 재구성할 준비에 돌입한다. 오닐은 설명한다. "우리는 연구를 하면서 여성의 자신감과 자기효능감이 분투라는 두 번째 단계에 심하게 꺾인다는 것을 알게 되었습니다." 자기만의 방식으로 경력과 미래를 재구성하는 것이야말로 자아를 되찾고 "다시 집 밖으로 나와 자리를 찾는" 길이 된다.

다른 형태의 변화에서도 목격했던 것처럼 오닐이 설명하는 단계들은 고정되어 있지 않다. 오히려 순환적인 과정에 가깝다. 한 단계에 도달한 다음, 그 이전 단계로 되돌아갈 수도 있다. 물론 다수의 경우에는 나이가 들면서 10년 단위로 변화를 겪는 것처럼 일반적인 발전 경로를 따르지만, 모두가 이 단계들을 꼭 같은 순서로 통과하지는 않는다. 중년 이상의 여성들에게는 본인이 원하든 원치 않든 '재창조' 단계가 들이닥친다. 그들은 그들의 남성 동료들이 아직 한창 오르는 중인 경력의 사다리에서 밀려나고 떨어진다.

그러나 이런 여성들이 자기 경력을 재구성할 때는 종종 미개척된 비옥한 영역에 발을 들이고는 한다. 오닐은 많은 여성이 더 유의미하고 보람 있는 쪽으로 방향을 돌리면서 완전히 새로운 분야에 착륙한다는 것을 발견했다. 특히 여성은 새로운 직업의 동력을 타인, 그중에서도 다른 여성을 돕는 방향으로 맞추는 경우가 놀랍도록 많았다. 그렇게 "나는 무언가에 기여하고 싶어, 이게 나야"라는 "인정의 장"에 다다르는 것이다.

직장 세계는 여성에게 불공평한 만큼이나 그들을 강하게 단련시켰다. 이를 긍정적으로만 해석할 수는 없겠지만, 똑같이 실직해도 여성이 남성보다 회복탄력성이 더 큰 것은 사실이다. 해고, 파면, 정리해고, 그 무슨 이유로든 여성은 직장을 잃었을 때 더 강해진다. 그녀들에게는 기개가 있다. 누군가에 의해 넘어지면 일어서서 다시 나아간다.

이는 여성이 감정적 쿠션을 타고났기 때문이다. 연구에 따르면 여성은 자신의 자존감을 직업에만 묶어둘 가능성이 남성보다 낮다. 여성들이 직면하는 많은 장애물들을 생각하면 이는 조그마한 보상이기도 하다. 여성은 직장 밖에서도 단단한 정체성을 갖는 편이다. 그래서 직장이 없어져도 남성만큼 강한 자기혐오에 빠지지 않는다.

심리학자들이 실직자 200명을 설문 조사한 결과에서 남성은 여성보다 실직의 고통을 훨씬 더 심하게 겪는 것으로 나타났다. "저 자신이 패배자로 느껴져요." 한 37세 남성은 이렇게 고백했다. "마트에 가면 모든 여성이 제가 실직했다는 것을 안다는 듯이 쳐다보는 것 같아요. 남성에게 직업이 없다는 건 수치니까요"라고 또 다른 36세 남성이 말했다. 그에 반해 여성은 아마추어 스포츠 선수든, 학생이든, 부모든, 딸이든, 혹은 친구든 직장 밖에서 맡은 역할에 대해 더 많이 이야기하는 편이다. 여성은 남성보다 사회적 지지를 통한 동기를 더 많이 부여받는다.

남녀의 이런 이분법적 차이는 2009년의 어느 날, 내가 창간한 《콘데 나스트 포트폴리오》라는 경영 잡지가 2008년 금융 위기를 극복하지 못하고 폐간되었을 때 여실히 드러났다. 직원들이 충격 속에서 책상을 정리하고 있을 때, 나는 사무실 곳곳에 숨어있던 술병들을 모아 회의 탁자를 임시 바bar로 만들었다. 다들 개인 물품들을 싸는 틈틈이 미적지근한 와인이나 스카치위스키가 든 플라스틱 컵을 기울이며 서로의 처지를 안타까워했다. 나는 그때 남성들과 여성들 사이에 오가는 대화의 극명한 차이에 놀랐다. 남성들은 실직으로 인한 느닷없는 정체성 상실을 서글퍼하면서 다른 직장을 다시 알아봐야 하는 처지에 전전긍긍했다. 단지 월급이 있고 없고의 문제만은 아니었다. 여직원 중에도 집에서 경제적 가장 노릇을 하는 친구들이 꽤 있었기 때문이다. 그러나 여성들은 곧바로 다른 정체성을 긍정적으로 활용하기 시작했다. 그들은 자녀나 부모님과 함께 어떻게 시간을 보낼 것인지, 또 그토록 원했던 자기를 위한 시간을 무엇으로 채워나갈 것인지를 이야기했다.

가성비 패션 블로거,
IT 업계의 '최초'로 올라서다

이런 종류의 기개는 소수자 집단에 속하는 사람에게는 특히 더 필요하다. 내가 이 사실을 떠올린 것은 한때는 '가성비 패셔니스타'로 유명했던 한 여성이 내 레이더망에 다시 잡혔을 때였다. 10여 년 전에 그녀는 깔끔한 외모에 유머를 겸비한 젊은 블로거로 〈투데이Today〉의 고정 출연자였고, 넘치는 개성으로 마샬Marshalls이나 타깃Target 같은 매장의 의류 매대를 배회하며 흙 속의 진주를 찾아내고는 했다. 저렴한 옷도 근사하게 매칭하는 탁월한 능력 덕분에 나는 TV에서 그녀를 볼 때마다 엄청난 쾌감을 느꼈다. 그녀는 시청자들을 향해 "저는 여러분이 패션 테러리스트가 되지 않도록 도울 거예요. 패션 경찰이 당신의 집에 들이닥치는 일만은 원치 않거든요!"라고 외쳤다. 나는 그녀의 방송을 보며 마치 지난 시즌 프라다 원피스를 아웃렛 세일 매장에서 발견한 것처럼 흥분했다.

한동안 TV에서 그녀의 모습을 볼 수 없었기 때문에, 그녀의 근황을 알게 되었을 때 나는 적잖이 놀랐다. 가성비 패셔니스타였던 캐스린 핀니Kathryn Finney는 미국에서 가장 영향력 있는 흑인 기술 투자자이자 사업가 중 한 명이 되어있었다! 그녀가 최근에 시작한 사업인 지니어스 길드Genius Guild는 흑인이 설립한 기업에 투자하고 지원한다는 목표로 투자금을 2,000달러나 모집한 벤처 펀드이자 기술 인큐베이터다. 백인 남성이 압도적으로 많은 기술업계에서 그녀는 글자 그대로 산업의 판도를 바꾸고 있었다.

친근하고 가벼운 캐릭터의 가성비 쇼핑 전문가로서는 놀라운 변화였다. 하지만 핀니에게 어떻게 그런 대변신을 하게 되었느냐고 묻자 그녀는 당황한 표정을 지으며 말했다. "저는 그걸 대변신이라 부르지 않을 겁니다. 연속적인 일이었으니까요. 예전이나 지금이나 저는 항상 저였거든요." 그런데 내가 만났던 다른 사람 중에도 핀니와 같은 말을 하는 사람이 적잖이 있었다. 흥미로운 점은 겉으로 보기에는 가장 극적인 변화를 겪은 것 같은 사람들이 스스로는 전혀 그렇게 생각하지 않는다는 것이었다.

캐스린 핀니가 우리 대부분과 다른 점은 그녀는 한 번도 자신의 정체성을 의심하지 않았다는 것이다. 물론 핀니 또한 벤처 투자자로부터 퇴짜를 맞고, IT 기업 리더들로부터 무시당하고는 했다. 심지어 그녀의 면전에서 "저는 흑인 여성과는 일하지 않습니다"라고 말한 투자자도 있었다. 핀니 같은 흑인 여성들은 인종과 성별이라는 이중 편견에 부닥친다. 게다가 그녀는 기술과 금융의 교차점에서 일하는데, 이 두 산업이야말로 인종과 성별의 불평등에 특히 둔감하고 느린 편이다. 2021년에 벤처 자본가들이 조성한 수십억 달러의 투자 자금 중 여성 창업가들이 받은 투자금의 비율은 고작 2%였고, 흑인 여성 창업가들이 받은 자금은 그보다도 한참 낮은 0.27%였다. 이 정도면 여성들에게는 투자의 길이 사실상 닫힌 상태라고 봐도 무방하다. 벤처 투자자들은 여성 창업가들이 입을 떼기도 전에 그들의 눈길을 피해버린다. 보통 투자자들은 여성이 차린 스타트업의 투자 자료를 검토할 때보다 남성 사업가의 자료를 살펴볼 때 18% 더 많은 시간을 할애한다. 비슷한 사업에 대해서도 여성 창업가는 남성보다 대출을 더 적게 받고, 유색인 자영업자는 백인 자영업자보다 대출을 거부당할 확률이 높다.

핀니 역시 여러 장벽을 뛰어넘어야 했다. 그녀의 원래 직업은 패션 쪽이 아니라 전염병학이었고 그녀는 가나에서 글로벌 헬스 전문가로 일을 시작했다. 하지만 사랑하는 아버지가 대장암 진단을 받자 그녀는 국제적 전문가가 되려던 꿈을 버리고 미니애폴리스로 급히 귀국해 병상을 지켰다. 별안간 고단한 분투 단계에 던져진 것이다. "힘들었어요. 다른 사람들도 그렇겠지만, 저도 앞으로의 삶에 대한 계획이 있었거든요." 하지만 그녀는 새로운 길을 찾아야 했다.

석 달 후, 핀니의 아버지는 그녀를 돌려보내며 말했다. "넌 여기 있을 아이가 아니야." 이후 그녀는 필라델피아에 정착했고, 그곳에서 한 남자를 만나 결혼했으며, 흑인 여성의 건강에 중점을 둔 비영리기관의 대표가 되었다. 하지만 아버지가 결국 병마를 이기지 못하고 돌아가시자 그녀는 다시 망연자실했다. 막다른 길에 충돌한 기분이었다. 힘들었다. "심한 스트레스에 시달렸어요. 아버지는 돌아가셨고 저는 신혼이었거든요. 제 친구들은 대부분 뉴욕에 있었고 가족들은 미니애폴리스에 있었어요. 지금 와서 생각하면 우울증을 약간 앓았던 것 같아요. 쇼핑을 정말 많이 했죠."

(그녀의 '전문가 동반자'인) 남편이 그녀의 취미인 패션에 대한 글을 써보라고 권한 것이 바로 그때였다. 그래서 핀니는 블로그에 노드스트롬 아웃렛 매장에서 건진 신발 같은 가성비 아이템에 대한 글을 쓰기 시작했다. "2002년이었어요. 그때는 인터넷에서 돈을 벌기가 힘들었죠." 그녀는 말했다. "닷컴 버블이 끝났을 때였거든요. 돈 때문에 한 일도 아니었고요. 무료함을 달래기 위해서였어요." 그런데 몇 달 후, AP통신 기사에 그녀가 소개되면서 핀니의 블로그 유입자 수가 급증했다. 그러자 더 많은 기사가 나왔고 책을 출판하자는 제안까지 들어왔으며 나중에는 방송에도 진출하게 되었다. 블로그의 인기가 치솟으면서 핀니는 일을 그만두었다. 전염병학자가 가성비 패셔니스타로 변신한 것이다.

하지만 그녀는 이내 탐색 모드로 돌아왔다. 렌트 더 런웨이Rent the Runway 같은 스타트업이 성장세를 보이면서 핀니도 자신의 블로그를 어떻게 하면 온라인 비즈니스로 전환할 수 있을지 고민하기 시작했다. 그러다 썩 괜찮은 아이디어가 떠올랐다. 흑인 여성 고객들에게 한 달에 한 번씩 엄선한 헤어 제품들로 구성된 뷰티 박스를 보내주는 서비스였다. 근처 매장에서 원하는 제품을 찾을 수 없는 고객들이 핵심 타깃이었다. 그런 계획에 들떠서 핀니는 창업 지원 프로그램에 등록했다. 스타트업 설립을 꿈꾸는 45명의 지원자에게 교육과 멘토링 과정을 지원하고 청중 앞에서 그들의 사업 아이디어를 검증할 기회를 주는 프로그램이었다. 그녀의 야망이 현실과 충돌한 건 그때였다. 프로그램 참가자들은 네 명을 제외하고 전부 남자였다. 게다가 흑인 여성은 핀니 하나였다. 처음으로 이런 생각이 들었다. "제게 뭔가를 기대하는 사람이 없었어요. 기대가 낮은 것이 아니라 아예 없더라고요. *'당신이 그런 일을 할 수 없다는 건 우리가 그냥 알아'* 하는 눈빛이었어요."

그녀는 그때 사람들 앞에서 사업 아이디어를 발표하던 순간을 지금까지도 기억한다. 사실 발표는 핀니의 전문 종목이나 다름없었다. "〈투데이〉에서 코너도 하나 맡고 있었고, 제가 미네소타 출신이라 말하는 법을 제법 알거든요." 그녀는 당시를 회상했다. "끝내줬어요. (……) 사람들이 귀를 기울이는 소리가 들리는 것 같았죠." 핀니는 자신만만하고 짜릿한 기분으로 발표를 마쳤다. 자신이 훌륭하게 해냈다는 확신이 들었다. 그러면서 사람들의 피드백을 기다렸다.

하지만 결과는 그녀의 기대와 달랐다. "핀니 씨는 다른 흑인 여성들을 잘 모르는 것 같네요." 한 남성 창업자의 반응이었다. 그 말은 핀니는 너무 성공한 흑인이라 '진짜' 흑인 여성들에게 다가갈 수 없다는 의미였다. 충격과 함께 분노가 치밀었다. "제가 흑인 여자라서 그런 대접을 받은 거예요. 그렇다고 맞받아칠 수 있었겠어요? 맞받아쳐봤자 그저 '분노에 치를 떠는 흑인 여자'가 될 뿐이었겠죠. 수치심이 들었어요. 모욕적이었고요. 나중에 생각해보니, 저를 위축시키려고 한 말이었어요. 정말 힘들었습니다."

핀니는 그렇게 불시에 중단 단계에 부딪혔다. "해내지 못하겠다는 생각이 들었어요." 아이러니하게도 그런 사람들의 거부감이 오히려 미래를 향한 그녀의 여정을 재설정하는 계기가 되었다. 2012년에 그녀는 버짓 패셔니스타Budget Fashionista 웹사이트를 팔아버린 뒤 라이프 스타일 블로그 회사와 손을 잡고 일하기 시작했다. 그녀는 기술 관련 콘퍼런스에 연사로 자주 초청되었고, 대부분은 거기에서 유일한 유색인 여성 연사였다. 그녀는 점차 이런 생각을 하게 되었다. "기술업계에서 무언가를 창조하는 유일한 흑인 여자로 남을 수는 없잖아?"

이런 깨달음은 그녀에게 또 한 번의 변화를 몰고 왔다. 핀니는 유색인 여성이 이끄는 스타트업의 성장을 촉진하겠다는 사명에 따라 디지털 언디바이디드Digital Undivided라는 비영리단체를 설립했다. 그

전에는 우리 사회에 여성이자 유색인인 스타트업 리더들이 얼마나 되는지 파악하려는 시도조차 없었으므로 그녀는 여성 인권운동가인 다이앤 내시Diane Nash의 이름을 따서 소수자 여성 창업인들의 데이터베이스인 프로젝트 다이앤Project Diane도 만들었다.

디지털 언디바이디드는 한 걸음 더 나아가 흑인 소유의 스타트업에 투자하고 그들의 사업을 확대하기 위해 공조하는 지니어스 길드까지 설립했다. 이 단체의 투자 대상은 유색인종 여성들을 위한 의료 관리 사이트부터 애니메이션에 빠진 '흑인 모범생'들을 위한 소셜미디어 플랫폼까지 다양했다.

오늘날 핀니의 위치는 언뜻 봐도 아웃렛 매장에서 건진 구두를 놓고 찬사를 쏟아내는 유쾌한 블로거와는 많이 다르다. 하지만 그녀에게는 이런 변화가 너무나 자연스러웠다. 그녀는 말했다. "각각의 변화는 인생의 변곡점이 아니었어요. 그보다는 논리적으로 타당한 '다음 단계'에 가까웠죠. 제게는 변화의 DNA가 있는 것 같아요."

판도를 바꾸는 아웃사이더

여성 및 여러 소수자 집단이 처한 환경은 여전히 각박하지만, 그들에 대한 사회적 지형이 조금씩 바뀌고 있다는 신호도 있다. 앞서 소개했던 스카스데일의 주부인 제인 베론을 기억하는가? 그녀는 비영리단체와 지역사회 일들로 활동 반경을 넓히더니 급기야 2021년에는 스카스데일의 시장으로 선출되었다. 베론은 지금도 액셀러레이션 프로젝트의 대표로 있는데, 이 단체는 이제 전국 규모로 조직이 확장된 상태다. 회사를 그만두고 지역사회 활동에 참여하고 비영리단체를 설립하는 등, 그녀의 지난 여정을 이루는 모든 요소가 현재 그녀의 위치를 만드는 기본 뼈대가 되었다.

그녀는 학교의 어머니회 일원에서 비영리단체 대표, 그리고 시장으로 이어진 자신의 여정을 청중 앞에서 말할 때면 "제가 일련의 단계들을 사전에 계획하고 매번 깔끔하게 마무리한 것처럼 보일 수도 있어요"라며 운을 뗀다. "하지만 제가 여러분께 전하고 싶은 말은, 정작 그런 일을 한창 하고 있을 때는 앞으로의 여정을 전혀 예상할 수 없었다는 겁니다. 당시에는 저도 정말 혼란스러웠어요." 그녀는 개인적 경험을 바탕으로 타인들을 돕고 싶어 한다. 베론이 비영리단체에서 진행하는 일 중에는 일하는 부모들이 예전의 그녀처럼 가정과 직업 사이에서 힘든 저울질을 하지 않도록 유연한 직장문화를 조성하는 프로젝트도 있다.

"자녀 양육을 위해 휴가를 낼 수밖에 없는 여성뿐 아니라 자원이 부족한 지역사회에도 여러 장벽이 존재해요. 저는 사회적 문제를 해결하는 데 에너지를 쓰고 싶어요. 제 재능과 기술을 좋은 곳에 활용하고 싶거든요."

미국의 토크쇼인 〈모닝 조Morning Joe〉의 공동 진행자이자 일하는 여성들을 위해 '당신의 가치 알기Know Your Value' 캠페인을 추진하는 미카 브레진스키Mika Brzeainski는 베론 같은 여성 리더는 물론이고 원격 근무나 유연근무제 등의 새로운 근로 정책들도 변화에 결정적으로 기여하리라는 낙관적인 전망을 한다. 브레진스키는 특히 자신이 파트너로 있는 《포브스》가 선정한 '50세 이상의 혁신적 여성 기업가 50인' 후보자 명단에서 긍정적인 기운을 감지했다. 후보에 오른 여성 수만 명 중 거의 모두가 경력 전환에 성공했을 뿐 아니라 그중에는 중년이 되어서야 본격적으로 사회 활동을 시작한 예도 있었다.

"쉰이 넘고, 예순이 넘고, 일흔이 넘고, 여든도 넘은 기가 막히게 멋진 여성들이 너무 많은 거예요. 여든이 넘은 연세에도, 아주 부숴버린 거죠!" 브레진스키는 이렇게 말했다. 그중 다수는 조직의 수장으로서 다른 여성들을 위해 더 일하기 좋은 직장 환경을 만들어온 사람들이다. "남성에게는 이런 변화를 기대하지 않아요." 그녀는 말한다. "저는 씩씩하게 전장에 남거나 자기를 재창조하는 강한 여성들을 원합니다."

그녀는 중장년에 속하는 여성들도 새로운 직업 경로를 보여주고 있다고 강조한다. 다양한 변화를 시도하고, 마치 가족을 형성하는 것처럼 경력을 수십 년 이상 연장하면서 여생을 보내는 방법을 개발한다는 것이다. "우리는 지금껏 상상했던 것보다 훨씬 더 긴 런웨이를 발견하고 있어요. 우리가 가진 꿈, 그것도 여러 다양한 꿈을 펼칠 시간과 기회는 생각보다 훨씬 많습니다."

나이 스펙트럼의 반대편 끝에 있는 젊은 세대들은 이런 장벽들에 훨씬 적게 부딪칠 것으로 예상된다. 퓨 리서치가 조사한 결과 MZ 세대는 인종과 민족 측면에서 이전 세대보다 훨씬 더 다양하고 관용적인 것으로 나타났다. 1997년부터 2012년 사이에 미국에서 태어난 Z세대의 절반 정도는 백인이 아닌데, 이는 곧 구세대의 태도와 별개로 이들 세대에는 변화가 불가피하다는 것을 의미한다. 젊은 여성들은 완전히 새로운 일 혹은 정체성을 창조해내거나, 변화를 통해 대담하게 자신을 재창조하면서 개인의 삶을 더 효과적으로 조정해나간다. 그리고 더 어린 동생들을 위해 새로운 기준을 확립하는 중이다.

테크 분야의 사업가인 루즈와나 바시르Ruzwana Bashir가 좋은 예다. 그녀는 파키스탄 이민자 출신에 문맹인 부모에게서 태어나 영국 북부의 보수적인 파키스탄 공동체 안에서 자랐다. 그녀의 아버지는 과일과 채소 행상을 했고 영어를 못하는 어머니는 집에서 가족을 돌봤다. 관계가 끈끈한 파키스탄 공동체의 경우, 남자들은 주로 택시를 몰거나 공장에서 일하고 여자들은 가사를 도맡는다. 루즈와나는 초등학교에 입학하기 전까지 파키스탄의 공용어인 우르두어만 할 줄 알았고, 성인이 되면 정략혼에 따라 가정주부가 될 것으로 기대했다. 그녀가 사는 동네에서는 여성과 소녀들을 학대하는 일이 비일비재했지만, 가족에게 불명예를 입힌다는 두려움 때문에 다들 속으로만 삭였다. 루즈와나 역시 10살이 갓 넘은 어린 나이에 이웃 남성에게 성적 학대를 당했다. "수치심으로 몸이 얼어붙었어요." 하지만 그녀는 이 사실을 아무에게도 말하지 않았다. 그리고 성인이 된 후에야 공동체의 배척을 무릅쓰고 자신이 당했던 성 학대 사건을 폭로하고 가해자를 고소했다. 그는 무기징역을 선고받았다.

루즈와나에게 학교는 도피처였다. 학업 성적이 뛰어났던 그녀는 시험을 거쳐 여학생 영재 학교에 입학했다. 하지만 그녀는 600명이 넘는 전교생 중 유일한 파키스탄인이었던 데다 치렁치렁한 전통 의상과 머리에 둘러쓴 히잡 때문에 아웃사이더 취급을 받았다. 그럼에도 루즈와나는 훌륭한 성적을 유지했고 결국 옥스퍼드대학교에 장학금을 받으며 입학했다. 그리고 캠퍼스에 도착한 순간 그녀의 세상이 환해졌다. "시작은 미약했는데 갑자기 창대한 세상이 펼쳐지더라고요."

옥스퍼드에 온 후, 그녀는 전통 의상 대신 청바지를 입었고 캠퍼스 생활과 공부에 몰두했다. "아웃사이더인 제가 다른 학생들만큼 뛰어나다는 것을 증명하고 싶었어요." 그녀는 일취월장을 거듭해 마침내 옥스퍼드 재학생들의 자치 기구이자 토론 클럽인 옥스퍼드 유니언의 회장이 되었다. 참고로 옥스퍼드 유니언 클럽의 회장직을 맡았던 이들 중에는 영국의 역대 총리가 네 명이나 있으며 무슬림으로서는 베나지르 부토Benazir Bhutto에 이어 그녀가 두 번째였다. 루즈와나는 대학에서 자연스럽게 다양한 문화를 접하게 되었다. 그녀는 동기들과 함께 탄자니아로 가서 현지 학교를 짓는 일에 동참했다. 그리고 킬리만자로 산에도 올랐다. ("제대로 준비가 안 된 상태였지만 성공했어요!") 그녀는 폐쇄적이었던 어린 시절에서 벗어나 페루, 볼리비아, 아랍에미리트, 브라질, 이란 등지를 돌며 여행과 새로운 경험을 만끽했다.

루즈와나도 다른 많은 옥스퍼드 재학생들처럼 금융업계에 매력을 느꼈다. 그리고 골드만삭스와 블랙스톤같이 쟁쟁한 기업에 입사해 승승장구했다. "전형적인 경로를 따라갔어요. 다들 비슷한 길을 가는 것 같았거든요." 금융권에서 일하면서 거금이 오갔던 호텔 투자 건을 포함해 흥미로운 프로젝트들도 많이 겪었지만, 결국 그 일에 만족하지 못했다. "성공할 수는 있겠지만 제 열정을 불태울 만한 일은 아닌 것 같았어요."

그런데 알고 보니 루즈와나도 자기 직업과 삶을 재창조하는 다른 이들과 마찬가지로 이미 새로운 미래를 향해 움직이고 있었다. 그녀 또한 자신이 어디를 향해 가고 있는지 모른 채, 다음 단계를 '*탐색*'하고 있었던 셈이다. 그녀의 삶에서 우발적이고 주변적인 것으로 보였던 요소들이 갑자기 전면으로 치고 나오더니 새로운 형태로 결합했다. 그중에는 다양한 문화에 발을 걸친 채 성장한 그녀의 청년기도 있었고, 다른 사람들의 삶을 배우고 이해하려는 자신의 고유한 갈증도 있었다. 또한 직장에서 일하면서 터득한 호텔 업계에 대한 통찰력도 있었다. 이 모두를 아우르는 것은 대학 시절부터 불타올랐던 여행과 경험을 향한 지치지 않는 욕구였다.

이런 개별적인 요소들이 어느 날 하나로 합쳐졌다. 생일을 기념해 친구들과 함께 이스탄불 여행 계획을 짤 때였다. 친구들과 전화로 투어와 액티비티 일정을 계획하는 데만 20시간이 걸렸고 그녀는 문득 무력감을 느꼈다. '이보다 간단한 방법이 분명 있을 텐데…….' 순간 어떤 영감이 그녀의 뇌리를 스치고 지나갔다. 박물관 투어든, 열기구 타기나 카약 대여든, 클릭 한 번으로 여행 계획을 끝낼 수 있다면 얼마나 좋을까? "여행에도 원스톱 쇼핑을 도입해볼 수 있겠다고 느꼈고, 이보다 더 좋은 아이디어는 없을 거라는 확신이 들었어요."

이 새로운 아이디어 덕분에 루즈와나의 변곡점은 힘을 얻었다. 그녀는 블랙스톤을 그만두고 풀브라이트 장학금으로 하버드 경영대학원MBA에 입학했다. MBA 졸업 후에는 다시 가방을 싸서 자신의 꿈을 현실로 만들기 위해 실리콘밸리로 향했다. 루즈와나는 거기서 MIT 출신 엔지니어로 그녀와 생각이 비슷한 오스카 브루닝Oskar Bruening이라는 파트너를 만났다. 그리고 2012년에 두 사람은 온라인으로 말타기나 와이너리 투어 같은 여행 상품을 예약할 수 있는 여행용 전자 상거래 사이트인 피크Peek를 출시했다.

물론 그것으로 분투 단계가 끝난 것은 아니었다. 루즈와나와 비슷한 일을 하는 남성들은 벤처 투자 회사들을 돌며 중요한 투자 자금을 확보하는 데 성공했다. 하지만 똑같은 투자자들이 그녀의 사업만은 진지하게 여기지 않았고, 남성 사업가들에게는 깍듯이 베풀었던 존중과 존경을 표현하지도 않았다. 투자사 중 한 곳은 루즈와 나에게 어떤 질문도 하지 않은 채 투자를 거부했다. 투자 책임자는 그녀에게 "그런 사업을 성공시킬 만큼 패기가 있는지 모르겠네요"라고 거만하게 말했다.

과연 그녀에게 패기가 없었을까? 루즈와나는 우리 대부분이 일생을 살면서 부딪치는 그 어떤 장벽보다 가파른 산을 이미 수없이 넘은 사람이었다. 그런데도 그녀가 충분히 강하지 않다는 말인가?

벤처 투자자의 어리석은 판단에도 불구하고, 루즈와나는 결국 투자금을 유치하는 데 성공했다. 물론 투자금을 훨씬 더 많이 받고도 곧바로 사업을 말아먹은 남성 경쟁자보다는 적은 금액을 받았지만 말이다. 그녀는 다른 고충들도 극복해나가야 했다. 코로나19 팬데믹이 전 세계를 강타하자 그녀는 피크 직원의 3분의 1에 해당하는 200여 명의 동료들을 해고할 수밖에 없었다. 회사는 재빨리 여행 상품 중에서도 하루 안에 즐길 수 있는 '데이케이션' 서비스의 영역을 확대했다. 그리고 '시카고에서 카약 즐기기', '오자크스Ozarks에서 집라인 정복하기'처럼 지역을 중심으로 한 여행 상품을 선보였다. 다행히 이런 이벤트 상품들은 인기가 좋았고, 사회적 거리 두기 규정이 완화된 후 다른 여행 상품들도 재개되면서 피크는 매출을 회복할 수 있었다.

나는 국제 여성의 날에 맨해튼의 한 사교 클럽에서 한정된 인원들을 대상으로 열린 젊은 여성 창업가들 행사를 통해 루즈와나를 만났다. 그녀는 거기 모인 걸출한 여성들 속에서 뛰어난 패션 감각과 적극적인 모습으로 눈에 띄었다. 그녀는 마주치는 샴페인 잔들 사이에서 이따금 찻잔을 들어 마시며 투자금 조성 전략에 대해 누구보다 열심히 토론하고 있었다. 루즈와나가 그 자리에 있기까지 어떤 일들과 싸워야 했는지, 사람들 대부분은 상상하지 못할 것이다. 하지만 그녀는 그런 역경을 자신의 강점으로 바꿨다. "저는 아웃사이더 역할에 익숙해요." 그녀는 말한다. "그리고 저만의 길을 헤쳐 나가야만 하는 상황에도 익숙하죠."

루즈와나처럼 20대나 30대 초기에 경력의 2막이나 3막을 열면서 성공을 찾아가는 젊은 여성 사업가들이 점점 늘어나고 있다. 그들은 그 과정에서 남성들이 보지 못하는 새롭고 매력적인 사업 영역들을 발견한다. 2021년 기준, 여성이 창업한 스타트업 중 시가총액이 10억 달러 이상인 소위 '유니콘 기업'의 반열에 오른 곳은 83개에 이른다. 최근에는 건강이나 화장품, 그리고 이웃 간의 연결을 촉진하는 여성향 스타트업도 늘어나고 있다.

이 젊은 여성들은 후배들이 되도록 더 편안히 자신의 뒤를 따라올 수 있도록 길을 닦고 있다. 그들은 비단 여성뿐 아니라 다른 소수자 집단에도 더 희망적인 미래를 넌지시 보여준다. 언젠가는 '유일한' 존재라는 사실이 장벽이 아니라 기회가 될 날이 분명히 올 것이다. 이런 개척자들은 길을 걷다 걸림돌을 만난 이들에게 영감을 불어넣어줄 것이다.

오닐 교수가 여성의 경력을 주제로 한 연구에서 발견한 것처럼, 루즈와나는 그녀의 경력 2막을 연 이후 더 큰 의미를 발견하고 있다. "비즈니스 세계는 매력적이지만, 금융공학에는 영 흥미가 생기지 않았어요. 그런데 피크를 창업하고 나서는 보트를 대여하든, 강습에 참여하든 하나같이 즐거운 경험인 거예요. 그게 제게는 큰 의미를 줍니다."

중요한 것이 또 있다. 피크에는 수천 건에 달하는 이력서가 들어오는데, 그런 구직자 중 루즈와나와 같은 사람이 놀랄 정도로 많다는 것이다. 이민 1세대도 있고 다른 문화권 출신의 여성들도 있다. "다양한 배경의 창업자가 있다는 건 좋은 일이죠." 루즈와나가 말한다. "저는 뭔가 긍정적인 영향력을 줄 수 있는 위치에 있고 싶거든요."

Nex

2부

성공을 위한
궁극의 원칙들

6장

이제 행동으로 옮길 때

당신의 시작은 이미 준비되어 있었다

진정한 삶은
작은 변화들이 일어나는 곳에 존재한다.

| 레프 톨스토이

뉴욕 주, 워릭에 자리 잡은 윌 브라운의 드넓은 목장은 맨해튼에서 북서쪽 방향으로 고작 80킬로미터 떨어져 있지만, 도시와는 아예 다른 별처럼 보이는 곳이다. 브라운이 사는 집은 대공황 시대의 농가를 복원한 것으로 양과 소를 방목하는 목초지의 한가운데 서 있다. 목장을 둘러싼 완만한 산비탈이 저 멀리에 우뚝 솟아있다.

어느 봄날, 낡은 폴로셔츠에 청바지를 입은 71세의 농부가 나를 목장 여기저기로 안내한다. 그는 내 눈에는 닿지 않지만, 사유지 경계선의 끝이라는 '포척 계곡' 쪽을 가리킨다. 북미 원주민들이 쓰던 델라웨어 말로 '외딴곳'을 의미하는 그 계곡은 월킬 강으로 흘러 들어간다고 한다. 브라운이 금속으로 만든 울타리 걸쇠를 풀고는 목초지를 따라 이어지는 진흙 길로 나를 이끈다. 주위가 어찌나 고요한지 들리는 것은 새들의 지저귐과 바람에 흔들리는 긴 풀들의 소리뿐이다.

나는 저 멀리 풀밭에 모여있는 양들의 모습에 감탄하며 발길을 멈춘다. 그 순간, 발아래로 무언가가 스르륵 미끄러지듯 나아간다. 무시무시하게 거대한 검은 뱀의 등장에 나는 펄쩍 뛴다.

"뱀이에요!" 내가 소리친다.

나보다 몇 발자국 앞서가던 브라운이 걸음을 멈추지 않은 채 어깨 너머로 짧게 돌아보며 묻는다. "무슨 색입니까?"

"까매요! 엄청나게 큰 검은 뱀이라고요! 이게 뭔가요?" 나는 공포에 휩싸여 호들갑을 떤다.

"검은 뱀이요." 그는 과묵한 남자다. "그게 이름입니다." 나는 허겁지겁 뛰어가 브라운 옆으로 바짝 붙는다.

우리는 낡디낡은 스즈키 트럭 옆으로 간다. 이제부터는 차를 타고 롤런드 목장의 나머지 모습들을 보게 될 것이다. 120만 평이 넘는 그의 목장은 뉴저지 주의 경계를 가로지르며 펼쳐져 있다. 차는 브라운의 농장과 이웃들의 농장, 그리고 그런 농장 부지에 마치 점처럼 군데군데 박힌 커다란 전원주택들 사이를 가로지르며 시골길을 달린다. 브라운의 이웃은 대부분 워릭의 토박이들로 수 대째 그곳에서 목장이나 농장을 하며 가족과 함께 살아온 이들이다. 한 목초지를 지날 때쯤 그가 차의 속도를 늦춘다. 그곳에 모인 것은 몇 주 후면 도축될, "운명을 다한" 소들이다. 목장과 직거래하는 식당들의 테이블에 오르거나 근처에 있는 윌 소유의 농산물 직판장에서 판매될 것이다.

"도축할 때 안 힘드세요? 소들한테 감정적 애착 같은 건 없으시고요?" 나는 그림같이 아름다운 목초지 위에 위풍당당하게 서 있는 소 무리를 찬찬히 보며 묻는다. 그가 고개를 가로젓는다. 그저 고기용으로 키운 어린 소라는 게 그의 설명이다. 해마다 새로운 축산 작물이 나온다. 또 매년 봄이면 두세 살 먹은 어린 소들이 안심, 등심, 소갈비 같은 상품으로 변한다.

브라운이 하던 말을 멈춘다. 그러더니 사실 어미 소에게는 애착이 간다고 한다. 송아지를 계속 출산하도록, 가능한 12년 이상 오래 키우는 소들이다. 그래서 엄마 소에게는 송아지와 다르게 이름도 붙인다.

"특별히 좋아하는 소가 있나요?" 내가 묻는다.

그가 고개를 끄덕인다. "버그도프라는 소가 있어요."

맨해튼의 고급 백화점인 버그도프 굿맨이 떠오르는 이름이다.

그리고 이는 농부인 윌 브라운이 하버드를 졸업한 경제학자로서 첫 직장인 J.P. 모건의 런던과 뉴욕 사무소에서 30년을 일한 인물임을 추측할 수 있는 유일한 단서이기도 하다.

윌 브라운: 농부가 된 경제학자

윌 브라운에 대해 처음 들었을 때, 나는 그가 귀농이나 에어비앤비 같은 꿈을 안고 회사 생활을 접은 부류의 사람 중 하나라고 생각했다. "도시의 삶이여 이젠 안녕!"이라는 노랫말과 함께, 현대판 〈그린 에이커스Green Acres(맨해튼에서 잘나가던 변호사 부부가 낙향해 농사를 지으며 살면서 그곳의 이웃들과 겪는 에피소드를 그린 미국의 시트콤)〉의 장면들이 떠올랐다. 하지만 그에 대해 제대로 알게 되면서 그의 재창조 과정이 전혀 그렇지 않다는 사실을 깨달았다. 그것은 계획된 변화가 아니었다.

"'농장을 사자!' 같은 결정은 생각해본 적도 없었어요. 그리 분별 있는 행동이 아니니까요." 그는 이렇게 말했다. 브라운과 그의 아내 바버라는 1980년대 중반에 농가 하나를 샀다. 당시 어린 자녀를 둔 부부였던 둘은 맨해튼을 벗어나 주말을 보낼 만한 저렴한 집을 찾고 있었다. 사실 거기서 진지하게 무언가를 할 생각은 전혀 없었다. 브라운은 주중에 60시간을 일했고 출장 역시 잦았다. 또 아내인 바버라는 뉴욕대학교의 연구 심리학자였다. 부부 모두에게 시골에서 뭔가를 벌인다는 것은 말이 되지 않았다. 아내는 "동물은 절대 키우지 않겠다고 약속해요"라는 조건을 걸고 시골집을 사는 데 동의했다.

그렇게 시작했던 '주말의 피신처'는 수십 년간 이어진 변화와 점진적 단계들을 거친 끝에 그의 전업 직장이 되었다. 그 과정이 너무 더디게 이어지다 보니 브라운은 변화가 일어나고 있다는 사실조차 거의 알아차리지 못했다. "변화가 한 번에 한 부분씩 일어났거든요." 그가 말했다. "농장 일을 배우는 데만 20년이 걸렸고요."

변화라 하면 우리는 보통 사전 준비 없이 순식간에 벌어지는 무언가를 상상한다. 개구리가 별안간 왕자님으로 변한다든지, 화로를 청소하던 불쌍한 계모의 딸이 신데렐라로 변신하는 것처럼 말이다. 그들은 모두 해피엔딩을 맞이했지만, 현실에서는 오히려 이런 마법 같은 변신을 상상하는 일이 재앙의 불씨를 키우기도 한다. 동화 같은 결말은 현저히 적고, 프란츠 카프카의 《변신》에 가까운 경우가 훨씬 많다. 세상 물정 모르는 가련한 영업사원 그레고르 잠자는 어느 날 아침 잠에서 깨자마자 거대한 벌레로 변해버린 자신과 마주했다. 하지만 그에게 그런 새로운 상황에 어떻게 적응해야 하는지 알려주는 사람은 아무도 없었다. 어떤 규칙을 따라야 할까? 몸이 뒤집혀버렸을 때는 어떻게 자세를 바로잡을 수 있을까?

중대한 변화는 대부분 점진적으로 이뤄진다. 외부 관찰자에게는 다르게 보일지라도, 즉각적인 것과는 한참 거리가 멀다. 나는 이를 '움직이기 전에 움직이기'라고 부른다. 사람들 대부분은 변화를 완전히 수용하기 전부터도 그 변화를 향해 조금씩 나아가기 시작한다. 대개는 스스로 그런 변화의 움직임을 거의 알아채지 못한다. 그런 상태로 *탐색*이라는 변화의 첫 단계에 돌입하는 것이다. 탐색은 이 책을 준비하면서 목격한 거의 모든 유형의 성공적인 재창조 사례에서 지속적으로 나타나는 특징이자 필수 요소다. 특별한 준비 없이 벌어지는 거대한 도약은 매우 드물고 실패할 가능성도 크다. 하지만 장대한 변화와 함께 성공하는 사람들은 종종 자신이 무엇을 하고 있는지 알아차리기도 전에 탐색기의 전반부를 밟기 시작한다.

그런 의도치 않은 움직임이 때로는 헛바퀴가 돌듯 무용해 보이기도 하지만, 나중에는 그 의미가 드러난다. 대학을 중퇴한 스티브 잡스는 재미 삼아 캘리그라피 수업을 들었을 뿐이지만, 이는 나중에 다양한 컴퓨터 폰트를 소개하는 일에 영감을 주었다. 구글의 공동 설립자인 래리 페이지는 고등학생 시절 색소폰 연주에 빠져 살았다. 후에 그는 음악 덕분에 검색엔진의 속도 제고를 최우선 과제로 삼을 수 있었다고 말했다. "연주할 때면 시간을 예민하게 인식하게 됩니다. 시간이 제일 중요한 요소거든요."

큰 변화를 고민하는 사람들은 변화가 진행되는 이런 양상을 이해하면 마음이 조금은 편안해질 것이다. '움직이기 전에 움직이기'는 마치 무의식 상태로 숙제를 하는 것과 같다. 이는 건물의 기초를 다지는 일과도 동일하다. 다음에 일어날 상황을 명확히 아는 사람보다 '움직이기 전에 움직이는' 사람이 오히려 더 잘 준비되어 있을 가능성이 크다.

휘트니 울프 허드:
절망의 조각들로 해법을 조립한 창업가

움직이기 전에 움직이기의 미덕은 설사 당신이 지금 당장은 망망대해에 표류한 기분이 들지라도 앞으로 나아가고 있다는 사실이 거의 확실하다는 점이다. 당신이 그간 허투루 한 건 하나도 없다는 것을 나중에는 알게 될 것이다. 후에 그것을 활용할 날이 오기 때문이다. 이제는 익숙해진 *탐색* → *분투* → *중단* → *해법*이라는 패러다임에서 당신은 무엇을 찾고 있는지도 모른 채 무언가를 탐색하게 될 것이다. 당신의 종착지가 어딘지는 꼭 알 필요도 없고, 계획조차 없을 때가 많다. 당신은 그 길이 어디로 향하고 있는지 모르는 상태로 깜깜한 분투 기간을 겪을 가능성이 크다. 여기서 핵심은 그 과정이 불편하다 할지라도 그런 분투 상황에 몸을 맡기고 혼란을 받아들이는 것이다. 그 상황의 한가운데에 있을 때는 현실을 납득할 수 없을 것이다. 당신의 앞은 어둠에 가려 불분명하지만, 한참 걷고 나서 뒤돌아보면 비로소 그 길이 보인다.

'움직이기 전에 움직이기'를 윌 브라운처럼 수십 년에 걸쳐 이행하는 사람도 있지만, 항상 그렇게 오래 걸리지는 않는다. 1~2년, 또는 몇 달 만에 전개되는 때도 있다. 이는 어떤 종류의 변화든, 변화의 주체가 몇 살이든 공통된 특징이다. 움직이기 전에 움직이기 원칙은 브라운처럼 경력의 '3막'을 준비하는 사람에게도, 자신의 정체성을 재고하는 20대 청년에게도 똑같이 적용된다.

가령 휘트니 울프 허드Whitney Wolfe Herd는 스물다섯에 경력을 처음부터 다시 밟아야 할 운명에 놓였다. 그녀는 스물셋에 데이팅 앱인 틴더를 공동 창업하면서 탐색 과정을 성공적으로 헤쳐 나간 전력이 있었다. 그녀는 다양한 방식의 실험을 바탕으로 젊은이들을 데이팅 앱으로 유인하는 데 성공했다. 이를테면 대학 캠퍼스를 돈다든가, 대학생 사교 모임에서 전단을 돌리고, 피자 파티에서 사은품을 제공하면서 틴더를 홍보했다.

하지만 스스로 깨닫기도 전에 울프 허드는 분투 과정에 접어들고 있었다. 그녀가 직장에서 당한 성추행을 폭로하며 회사를 상대로 소송을 제기한 것이 시작이었다. 그녀는 당시 사귀는 사이였던 공동 창업자에게서 성희롱성 메시지를 받았고 그가 사업 관련 회의에서 자신을 '창녀'라고 불렀다고 주장했다(소송은 결국 합의로 끝났다). 그녀는 파트너와 함께 만든 앱으로 엄청난 성공을 거두고도 2년 뒤 실직했다. 설상가상으로 그녀의 소송을 다룬 언론 기사들은 수많은 온라인 악플러들이 잔인하고 폭력적인 글로 그녀를 무자비하게 공격하는 도화선이 되었다.

울프 허드는 중단이라는 벽과 돌연 충돌했다. 그녀는 심한 우울증에 빠졌다. 잠을 잘 수도, 집중할 수도 없었으며 폭음이 시작되었다. "기분이 바닥을 치면 죽고 싶었어요. 고작 스물넷에 인생이 끝난 것 같았죠. 사이버 폭력과 학대가 얼마나 무서운지 그때 알았어요. 아침에 눈을 뜰 때부터 시작되고 어딜 가든 따라다니니까요."

그러나 문득 깊은 분투의 수렁 속에서, 그녀의 표현대로라면 '구세주' 같은 아이디어가 떠올랐다. 그녀는 틴더에서 생긴 일뿐만 아니라 고등학교 때 남자친구가 가했던 "극심한 감정적 학대(상대는 이 사실을 부인했지만)" 등, 과거에 예기치 않게 발생한 개별 사건들을 종합했다. "그런 일들이 제게는 관계의 아주 어두운 측면을 보여주었고 성 역할의 폐단을 이해하는 데 도움을 주었거든요."

그녀의 깊은 절망 속에서 과거의 조각들이 하나로 결합해 '아하'의 순간을 낳았다. 바로 여성들이 서로를 긍정적으로 독려하고 칭찬하는 디지털 플랫폼을 만드는 것이었다. 이는 그녀가 삶에서 부딪힌 학대 경험들과 싸우고, 자신의 존엄성과 자존감을 되찾으면서 다른 여성들의 자신감도 높여주는 방법이 될 것 같았다. 여기서 출발한 '칭찬'이라는 개념은 궁극적으로 인기 데이트 플랫폼인 범블Bumble의 탄생으로 이어졌다. 범블에서는 여자가 먼저 행동에 나서서 남자를 선택한다.

이렇게 그녀는 자신만의 해법을 찾았다. 2019년, 범블의 모기업은 휘트니 울프 허드를 자매 데이팅 앱인 범블과 바두Badoo 모두를 책임지는 CEO로 임명했다. 그녀는 2021년에 31세의 나이로 미국 상장사의 가장 젊은 여성 CEO가 되었다. 그녀는 이제 막 1살이 된 아들을 품에 안고 회사의 상장 첫날 나스닥 개막의 종을 울렸다. 회사의 주가는 상장과 동시에 치솟았고 장이 끝날 무렵 울프 허드는 자수성가한 억만장자 중 세계에서 가장 어린 여성이 되어있었다.

울프 허드처럼 크게 성공하는 경우는 극히 드물지만, 그녀 또래 집단에서 그처럼 재빨리 경력 전환에 성공하는 사례는 그리 드물지 않다. 젊은 근로자들은 직장과 이력, 정체성을 재고하고 그 과정에서 자신을 재창조하는 경향이 그들의 선배 세대보다 훨씬 높다. 그들은 '움직이기 전에 움직이기'의 리듬을 직관적으로 이해한다. 그래서 거침없이 자신을 재구성한다. 그들에게 *탐색* → *분투* → *중단* → *해법*의 패러다임은 이쪽에서 저쪽으로 건너가는 다리보다는 지속적으로 반복되는 주기에 가깝다.

커리어빌더CareerBuilder가 조사한 결과에 따르면 밀레니얼 세대(M세대)가 한 직장에 머무는 평균 재직 기간은 2년 9개월이다. 1997년에서 2012년 사이에 태어난 Z세대는 M세대보다 평균 재직 기간이 6개월 더 짧고, 이 조사가 시작된 이래로 이직을 가장 많이 하는 세대가 되었다. 다른 연구에서 Z세대는 18세부터 34세 사이에 평균 10개의 직장을 거치는 것으로 나타났다. 이들에게도 일에서 가장 중요한 요소는 경제적 안정이지만, 일이 주는 의미 또한 중요하다. 또 다른 연구에서 이들은 가치관이 맞는 회사라면 연봉을 최대 21%까지 덜 받을 용의가 있는 것으로 보고되었다.

경력 측면에서 Z세대의 62%는 창업 경험이 있거나 계획이 있다고 밝혀서 역사상 기업가 정신이 가장 강한 세대가 되었다. Z세대 중에서도 아직 초·중·고등학교에 재학 중인 어린 층의 80%는 개인 사업을 하고 싶어 한다. 창업은 하지 않더라도 그들의 이직 양상을 보면 Z세대는 자신의 궁극적인 경력과 정체성을 윗세대보다 훨씬 더 적극적으로 탐색하고, 경력 변화를 더 간절히 원한다는 것을 알 수 있다.

이전 세대와는 큰 차이점이다. 나는 중학교 때 처음 진로를 정한 후 같은 길을 고수했다. 중학교 1학년 때, 커서 마타 하리 같은 첩보원이 되리라고 확신하며 학교 신문반에 들어갔다. 거기서 내가 첫 기사로 쓴 놀이터의 새 놀이기구에 대한 글은 지역 주간신문에 소개되는 영광을 누렸다. 그건 16살이었던 내 인생에서 일어난 가장 흥분되는 사건이었다. 그렇게 나는 미래를 발견하게 되었다. 그때부터 줄곧 내가 무엇을 하고 싶고, 어떤 사람이 되고 싶은지를 알았다. 사회를 개혁하는 여성 언론인들의 전기도 열심히 찾아 읽었다. 내게 사명이 부여된 것이다.

고등학교 때는 교내 신문사와 문학잡지의 편집장이 되었고 툭하면 근처 러트거스대학교의 라디오 방송국을 드나들었다. 어느 정도였냐 하면, 거기에 너무 죽치고 있다 보니 방송국의 대학생 언니 오빠들이 내가 그 학교 재학생이 아니라는 사실을 망각하고 뉴스팀 부장으로 임명할 정도였다. 대학에서는 언론계에 진출한다는 단 하나의 목표에 따라 모든 여름을 보냈다. 어느 해의 여름방학에는 뉴저지 변두리에 있는 한 지역신문사에 '복사 직원'으로 들어가 일한 적도 있었다. 거기서 내 임무는 인쇄기가 작동하는 소리가 들리는 즉시 복사실로 달려가 컨베이어 벨트에서 첫 번째 사본 네 부를 추린 다음, 사방이 뻥 뚫린 편집실 한가운데 있던 그곳의 수장 편집주간의 방으로 재빨리 전달하는 것이었다.

또 다른 여름방학에는 죽어가는 어느 잡지사의 인턴으로 일했다. 무급이었지만 회사가 맨해튼에 있다는 게 장점이었다. 나는 긴 통근 시간의 지루함을 달래고자 아침마다 아버지가 구독하던《월스트리트 저널》을 챙겨 나갔고, 이내 그 신문과 사랑에 빠졌다. 내가 읽어본 신문 중 단연 최고였다. 1면에 실린 기업들의 기사회생 이야기, 기업의 자존심, 고군분투, 이사회실에서 벌어지는 암투 같은 이야기가 내게는 어떤 로맨스 역사 소설이나 TV 드라마보다도 흥미진진했다. 나는 3학년을 마친 뒤《월스트리트 저널》의 인턴이 되는 것을 유일한 목표로 대학 신문사에서 기사를 쓰는 데만 전념했다. 결국 목표를 이뤘고, 대학 졸업 후에는 꿈의 직장인 《월스트리트 저널》의 신입 기자가 되었다.

그리고 거기서 22년을 일했다.

로런 스트레이혼: 가슴 뛰는 일을 찾아낸 사업가

28세의 로런 스트레이혼도 그런 안정적인 일을 꿈꿨다. 그녀의 목표는 안정적이고 멋진 회사에서 마케팅 일을 하는 것이었다. 스트레이혼의 아버지는 제너럴 모터스GM에서만 40년 가까이 근무한 베테랑이었다. 그녀도 아버지처럼 한 회사에 입사해서 은퇴할 때까지 계속 일하고 싶었다. "창업 같은 건 꿈도 꾸지 않았어요."

그러다 마케팅 석사 학위가 있으면 경력을 쌓는 데 더 도움이 될 것 같다는 생각이 들었다. 그래서 재직 중인 PR 회사를 계속 다니면서 조지타운대학 경영대학원에 입학했다. 그녀는 뉴스 중독자였지만 빽빽한 일정을 소화하느라 TV를 볼 시간도 없었다. 그래서 중요한 뉴스를 놓치지 않으려고 주요 헤드라인들만 쉽고 간결하게 추려주는 이메일 뉴스레터들을 구독하기 시작했다.

하지만 그녀처럼 젊은 직장인인 흑인 여성들을 정확히 겨냥한 것 같은 뉴스레터는 없었다. 그녀는 어느덧 20개 정도의 뉴스레터를 구독하고 있었다. 그중에는 주류 언론도 있었고, 밀레니얼 세대를 대상으로 한 것들도 있었으며, 다문화 독자들을 위한 매체도 있었다. 하루에 몇 시간씩 "마치 테트리스 게임을 하듯 저와 관련된 내용 중심으로 뉴스 조각들을 엮어가며 어떤 일들이 벌어지고 있는지 확인했어요."

스트레이혼은 다른 사람들도 뉴스레터를 보면서 그런 답답함을 느끼는지 궁금했다. 그래서 대학원 마케팅 수업을 통해 약 100명의 젊은 흑인 여성들을 인터뷰했다. 예상했던 대로 그들 역시 자신을 위한 뉴스를 찾기 힘들다고 토로했다. 스트레이혼은 아예 이 조사를 학교 프로젝트로 전환했고, 결국 '노테드Notedd'라는 뉴스레터를 직접 만들었다. 이는 자신과 같은 젊은 흑인 여성들을 겨냥한 뉴스레터로 일반 뉴스와 엔터테인먼트 기사를 섞어 보내주는 큐레이션 서비스였다. 노테드는 그녀에게 일하며 즐길 수 있는 "열정 프로젝트"와 같았다. 하지만 근본적으로는 재미 삼아 벌인 일이었기 때문에, 시간이 있을 때만 작업을 했다. 그러면서도 스트레이혼은 2019년 5월에 대학원을 졸업한 후 새로운 직장을 잡고 나서까지 뉴스레터 일을 손에서 놓지 않았다.

그리고 몇 달 후, 팬데믹이 미국을 강타하자 스트레이혼은 다른 수백만 명의 직장인들과 마찬가지로 재택근무를 시작했다. 통근을 비롯한 여러 방해 요소가 없어지면서 그녀는 불확실함 속에서 뜻밖의 서광을 발견했다. "침대에 엎드려 일하면서 뒹굴어도 되고, 무엇보다 노테드에 더 많은 시간과 에너지를 할애할 수 있었어요." 덕분에 뉴스레터를 정기적으로 발간할 수 있었고 소셜미디어에서도 더 강한 존재감을 발휘할 수 있었다. 그녀는 서비스를 확대해서 가상 피트니스 이벤트를 열었고, 독자들이 팬데믹과 관련된 불안이나 백신 경험을 공유할 수 있도록 코로나19 스레드를 따로 개설했다. "코로나가 내 건강과 흑인 공동체, 그리고 흑인 여성들에게 어떤 영향을 미치는지 궁금했거든요."

이윽고 스트레이혼은 재미 삼아 시작한 이 부업이 자신의 통장을 채워주는 정규직보다 훨씬 더 만족스럽다는 사실을 깨달았다. 그녀는 매일 '진짜' 업무를 서둘러 처리했다. 그래야 취미 생활에 더 많은 시간을 쓸 수 있었기 때문이다. "그게 전환점이었던 것 같아요." 자신도 미처 깨닫지 못한 상태로 그녀는 또 다른 미래를 향해 조금씩 나아가고 있었다. 학교 프로젝트로 뉴스레터에 대한 실험을 하고, 작업을 반복한 다음, *탐색* 과정에 완전히 몰입한 것이다. "제게는 일종의 진화 같은 과정이었어요." 그녀는 말한다. 다만 수십 년이 아니라 수개월에 걸친 진화였다. 그녀는 이내 자신의 '부업'이 그 이상의 존재가 될 수 있을지 고민했다. 그리고 창업 코치의 도움을 받아 사업 계획을 수립하기 시작했다.

그녀는 코치의 조언으로 2021년에 다니던 회사를 그만두고 노테드 사업에 전념하게 된다. 이제 그녀는 우연처럼 시작한 사업으로 하루하루를 보내고 있으며 구독 모델과 이벤트로 사업 성장을 도모한다. 아직은 생활비를 벌기 위해 프리랜서 일을 병행하고 있지만, 그녀의 두 눈은 노테드 사업이 수익을 내며 자립하게 될 미래에 고정되어 있다. 스트레이혼은 현재 *분투*라는 중간 단계에 있는 것으로 보인다. 그녀는 다른 사람을 위해 일하던 예전 생활을 완전히 청산하지 못했고 그렇다고 미래로 완전히 넘어가지도 못했지만, 그 정도 어려움은 겪을 만한 가치가 있다고 믿는다.

"괴로움은 현실이에요." 그녀는 말한다. "하지만 흑인 여성 사업가로서 저는 변화를 헤쳐 나가고, 프리랜서 같은 또 다른 노동 경험을 하고, 그 와중에 내 시간과 노력과 에너지를 열정을 가진 프로젝트에 쏟아 넣을 수 있다는 본보기가 되고 싶어요." 게다가 다른 장점도 발견했다. "제게는 이 일이 '저절로 신이 나는 일, 진짜 기쁨을 주는 일'에 부합하거든요."

아직은 더 안정적이고 일상적인 일을 붙들고 있으면서 새로운 사업을 향해 조금씩 나아가는 스트레이혼의 여정은, 우리가 아는 가장 성공한 혁신가와 사업가 일부에게는 이미 익숙한 일이다. 와튼 스쿨의 조직심리학 교수인 애덤 그랜트Adam Grant는 《오리지널스》에서 이런 예들을 열거한다. 영화감독 에이바 듀버네이Ava DuVernay는 홍보 전문가로 일하면서 첫 영화 세 편을 만들었고, 연재만화 《딜버트》의 작가인 스콧 애덤스Scott Adams는 그의 만평이 처음으로 신문에 연재된 후에도 7년 동안 퍼시픽 벨에서 일했다. 나이키를 공동 창업한 필 나이트는 스포츠의류 회사에 전력투구하기 전까지 5년 동안 자동차 트렁크에 러닝화를 싣고 다니며 팔았고 회계사라는 본업도 계속했다. 이들은 모두 자신의 예전 정체성과 통장을 채워주는 기존의 직장에 발을 디디고 있으면서 새로운 정체성을 향해 조심스럽게 나아갔다.

그랜트에 따르면, "한 분야에서 안정감을 가지고 있으면 또 다른 영역에서 오리지널스를 발휘할 자유를 얻을 수 있다."

조앤 리 몰리나로: 틱톡커가 된 변호사

에이바 듀버네이는 자기가 원하는 일이 영화감독이라는 것을 알았고, 필 나이트는 자신이 운동화 사업을 원한다는 것을 알았으며, 두 사람 모두 그 목표를 달성하는 데 필요한 단계들을 밟아나갔다. 전통적인 경영 이론에 따르면 이는 목표로 향하는 정확한 로드맵에 해당한다. 우리는 목표를 세운 다음, 그런 약속의 땅에 도달하는 데 필요한 단계들을 모두 용의주도하게 계획하라고 배워왔다. 자기계발 분야의 성경 같은 책이자 1937년에 초판된 이래로 아직 베스트셀러 명단에 오르는 《생각하라 그리고 부자가 되어라Think and Grow Rich》에서 경영계 구루인 나폴레온 힐Napoleon Hill은 성공을 위한 6단계를 제시한다. 그중 네 번째 단계가 "열망을 실현하는 구체적인 계획을 세우고 즉시 행동으로 옮겨라"다. 그는 또, "어떤 일을 하든 지적인 계획은 성공에 꼭 필요하다"고 주장했다.

외과 의사가 꿈인 사람은 대학에서 어떤 전공을 하고, 언제 어떻게 의대에 응시하고, 어떤 인턴과 레지던트 과정을 거쳐야 하는지 당연히 일찌감치 확인해둘 것이다. 또 만약 월스트리트에서 일하고 싶다면 대학 전공부터 여름방학 인턴, 그리고 MBA 과정까지, 금융업계에서 일하기 위한 로드맵을 수립할 것이다. 내가 젊은 기자였던 시절에 함께 일했던 22세의 동료 기자는 자신의 장래 목표가 언론사 대표라고 선언했고, 그 꿈에 도달하기 위한 모든 단계를 하나씩 세워나갔다. (그리고 이 방법을 통해 꿈을 이뤘다!)

하지만 이 책에서 이미 밝힌 것처럼 그런 범주에 깔끔하게 맞아떨어지지 않는 사람도 얼마든지 있다. 특정 길로 시작했지만 삶이 이끄는 바에 따라 다른 길에 들어서기도 한다. 특별히 변화를 의도하지 않고 행동했음에도, 그 행동이 전혀 예상치 못한 방향으로 그들 자신의 등을 밀어 넣는 것이다. 대개는 그곳에 도착하고 나서야 비로소 자신이 어디를 향해 걸어왔는지 깨닫는다. 스티브 잡스가 스탠퍼드대학교 졸업식 연설에서 했던 유명한 말은 이런 측면을 잘 반영한다. "미래를 내다보며 인생의 점들을 연결할 수는 없습니다. 오로지 과거를 돌아보며 그런 점들을 연결할 수 있을 뿐이죠."

시카고에 사는 조앤 리 몰리나로Joanne Lee Molinaro라는 43세의 법정 변호사 역시 그런 경우였다. 그녀는 계획하지도 않았는데 자신과 가장 어울리지 않을 법한 틱톡 스타가 되어버렸다.

한국계 이민 2세대인 조앤은 법률업계에서 성공적인 경력을 쌓으며 대형 법률 회사의 파트너가 되었다. 그녀는 자신의 혈통을 자랑스럽게 여겼고, 다른 무엇보다 어렸을 때부터 먹어온 한국 음식을 좋아했다. 그래서인지 2016년 초에 남자친구(지금은 남편이 된)가 채식주의로 전향하자 마음이 불편했다. 처음에는 그와 같이 채식 생활에 합류하기가 싫었다. "여러 이유로 거부했어요." 그녀는 말한다. "한국인으로서 저는 비건이 될 수 없다고 믿었거든요. 이 백인 남자가 나를 비건으로 만들려고 하다니 정말 무신경하다고 여겼어요."

그래도 시험 삼아 남편이 가장 좋아하는 이탈리아 요리와 그녀가 즐겨 먹는 한식에 '비건 요리법'을 한번 적용해보기로 했다. 조앤은 소고기 대신 절인 버섯을, 또 닭고기 대신 두부를 사용해 비건용 김치와 볶음밥, 깐풍두부, 채식 라면은 물론이고 남편의 최애 요리인 채식 리소토를 만들었다. 남편은 조앤의 요리에 완전히 매료되어 "당신이야말로 진정한 한국인 비건이야You're the Korean vegan!"라 극찬하며 그녀에게 유튜브 채널을 개설하라고 의욕을 북돋웠다.

남편의 말은 그녀의 뇌리에 박혔다. 그래서 재미 삼아 유튜브 채널뿐 아니라 인스타그램 계정을 개설하고 그녀의 레시피로 만든 요리들을 '더 코리안 비건The Korean Vegan'이라는 채널명으로 게시하기 시작했다. 바쁜 일상 중에 시간을 쪼개서 하는 일이었지만, 본업을 완전히 잊을 정도로 재미있고 신선했다. 게다가 재치 있는 닉네임과 눈에 띄는 사진, 대중적인 레시피 덕분에 그녀의 게시물은 사람들의 이목을 끌었다. 조앤의 인스타그램 팔로워 수는 4년 만에 7만 명으로 늘어났고, 그녀는 요리책 계약까지 따냈다. 하지만 그녀에게 비건 요리를 게시하는 것은 철저히 부업일 뿐이었다. "그냥 취미라고 생각했어요." 그녀는 말한다. "당시에는 이 일을 직업으로 삼는다는 발상 자체를 못 했거든요." 그녀는 본업만으로도 시간이 모자랐지만, 마라톤을 뛰고 개인적으로 법률 관련 기고문까지 썼다. 2020년 선거가 사기라는 트럼프 전 대통령의 소송전을 완전히 박살 낸 두 건의《애틀랜틱》기사도 그에 속한다.

코로나19 바이러스가 발생한 후 조앤은 처음으로 틱톡 동영상을 찍기 시작했다. "세계를 강타한 유행병으로 생긴 고립감을 해소하는 방편이었어요." 그녀는 어느 모로 봐도 틱톡에 최적화된 사람은 아니었다. 틱톡이 배출한 스타들은 춤을 추고 팝송에 맞춰 립싱크를 하는 찰리 디아멜리오 같은 10대 소녀나 애디슨 레이처럼 젊은 20대가 대부분이었기 때문이다. 조앤은 춤이나 노래 대신 요리를 하면서 자신의 인생과 사랑에 관련된 사색적인 일화를 들려주었고, 배경음악으로는 주로 피아니스트인 남편이 연주한 클래식 곡을 깔았다. 그중에는 비건 달걀과 두부가스를 넣은 샌드위치를 만들면서 실패로 끝난 대학 시절 애인과의 첫 번째 결혼 생활을 추억하는 동영상도 있다. "제 마음속에는 실패할지 모른다는 두려움이 있었어요." 동영상 속 그녀는 온화한 표정으로 잠시 생각에 잠긴다. "만약 그때로 다시 돌아가서 저 자신에게 뭔가를 조언해준다면 이렇게 말할 것 같아요. 네 두려움을 달래주는 것들에 대해 너무 오래 생각하지 말고, 대신 순수한 기쁨을 주는 것들을 더 많이 생각하라고."

기대도 하지 않은 틱톡 영상은 폭발적인 반응을 일으켰다. 그녀를 추종하는 팬이 수백만 명이나 생겨났고, 그중 다수는 그녀 나이의 절반도 안 되는 젊은 친구들이었다. "제 영상이 너무 '다른' 스타일이라서 그랬던 것 같아요. 게다가 틱톡에서는 사람들이 안전을 갈망하거든요. 자기 주도권을 열망하고요. 또 엄마들 특유의 에너지도 원한답니다."

조앤을 향한 사람들의 관심은 그만큼 중독성이 있었다. "하트나 좋아요, 댓글 같은 걸로 피드백을 받으면 정말 의욕이 미친 듯이 생겨요. 뭔가 더 하고 싶어지고요." 2021년 가을이 되자 그녀는 '더 코리안 비건'이라는 페르소나 관리에 시간을 너무 할애하느라 변호사 일을 할 여유가 아예 없어졌다. 그래서 회사를 그만두었지만, 프로젝트의 '자문' 역할은 계속 맡아 보았다. 오늘날 더 코리안 비건 채널은 틱톡에만 300만 명의 팔로워가 있고 다른 SNS 플랫폼에서도 대규모 팔로워들을 거느린다. 조앤은 그 밖에도 구독형 식단 계획 앱과 팟캐스트 방송을 관리한다. 그녀의 이름으로 출간된 요리책은 베스트셀러가 되었고, 두 권의 책을 더 내기로 계약이 완료된 상태다. 이렇게 해서 중년의 변호사는 진정한 틱톡 스타로 거듭났다.

"허무맹랑한 꿈을 꿀 때도, 제 삶이 이렇게 되리라고는 상상하지 못했어요." 조앤은 말한다. 계획된 변화가 아니었고 하루아침에 일어난 일도 아니었다. 그 모든 일이 벌어지는 데는 약 5년이 걸렸다. 그녀는 움직이기 이전에 움직이면서 자신의 새로운 정체성을 향해 조금씩, 단계적으로 나아갔다. 그녀의 여정은 예정된 것이 아니었고, 그 과정을 밟으며 마음속에 최종 목표를 세운 것도 아니었다. 사람들은 그녀가 단기간에 틱톡으로 성공했다고 생각할 수도 있지만, 실상은 수년간 조금씩 발걸음을 옮긴 결과였다. 조앤이 내게 말했다. "이 부분을 이해하는 게 중요해요. 이해하지 못하면 불안감이 생길 거에요. 게다가 '하루아침에 성공하지 않고서는 절대 성공하지 못할 거야' 같은 잘못된 기대감을 품게 되죠."

조앤 리 몰리나로에게 일어난 것 같은 변화를 와튼 스쿨의 그랜트 교수는 '반직관적counterintuitive' 변화라고 말한다. 우리는 《시크릿》에서든, 《생각하라 그리고 부자가 되어라》에서든, 아니면 당신이 특별히 존경하는 전문가를 통해서든 원하는 것이 있으면 그것이 있는 곳으로 가서 의도를 명확히 밝히고 그것을 향해 노력해야 한다고 배웠다. 그런데 우리 주변을 보면 우연한 기회에, 어쩌다 행운이 발에 걸린 것처럼 형편이 좋아진 듯한 사람들이 종종 있다. 이에 대해 그랜트 교수는 이렇게 말한다. "그게 가능한 이유 중 하나는 압박감이 없기 때문이다. 어떤 것을 취미나 부업으로 삼으면 그 일을 즐길 수 있다. 억눌려있던 창의력이 발현되는 순간이다. 선형적인 경향이 약해지고, 무언가를 더 자유롭게 연상하게 되면서 너무 서두르거나 처음 가진 아이디어를 성급히 실행에 옮길 필요가 없어진다. 그리고 그 모든 소소한 실험들은 보통 새로운 무언가로 이어지게 된다."

확실한 사실은, 비선형적으로 생각하고 소소한 실험을 하는 중에는 그 보상이 도통 명확해 보이지 않는다는 점이다. 때로는 시간만 낭비하고 있는 것 같은 기분이 든다. 뭔가 생산적인 일을 하는 게 아니라 꾸물대고 있는 것처럼 느껴진다. 그런 부업으로는 아무 곳으로도 갈 수 없을 것만 같다.

이는 스포츠에만 미쳐있는 어린 아들을 보며 내가 느낀 감정이기도 했다. 아이는 단순히 스포츠를 하는 것을 넘어 경기를 관람하고, 경기에 관해 이야기하며, 스포츠 관련 글을 모조리 읽었다. 특히 야구에 열광했다. 아들은 매년 출간되는 야구 연감을 줄줄이 외웠으므로 누군가 1925년 월드 시리즈 세 번째 경기에서 승리한 팀(방금 아들에게 물어보니 카디널스가 양키스를 이겼다고 한다)이나, 투수인 잭 체스브로가 1904년에 뉴욕 하이랜더스에서 완투한 경기 수(48게임이란다)를 묻는다면 답을 바로 말해줄 것이다. 아들은 야구 역사학자인 빌 제임스Bill James의 말도 그대로 인용할 수 있다. 그 애 침실 벽에는 루 게릭Lou Gehrig의 "세상에서 가장 운이 좋은 사람" 연설 사본이 붙어있다.

나는 아들이 그런 에너지의 절반이라도 학업에 투자하기를 바랐다. 밤이면 숙제는 했는지 잔소리를 해댔다. 저녁 식사 자리에서 아이가 "올해 가장 중요한 경기가 될 거예요!"라며 (아들에게는 모든 경기가 그랬다) TV를 켜자고 할 때마다 짜증이 올라왔다. "도대체 언제쯤이면 야구로 시간을 허비하지 않을 거니?"

이 푸념 같은 말이 현실이 되었다. 재미로 쌓은 아들의 스포츠 지식이 결국에는 대학 졸업 후 ESPN의 신참 프로듀서라는 직업으로 이어졌으니 말이다. 이후 아들은 20대에 스포츠 에미상을 두 번이나 받았다.

그랜트 교수는 이런 측면을 다분히 예측했을 것이다. 그는 최근 연구에서 미루기 성향을 다루면서 미루기는 전혀 시간 낭비가 아니라고 주장했다. 사람들은 그렇게 빈둥대는 동안 혁신적인 아이디어를 위한 일련의 조각들을 무의식적으로 모은다는 것이다. 애덤 그랜트와 그의 제자인 신지혜는 이 이론을 검증하기 위해 실험 참가자들에게 사업 제안서를 써달라고 요청했다. 이들은 다만 장치를 하나 추가했는데, 참가자들이 사업 제안서를 작성하는 동안 지미 키멀의 인기 콘텐츠인 '악플 읽기Mean Tweets'를 쉽게 볼 수 있는 환경을 마련한 것이다. 이 콘텐츠는 유명 연예인을 초대해 일반인들이 그들에 대해 올린 고약한 트위터 게시물을 직접 읽게 하는 유튜브 토크쇼다. 실험 결과 토크쇼를 보며 약간의 미루기 태도를 보인 사람들이 전혀 미루지 않거나, 과제를 마지막 순간까지 미룬 사람들보다 훨씬 더 창의적인 제안서를 낸 것을 알 수 있었다. 연구자들은 "작업을 미루는 것이 때로는 도움이 된다. 그렇게 미적대는 사람들에게 근사한 아이디어가 떠오를 수 있기 때문이다"라는 결론을 냈다.

렌 엘모어: 평생에 걸쳐 변신한 농구 선수

더 코리안 비건처럼, 내가 이 책을 준비하면서 만난 다른 많은 이들도 종잡을 수 없는 길을 따라 자신의 여정이 정확히 어디를 향하고 있는지 모른 채 새로운 삶으로 건너갔다. 또 그들 중 일부는 삶의 1막을 이행하면서 2막을 준비하는 법을 터득해야만 했다. 수명이 짧은 직업을 선택했기 때문에 미래를 위한 경력 전환을 모색할 수밖에 없는 이들이 그렇다.

운동선수, 무용수, 소방수, 군인처럼 신체 활동이 많은 직업은 보통 은퇴가 빠르다. 특정 시점이 되면 그들의 몸이 더 이상 받쳐주지 않거나 뉴페이스가 점령한 직장에 남아있기에는 너무 '늙은' 존재로 여겨진다. 이런 사람들은 자신을 *반드시* 의도적으로 재창조해야 한다. 그리고 그런 경우에는 첫 번째 경력을 이행하는 시간을 일부 할애해서 자기의 두 번째, 혹은 세 번째 경력을 고민할 수밖에 없다. 그래서 이들은 '움직이기 전에 움직이기' 전술의 필요성을 그 누구보다 잘 안다. 우리는 그들에게서 많은 것을 배워야 한다.

미국프로농구NBA 선수들이 입단 후 선수로 지내는 평균 기간은 4년 반이다. 하지만 농구 스타 렌 엘모어Len Elmore는 인디애나 페이서스와 뉴욕 닉스를 포함해 10년이나 NBA 생활을 했다. 동시에 그는 선수 생활 내내 코트 밖의 삶에도 관심을 가졌다. 생계를 위해서라도 계속 벌어야 했기 때문이다. 그가 선수로 활동했던 1970년대와 1980년대에도 NBA 선수들의 수입은 제법 괜찮았지만, 그렇다고 지금처럼 평생 여유로운 생활을 보장할 정도는 아니었다. 그의 말을 빌리면 당시에는 정상급 선수들도 "파티를 열 정도의 돈"만을 벌었는데, 오늘날 최고가 된 선수들의 연봉과 비교하면 푼돈일 뿐이었다. 엘모어의 동료 선수 중에는 파산하거나 약물에 중독되거나 노숙자가 된 사람도 있었다. 2009년, 《스포츠 일러스트레이티드》의 한 기사는 NBA 선수 중 은퇴 후 파산하는 경우가 60%에 이른다고 보도했다. 대다수 선수에게는 의지할 만한 다른 기술이 없었다. 엘모어는 어떻게든 그런 운명을 피하고 싶었다.

렌 엘모어에게는 아주 어렸을 적, 그러니까 자라서 인생과 코트를 누비는 거인이 될 거라는 예감이 들어서기 전부터 가졌던 꿈을 지키며 사는 것이 중요했다. 그는 도시 재생 프로젝트가 한창이었던 시절 브루클린의 이스트뉴욕에서 자랐는데, 그의 부모님은 그가 어렸을 때부터 유독 교육을 강조했다. 소작농의 딸이었던 그의 어머니는 가난한 가정 형편 때문에 장학금을 주는 대학에 갈 수밖에 없었다. 그의 아버지는 고등학교 때 학교를 중퇴한 이후 청소부 일을 했다. "나는 기회를 날려버렸지만 너는 그러면 안 된다." 그의 아버지는 종종 4남매 중 장남이었던 엘모어에게 이렇게 말했다. 그의 부모님은 차곡차곡 모은 돈으로 퀸스에 작은 집을 마련했고 지하실에 조그만 '도서관'을 만들었다. 그리고 빚을 내서 산 성경책들과 백과사전 전집으로 책장을 채웠다.

때는 1960년대로 시민권 운동과 베트남전쟁, 반전시위가 한창이던 격동의 10년이었다. 어린 엘모어는 TV 앞에서 이 모든 광경을 몇 시간씩 지켜보았다. 그는 마틴 루터 킹 주니어, 맬컴 엑스Malcolm X 같은 인물에게 매료되었고, 특히 축구 챔피언 출신의 변호사이자 가수 겸 배우 겸 인권운동가였던 폴 로베슨Paul Robeson은 그의 롤 모델이었다. "저도 그런 사회적 변화를 만들어내는 일부가 되고 싶었습니다. 방관자가 되지 않겠다고 다짐했어요." 그는 이렇게 회상했다. "저는 침묵하는 이들에게 목소리를 내고 싶었어요."

하지만 엘모어가 자라고, 자라고, 또 자라서 2미터가 넘는 장신이 되자 운동이 그의 삶을 지배하게 되었다. 그는 야구와 축구를 즐겼고 어디서든 돋보였다. 본격적으로 농구를 하게 된 것은 고등학교에 입학한 이후였다. 어느 날 농구 코트에서 친구들과 시간을 보내는데, 그 장면을 목격한 체육 교사가 엘모어에게 학교 농구팀에 가입해보라고 권한 것이다. "그때는 농구 규칙도 몰랐어요. 그런데 이리저리 뛰어다니던 제가 체육 선생님 눈에 띄었나 봐요." 엘모어는 농구의 경기 원리를 순식간에 파악했고, 1년도 안 되어 농구팀으로 유명한 가톨릭 고등학교인 파워 메모리얼 아카데미에 스카우트되었다.

농구는 그에게 대학에 탑승하는 티켓과도 같았다. 그의 활약으로 파워 메모리얼 아카데미가 전국 고교농구 리그에서 우승하자, 여러 대학에서 돈과 선수 자리를 약속하며 너도나도 그를 스카우트하려고 했다. 어떤 학교는 그의 환심을 사려고 동문인 유명 선수를 집에 보내기도 했다. 혼란스러운 시기였고, 특히 엘모어 부모님의 심적 부담이 심했다. 결국 엘모어는 메릴랜드대학교를 선택했고, 4학년 때는 대학 농구 리그의 '슈퍼스타All-American'로 선정되었으며 50년이 지난 지금까지도 메릴랜드 농구팀의 역대 최고 리바운드 선수 기록을 유지하고 있다.

엘모어는 학교 수업에도 성실했지만, 한 학기를 남기고 인디애나 페이서스와 계약을 맺으면서 학교를 떠날 수밖에 없었다. 그렇게 캔자스시티 킹스, 밀워키 벅스, 뉴저지(지금의 브루클린) 네츠, 그리고 1983년 여름에는 뉴욕 닉스로 이어지는 그의 NBA 대장정이 시작되었다. 닉스와 계약할 시점에 그는 31세였다. "제 농구 여정도 막바지에 이르렀다는 게 느껴졌어요. 무릎 부상에 나이도 먹었고, 어차피 선수 생명이 긴 종목도 아니니까요. 선수로 뛸 날이 오래 남지 않았다는 걸 예상했습니다."

그런데 선수 생활을 하는 내내 그의 마음속에는 어린 시절의 꿈이 남아있었다. 이런 열정은 교육을 강조했던 그의 부모님은 물론이고 대학 때부터 연인이었던 게일(그 후 35년간 결혼 생활을 이어간)을 통해 더욱 공고해졌다. 엘모어는 프로 선수였지만, 매년 여름이면 메릴랜드대학교의 서머 프로그램에 다니면서 마침내 학위를 마쳤다. 농구팀 안에서 '라커룸 변호사'를 자처하며 동료 선수와 스포츠 기자들에게 단체 협상 방법을 알려주기도 했다. 그리고 뉴욕 닉스와 2년 계약을 맺을 무렵, 엘모어는 성격이 완전히 다른 무언가에도 함께 서명했다. 로스쿨 입학시험인 LSAT을 치르기 위한 준비 과정에 등록한 것이다. 결국 닉스와의 계약이 1년 남았을 때, 그는 고급 호텔 생활과 사랑스러운 팬들을 하버드 로스쿨 학생이라는 스파르타식 삶과 맞바꾸며 프로농구의 세계를 영원히 떠났다.

나는 그런 큰 변화가 일어나고 얼마 지나지 않아 엘모어와 게일 부부를 이웃으로 만났다. 부부에게는 훌륭한 두 아들이 있었고, 우리는 비슷한 또래의 자녀를 키우면서 자연스레 친구가 되었다. 그 과정에서 나는 엘모어의 뛰어난 경력 전환 능력을 목격할 수 있었다. 그는 브루클린에서 지방 검사보로 몇 년을 일한 뒤 다시 스포츠계로 돌아왔다. 처음에는 CBS의 대학농구 해설위원으로 있었지만, 이후 스포츠 에이전시에 소속되어 일한 다음, 다시 방송계로 복귀해 ESPN과 CBS에 재직했다. 그런 일들을 하는 사이에도 그는 기업 변호사 일을 해냈고 교육 관련 IT 기업을 직접 경영하기도 했다.

그러던 2017년에 돌연 엘모어에게 무시무시한 중단 단계가 찾아왔다. 그는 삼중 위협의 제동에 걸렸다. 먼저 치명적인 세균성 감염으로 다리를 절단할 위기에 처했고, 심장마비가 왔으며, ESPN 해설가 자리에서 해고되는 불명예를 얻었다. 65세의 나이에 그는 또 한 번 자기를 재창조해야 할 운명을 직감했다.

그가 "단연코 가장 힘들었던 경력 전환"이라고 말한 잔인한 시기였다. 그는 다음에는 어디로 가야 하는지도 확실히 모른 채, 하던 일을 두고 떠나야 하는 *분투*의 시기로 내던져졌다. 자신에게 미래가 있는지조차 알 수 없었다. "스스로 제 능력을 의심하고 걱정했냐고요? 맞아요." 그는 이렇게 시인했다. "하지만 그냥 해보는 수밖에 없었어요. 과연 내 몸이 직장 일을 감당할 정도로 회복될 수 있을까? 확신하기 어려웠지만 어쨌든 선택해야 했어요. 긍정적인 사고가 필요했고요."

그런 암흑기를 돌파하기 위해, 엘모어는 화술, 스포츠 산업에 대한 전문 지식, 법률 지식 등 자신이 가진 경험과 기술들을 쭉 써 내려갔다. 그리고 이런 기술들을 이제껏 한 적 없는 새로운 것으로 재구성하는 방법을 폭넓게 고민했다. 그러던 중 컬럼비아에서 스포츠 경영을 가르칠 교수를 찾고 있다는 구인 정보를 발견했다. 직접적인 교직 경험은 없었지만, 맬컴 엑스와 폴 로베슨을 존경하던 어린 시절부터 농구 선수로 활약했던 경험, 법률 및 기업 경력까지 그가 실생활에서 체득한 모든 게 하나로 엮였다. 마치 직업인으로서 엘모어의 정체성을 형성하는 모든 조각이 *탐색* 과정의 일부였고, 삶의 다음 장을 향한 *해법* 단계로 필연적으로 이어지는 것 같았다.

오늘날 렌 엘모어는 컬럼비아대학교에서 스포츠 리더십과 운동선수의 인권 및 사회정의 과정을 가르친다. 그는 어렸을 때 자신의 마음을 사로잡았던 사회정의라는 영역에 농구 경력, 매체 전문성, 그리고 운동선수의 인권에 대한 지식을 결합했다. 경력 초기에는 농구 선수라는 유효기간이 있는 직업을 선택했지만, 이후 엘모어는 여러 자리를 거치면서 경력 재창조의 전문가가 되었다. 다양한 미래를 재구성하려면 과거의 경험을 종합적으로 살펴봐야 한다는 사실을 스스로 깨달은 결과였다.

"탐색을 하면서 당신이 가진 전문 지식이 그 기회에 부합하는지 합을 맞춰봐야 해요. 퍼즐 두 조각이 있다고 보면 됩니다." 그는 내게 말했다. "그중 한 퍼즐의 모양으로만 굳어진 사람은 개별적인 기술들을 새롭게 조합하는 식으로 변화할 수 있다는 사실을 알지 못하죠. 하지만 저는 그 새로운 조합을 통해 기회를 얻었습니다."

그랜트 교수는 이렇게 설명한다. "아직 레시피를 모르는 상태로 요리 재료를 모은다고 생각해봅시다. 그러다 보면 나중에 그중 몇 가지 재료를 섞어서 뜻밖에 아주 맛 좋은 요리를 만들게 됩니다."

윌 브라운: 삶은 원형적이다

엘모어가 그랬듯이, 과거의 경험을 한데 모아서 미래를 리모델링하는 것은 새로운 직업이나 삶에 성공적으로 안착한 사람들의 중요한 능력 중 하나다. 이를 위해서는 올바른 사고방식과 모험을 향한 열린 마음이 필요하다. 농구 코트에서 지방검찰청으로, 또 방송 중계 부스에서 대학 강단으로 경력을 전환한 엘모어처럼 삶의 굴곡 속에서도 꾸준히 마음을 열고 상황을 타개하는 데 집중하면 그 당시에는 헛되어 보이는 것들이 나중에는 당신을 지금까지와 완전히 다른 뜻밖의 기분 좋은 길로 인도할 것이다.

일례로 윌 브라운 또한 자신이 농부가 되리라고는 한 번도 생각하지 못했다. 그는 스워스모어대학교 경제학 교수의 아들로 사립학교를 거쳐 하버드에 입학하고, 졸업 후에는 J.P. 모건에 입사했다. 그와 아내는 길고 지친 한 주를 보낸 후 편안하게 쉴 수 있는 저렴한 주말 별장을 찾고 있었고, 그런 와중에 부동산 업자가 폐업한 낡은 목장을 한번 보면 어떻겠냐고 권했다. 그들은 좁고 구불구불한 산길을 달려, 수십 년 전에는 도로였다는 울퉁불퉁한 진흙길을 거쳐, 마침내 25만 평에 달하는 농지 가운데에 있는 농가를 보게 되었다. 땅에는 눈이 30센티미터나 쌓여있었다. 마치 타임캡슐 안으로 들어가는 기분이었다.

"워릭은 과거에 머물러있었습니다. 거꾸로 가는 동네 같았어요. 변변한 도로가 없으니까 개발이 안 되었던 거죠." 브라운이 그때를 떠올렸다. "반 마일 정도 흙투성이 길을 따라 내려가니까 농가가 하나 나왔습니다. 들어갔더니 그 집 아내가 있었는데 난방이 되지 않아서 석유난로를 켜고 있더라고요. 장로교 목사님이 한 분 더 계셨는데 예전 그 검은색 수사복을 입고 있으셨고요. *맨해튼에서 딱 한 시간을 달려갔을 뿐인데 100년 전으로 돌아간 기분이었어요.*"

그런데 브라운은 그런 모습에 바로 매력을 느꼈다. "코네티컷에도 그렇게 싼 집은 없었어요." 부부는 농가를 사서 개조한 다음, 주말마다 도시의 복잡한 삶에서 벗어나 그곳에서 여유로운 한때를 보냈다. 농촌 생활의 관찰자가 되는 일도 만족스러웠다. 아내는 종종 아이들을 데리고 이웃 목장에 가서 젖소에서 우유를 짜는 모습을 구경했다. 또 다른 이웃에 가면 건초 말리는 광경을 볼 수 있었다.

몇 년 뒤, 지역 사람 하나가 노모가 기르던 육우를 받아 키우기 위해 그의 목장을 임대했다. 가끔 소가 목장을 벗어나면 브라운이 다시 소를 몰아 돌려보내고는 했다. 그는 암소가 새끼를 낳을 때도 함께 있었고 수컷을 거세하는 방법까지 배웠다. 그는 어느 순간 농장 일에 대한 지식을 조금씩 늘리고 있었다. 그로부터 몇 년이 지나지 않아 브라운은 주변의 농지를 더 취득했다. 처음에는 큰 도로로 접근할 수 있는 농지를 샀고, 그 지역이 개발되는 것을 막기 위해 더 많은 농지를 샀다. 결정적 전환점은 2003년에 왔다. 그의 목장을 임대해 쓰던 이웃이 죽으면서 그 아들이 소들을 모두 처분하기로 했다는 소식을 들은 것이다. "어차피 그 소들은 전부터 우리 부부가 돌보고 있었거든요. 그래서 16마리를 모두 샀어요." 브라운은 그때 상황을 내게 말했다. "그 정도면 그렇게 고되지는 않을 것 같았어요. 전부 방목해서 키우는 육우인지라 많이 신경 쓸 필요가 없었습니다."

하지만 아내인 바버라의 기억은 조금 다르다. 당시 그녀는 뉴욕에서 주택 관련 비영리단체 일로 정신없이 바빴다. "당신이 원하는 대로 해." 그녀는 남편에게 이렇게 말했던 것으로 기억한다. "하지만 소가 도로로 도망갔다고 해서 내가 휴가를 내고 거기로 달려갈 거라는 기대는 하지도 마."

당시 브라운의 마음은 농촌에서의 삶으로 더 기울고 있었다. 그는 은행을 퇴직하고 컨설팅 회사를 차린 상태여서 목장 일에 더 많은 시간을 할애할 수 있었다. 오후가 되면 이웃 한 명이 사냥을 할 겸 방문해서 소들을 같이 돌봐주었다. 그는 브라운에게 트랙터를 사라고 권했다. "그렇게 점점 목장 일이 늘어나기 시작했어요. 소들이 있으니까 당연히 송아지가 생겼고, 마릿수가 자연스레 늘어났죠." 2008년에 바버라가 직장을 그만두면서, 그녀 역시 늘어나는 소들에 대한 장부를 관리하고, 웹사이트를 만들어 운영하고, 마케팅을 맡아 하면서 목장에서 더 많은 시간을 보내게 되었다.

이윽고 부부는 목장 일의 규모가 너무 커져서 그저 부업으로 삼기에는 그들이 너무 많은 시간을 쓰고 있다는 사실을 깨달았다. 둘 중 하나였다. 아예 목장 일을 접거나, 아니면 그 일로 생계를 유지하는 법을 배워야 했다. 중간 지점은 없었다.

도시의 삶과 농촌의 삶 중 무엇을 택해야 할까? 두 선택지가 부부의 마음속에서 팽팽히 맞섰다.

"저는 좀 더 주저하는 쪽이었어요." 바버라는 인정하듯 말했다. 그녀는 이제 막 농촌 생활에 흥미가 싹트고 있었다. 심지어 나와 대화하는 중에도 그녀는 신난 표정으로 이렇게 말했다. "봄에 송아지들이 태어날 때 꼭 다시 오세요. 너무 경이롭고 신비하거든요. 새끼가 나오자마자 어미 소가 그 몸을 핥기 시작하고, 새끼가 바로 머리를 들어요." 그러더니 한숨을 쉬었다. "맞아요, 보람찬 일이에요. 그 모든 사건에도 불구하고 제가 어떻게 목장 일에 사로잡혔는지를 결론부터 들려드리는 꼴이네요."

목장의 승리였다.

브라운과 농장 투어를 하고 몇 주 후, 나는 다시 그곳을 찾아 브라운의 일과를 함께 경험해보기로 했다. 어느 무더운 여름날의 일요일 아침이었다. 예전 그의 동료들은 일찌감치 골프 코스를 돌고 햄프턴에서 브런치를 즐기고 있을 시간이었다. 대신 나는 진흙이 덕지덕지 묻은 그의 SUV 조수석에 앉아 후덥지근한 바람을 그대로 맞으며 또 다른 목장으로 소들을 몰고 있었다. 소를 한 목초지에서 다른 목초지로 옮기는 일은 따뜻한 달에는 하루도 빠짐없이 해야 하는 그의 일과 중 하나다. 목장마다 8,000볼트의 전류가 흐르는 얇은 금속 울타리가 설치되어 있다. 나는 그가 울타리의 전류를 끊고, 소들을 밖으로 내몬 다음, 울타리 문을 닫고, 다시 전원을 켜는 모습을 가만히 지켜본다. 브라운이 전류가 흐르는 울타리에 가까이 갈 때마다 내 몸이 움찔한다.

"감전될까 봐 걱정되지 않으세요?" 내가 묻는다. 브라운이 어깨를 으쓱하며 말한다. "늘 하는 일인데요. 일상일 뿐입니다."

소들을 다른 쪽 목장에 안전히 옮긴 다음, 나는 다시 그의 SUV

에 올라 울퉁불퉁한 풀밭 위를 요동치며 달리는 차 안에서 떨어지지 않으려고 롤바를 꽉 붙든다. 또 다른 목장에 도착하자, 브라운은 다시 차에서 뛰어내려 무서운 울타리의 한 부분을 걷어낸다. 소들은 진흙과 소똥이 가득한 웅덩이에 발이 빠지든 말든, 나른한 모습으로 그늘에 배를 깔고 앉는다. 차에서 조심스레 내려 땅을 밟자 찐득한 분비물이 탐욕스럽게 내 장화를 끌어당기며 위협한다. 소들은 그런 나를 차분한 눈으로 바라본다. 그제야 소들의 얼굴이 사실은 검은색이 아니었다는 것을 알게 된다. 우리 주위를 날아다니던 수많은 파리 떼가 소들의 코 위를 점령했을 뿐이다.

브라운은 그 사실을 눈치채지 못한 것 같다. 그는 그저 "히야! 히야!" 외치면서 소들의 옆구리를 찰싹 때린 다음, 차에 올라 다시 근처 목장으로 소를 몰며 달린다. 몇 분 만에 모여든 소들은 600킬로그램이 넘는 거대한 개들처럼 우리 뒤를 순순히 따른다.

고되고 외로운 일이었다. 매력적이라는 말과는 전혀 어울리지 않았다. "도시의 삶이여 이제 안녕!" 같은 말과는 천지 차이였고 내가 상상할 수 있는 그 어떤 일과도 거리가 멀었다.

사람들은 평화롭고 느리게 흘러가는 시골 생활을 위해 소란스러운 도시 생활을 포기하는 것이 낭만적이라 상상하겠지만, 실상은 우리의 예상과 전혀 달랐다. 농촌 생활은 가혹한 육체노동이 전부였다. 게다가 브라운의 하루는 이제 시작일 뿐이었다. 소 두 무리를 옮기고, 고장 난 급수 호스를 고친 다음, 그는 또 다른 목장으로 향했다. 소똥이 발목 깊이까지 가득 찬 웅덩이를 지나자("이건 아무것도 아니에요. 비 내린 다음 날에 오면 아실 겁니다") 가지런한 풀밭들이 늘어선 수천 평의 들판이 우리 눈이 닿는 곳까지 끝없이 펼쳐진다. 오후가 되면 이 들판의 풀들은 400킬로그램에 가까운 건초 더미들로 변할 것이다. 저만치 보이는 커다란 트랙터가 브라운이 올라타 일하기만을 기다리는 것처럼 다소곳이 서 있다.

하버드에서 공부하고, 책상머리에서만 일했던 경제학자가 그런 안락한 삶을 뒤로하고 어떻게 이런 농촌 생활로 완전히 항로를 틀 수 있었는지 나는 상상하기 어렵다. 브라운에게 이유를 묻자 익숙한 대답이 돌아왔다. 내가 인터뷰했던 다른 사람들처럼 그의 변화도 연속적이었다는 것이다. 그는 두 번째 직업인 컨설팅 회사를 시작했을 때도 그렇지만 지금도 과거에 경험했던 것들을 모두 활용하고 있다고 한다. "남들 눈에는 완전히 별개의 일로 보이겠지만, 그렇지 않습니다."

브라운은 경제학자로서 그 대상이 농장이든 공장이든, 아니면 금융계이든 언제나 프로세스와 문제 해결에 호기심을 느꼈다. "농장 운영은 그런 점에서 남편과 아주 잘 맞아요." 이는 남편을 관찰해 온 바버라의 결론이다. 브라운에게는 자신의 경제학적 두뇌를 힘들기로 유명한 농장 일에 적용하는 것이 도전이자 매력이다. 농장 일이 흥미로운 또 다른 이유는 그가 사업 전체를 관할할 수 있다는 점이다. 기업에 있을 때는 거대한 조직의 작은 일부만을 담당할 수 있었지만, 지금은 농장을 운영하면서 송아지 출산부터 소고기 판매까지 모든 일을 그가 하나하나 감독할 수 있다. "목장은 이 일의 단면일 뿐입니다. 이 일이 주는 또 다른 매력은 작은 사업체를 운영한다는 점이거든요. 매출이 있고, 비용도 있고, 소득세도 발생합니다. 예전에도 기업에 속해있었지만 자기 전문 분야만 할 수 있었으니까요. 그러면 사업의 아주 일부만 볼 수 있어요. 그래서 농장 일을 더 매력적으로 느낀 것 같습니다."

윌 브라운도 다른 이들처럼 점진적인 과정을 통해 자기를 재창조했다. 그가 성공할 수 있었던, 그리고 농장 일에 편안함을 느꼈던 가장 큰 이유는 아마 본인이 기존의 삶을 떠난다고 의식하기 전부터 이미 새로운 삶을 향해 움직이고 있었기 때문일 것이다. 농장 일에 쓰는 시간이 늘어나면서 그는 자연스레 컨설팅 일의 비중을 줄여나갔다. J.P. 모건 시절에는 새벽 6시에 알람이 울려야만 어쩔 수 없이 일어나던 그였지만, 농장 일을 시작하면서부터는 해가 뜨면 저절로 일어나는 습관이 들어서 여름철에는 알람 없이도 새벽 5시 전에 기상할 수 있었다. 삶의 새로운 리듬에 서서히 맞춰나가게 된 것이다.

그에게 전업 농업은 삶의 또 다른 단계일 뿐이다. 대형 은행에서 일하다 1인 컨설팅 회사를 차리게 되거나, 자녀들이 대학에 입학해 집을 떠나면서 부부만 남는 삶이 시작되는 것과 다를 게 없었다. "그렇게 농사일을 시작하게 되면 삶이 또 달라집니다. 한 발짝

한 발짝이 모두 상당한 변화로 느껴지죠." 그가 말한다. "그렇지만 저의 변화는 어디까지나 단계적으로 일어났습니다. 조금씩, 천천히, 한동안은 주말에만 하는 식으로 차근차근 시작할 수 있었던 게 큰 이점이었습니다."

샤워와 에어컨 바람이 간절한 마음으로 농장을 떠날 때가 되자 브라운이 잠시 하던 일을 멈추고 나를 배웅한다. 그가 입은 낡은 티셔츠는 온통 땀으로 얼룩덜룩하고 신발은 진흙과 소똥으로 엉망이다. 그가 한때는 정장과 넥타이 차림의 경제학자였다는 흔적은 어디에서도 찾을 수 없다. 이른 아침의 태양은 이제 막 나무들 사이를 비집고 떠올랐는데 기온은 어느새 32도에 다다른다.

시동을 켠 채 에어컨 바람을 최대한 세게 틀고 흙먼지가 날리는 도로로 향하는 나를 뒤로하고 브라운은 다시 일하러 돌아선다. 그에게는 등골이 휘어지게 힘든 노동이 아직 몇 시간 더 남아있다.

그는 행복해 보인다.

7장

잠시 멈춤의 미학

해법을 찾는 지름길은 충분한 휴식

위대한 업적은
정적이고 사색적인 장시간의 명상 뒤에야 나온다.

| 월터 배젓 Walter Bagehot, 《이코노미스트》 전 편집장

언젠가 에너자이저처럼 힘이 넘치는 동료와 미국 전역을 돌며 고객들을 만나는 출장을 떠난 적이 있다. 밤늦게 LA에 도착한 날이었다. 온종일 중서부 지역에서 연달아 회의만 한 탓에 녹초가 된 나는 한시라도 빨리 호텔에 들어가 좀 쉬자고 간청했다.

동료는 콧방귀를 뀌며 말했다. "잠은 루저들이나 자는 거예요."

이제껏 일하면서 형태는 조금씩 다르지만 비슷한 말을 여러 번 들었다. 방송사 임원인 한 친구는 힘든 문제에 봉착하면 "커피나 한 가득 내려"라고 말한다. 이는 곧 친구와 그의 아내가 카페인의 힘을 빌려 밤새 대책을 찾고야 말겠다는 의지의 표현이다.

나의 지인들처럼, 우리 대부분은 힘겨운 문제에 직면하면 두 배 더 열심히 애쓴다. 아무리 지쳐도, 설사 해답을 얻지 못할지라도 우리는 그 문제에 계속 매달린다. 특히 삶에서 중대한 변화를 꾀할 때는 끝없는 고민으로 잠 못 드는 밤이 계속되면서 상황이 더 심각해진다. 우리는 마치 신화 속 시시포스처럼, 커다란 바위를 산꼭대기로 올려봤자 다시 굴러떨어질 것을 알면서도 계속해서 밀어 올린다. 아니면 조지 오웰의 《동물농장》에 등장하는 짐말 복서처럼 "쓰러지더라도 내가 좀 더 일하겠소!"라는 말을 되풀이한다.

그런데 이런 접근 방식은 정확히 잘못된 것이다.

우리가 '아하'의 순간을 다루면서 확인했던 것처럼 별안간 머리를 스치는 깨달음은 종종 딴짓을 할 때 일어난다. 하던 일을 멈추고 샤워를 하거나, 산책하거나, 혹은 잠자리에 들었을 때 느닷없이 해

답이 떠오른다. 그런데 그렇게 숨을 돌리는 행위가 어쩌다 일어나는 섬광 같은 통찰력만 유도하는 것은 아니다. 휴식은 우리가 지금까지 살펴본 다른 유형의 변화들, 다시 말해 그것이 트라우마를 이겨내는 것이든, 실패를 극복하는 것이든, 아니면 직업을 재고하는 것이든, 변화에 꼭 필요하기 때문이다. 숨을 돌리는 시간은 이제는 당신도 익숙해졌을 *탐색 → 분투 → 중단 → 해법*이라는 패러다임의 필수 요소다. 유형을 막론하고 혁신과 재창조 과정의 핵심이 된다. 우리가 주의를 기울이지 않을 때 무의식은 엄청나게 많은 일을 해낸다.

당신이 최근에 기가 막힌 아이디어를 떠올린 때를 생각해보자. 그때 어디에 있었나? 긴 일과를 마치고 책상 앞에 앉았을 때였나? 아니면 8시간짜리 교대 작업을 마치고 잠시 서 있을 때였나? 어쩌면 두 시간 동안의 회의가 끝났을 때는 아니었을까? 사실상 줌으로 열심히 회의하던 중에 번뜩이는 아이디어를 떠올리는 사람은 드물다. 실제로《네이처》에 실린 한 연구 결과를 보면 줌 회의는 창의력을 저하시킨다. 멈추지 않고 일만 하면 우리의 창의성이 떨어지고 해결책을 떠올릴 가능성은 낮아진다. 잠깐 숨을 돌려 완전히 다른 활동을 할 때 생산성이 훨씬 높아진다.

몇 시간 잠을 자든, 아니면 몇 달 동안 휴가를 떠나든 휴식이 새로운 아이디어나 새로운 방향을 떠올리는 데 가장 중요하지만 가장 과소평가되는 요소라는 사실은 여러 연구들을 통해 입증되었다. 이런 연구는 비단 개인의 정신건강 때문이 아니라도 혁신과 효율성, 인간적인 면모를 증대하기 위해 조직 재편이 절실한 기업, 학교, 정부 같은 기관에도 의미하는 바가 크다.

문제는 현대사회가 구조적으로 이런 휴식과 어울리지 않는다는 점이다. 우리 대부분은 자기 자신에게 휴식을 부여하는 데 각박하다. 가파른 장애물은 당연히 극복해야 하고, 까다로운 문제는 자리에 앉아 골똘히 풀어야 한다고 여긴다. 이런 태도가 우리의 문화, 학교 교육, 양육 방식에 고착되어 있다.

휴식이라는 개념 자체도 의심스럽다. 미국인들은 유급휴가의 3분의 1을 쓰지 않는다. 팬데믹 기간에도 재택근무자들은 재택 이전보다 더 오래 근무했으며, 번아웃 증상이 우리 사회의 풍토병이 되었다. 이제 "너무 바빠"라는 말은 지위를 상징하는 클리셰와 같다. 사람들은 펩시코 대표로 있는 동안 하루에 네 시간만 잤다는 인드라 누이나 하루에 세 시간밖에 안 잔다는 패션 디자이너 톰 포드, 밤잠은 네 시간이면 충분하다는 도널드 트럼프 전 대통령처럼 자신이 얼마나 적게 자는지를 자랑하는 사람들을 숭배한다. 잠을 줄이는 것에 대한 이런 숭배는 나의 옛 직장에서 벌인 다음과 같은 광고 캠페인에도 잘 드러난다. "*시간 없는 사람들이 시간을 쪼개 읽는, 월스트리트 저널.*"

모두 이토록 애쓰는데도 사회 전체는 우리에게 아직 *부족하다고* 말한다. 책들은 어떻게 하면 더 열심히 더 빠르게 더 잘할 수 있는지, 어떻게 하면 효율을 극대화할 수 있는지, 또 어떻게 성공한 사람들의 일하는 습관을 따라 할 수 있는지를 가르친다. 컨설턴트들은 큰돈을 받고 업무 프로세스와 조직도를 재편해준다. 조직 관리 코치들은 기업 리더들에게 어떻게 하면 그들 자신과 부하에게서 더 많은 성과를 짜낼 수 있는지 비밀을 전수한다. 자칭 시간 관리 전문가들은 완벽한 일정 관리를 약속하는 '생산성 쪼개기' 팁들을 알려준다. 바쁨과 생산성 사이에 상관관계가 없다는 것이 여러 연구에서 밝혀졌음에도 불구하고 우리는 이 모든 것들 덕분에 더 바빠졌으며 그 결과 우리의 경력이나 삶을 재구성할 시간이 어느 때보다 부족해졌다.

더 심각한 일은 사람들이 어쩌다 한가로운 시간이 생기면 자기의 가치를 의심한다는 점이다. 노스다코타 주립대학교 교수가 연말연시에 사람들이 주고받은 연하장을 분석한 결과 '정신없는', '휘몰아치는', '미친 듯이 바쁜' 같이 바쁜 일상과 관련된 말이 지난 몇십 년 동안 엄청나게 증가했다는 것을 알 수 있었다. 흥미로운 설문 결과도 있다. 연구자들이 사람들에게 하루에 10시간씩 일하고 주말에도 일하는 '짐'과 하루에 7시간 이하로 일하는 또 다른 '짐'의 상황을 설명하며 둘의 사회적 지위를 각각 유추해달라고 했더니, 과로에 시달리는 짐이 한가로운 짐보다 사회적으로 훨씬 더 높은 평가를 받았다. 마찬가지로 응답자들은 블루투스 이어폰을 낀(일하는 것으로 보이는) 사진 속 '앤'을 일반 헤드폰을 쓴(음악을 듣는 것으로 보이는) 사진 속 '앤'보다 지위가 더 높은 사람으로 평가했다. 이런 경향은 배달 서비스 앱으로 식료품을 주문하는 '매슈'와 트레이더 조 같은 마트에 직접 가서 식료품을 구입하는(덜 바빠 보이는) '매슈'를 비교했을 때도 비슷하게 나왔다. 그리고 응답자 112명에게 본인의 삶이 "여느 때처럼 미친 듯이 바쁘다"고 설명하는 '다니엘'의 편지와 본인의 삶이 "여느 때처럼 한가롭다"라고 설명하는 '다니엘'의 편지를 읽게 했을 때 사람들은 바쁜 다니엘을 여유로운 '다니엘'보다 더 부유하고, 연봉이 더 높은 직업에 종사하며, 인기도 더 많을 것으로 여겼다.

이 연구자들은 X(옛 트위터)에서 자기 비하적인 말로 은근히 무언가를 자랑하는 행위로 정의되는 '겸손을 가장한 자랑질' 게시물들도 분석했다. 그런 트윗 1,100개를 코딩한 결과, 전체의 12%가 미치도록 바쁜 상황을 불평하는 내용임을 알 수 있었다. 다음은 그런 트윗의 몇 가지 예다.

> *트랄로크 리바스, 무대감독:* "지난 금요일에 공연 시작. 다음 주 화요일에는 또 다른 리허설 개시. 그 사이 워싱턴 DC에서 열리는 각종 회의 참석 예정. 살려줘!"
>
> *오스틴 페티스, 미식축구 수비수:* "지난 몇 주도 일에 파묻혀 살았는데 다음 두 주는 더 심하다니… 몸이 두 개라도 모자랄 지경!"

아서 케이드, 배우이자 모델: "새로운 소식들로 블로그 전부 업데이트 필요!! 미팅에 화상회의에 얼마나 정신이 없던지 팬들도 애써 못 본 척했던 나"

조쉬 시거드슨, 기자이자 작곡가: "안녕하세요. 전 16살이고 올해에만 책 세 권과 앨범 하나를 발표할 예정이에요. 누구 이 일들을 전부 제대로 해내는 법 알려주실 분 없나요?"

하지만 이렇게 휴식 없이 계속 바쁘게 지내는 것이 독창적인 아이디어를 내는 데는 아마 가장 비효율적인 방법일 것이다. 우리에게 익숙한 혁신가 중에는 자신이 일하지 않은 덕분에 성공할 수 있었다고 말하는 이들이 있다. 가령 마이크로소프트를 공동 창업한 폴 앨런Paul Allen이 내게 말하길, 자신은 밤마다 기타로 록 음악을 연주한 덕분에 더 나은 프로그래머가 될 수 있었다고 한다. 그는 밤낮없이 일하던 창업 초창기에도 저녁이 되면 휴식 삼아 기타를 꺼내 들었다. 어렸을 때는 바이올린을 배웠지만 15살이 되면서 바이올린 대신 기타를 치기 시작했고, 이후 평생 로큰롤 연주를 즐겼다. 그러면서 집중 강도가 센 코딩 업무와 긴장 완화에 효과적인 음악 사이의 연관성을 깨달았다. 그는 "곡을 연주하면 창작력에 대한 자신감이 높아집니다"라고 말했다. 또 기타를 연주하면서 머릿속에 새로운 길이 열렸고, 그 결과 퍼스널 컴퓨팅이라는 영역을 새롭게 창조할 수 있었다고 설명했다. "음악과 프로그래밍 둘 다 현재 존재하는 것 너머를 보고 자신을 새로운 방식으로 표현하도록 몰아붙이는 뭔가가 있어요."

그렇다고 영감을 받기 위해 폴 앨런처럼 일부러 기타를 배우거나 지미 헨드릭스의 음악을 들을 필요는 없다. 공상에 빠져 이 생각 저 생각 하도록 내버려두기만 해도 비슷한 효과를 얻을 수 있다. 정신건강 전문가들은 인간이 최상의 시기에도 전체 시간의 25~50%를 공상으로 보내며, 그 비율이 코로나19 팬데믹 시기에 더 높아졌다고 말한다. 대부분의 사람들은 공상에 빠지는 것을 문제시하며 성격적 결함으로까지 치부한다. 우리 사회에는 공상에 빠지는 것을 시간 낭비로 여기는 통념이 있다. 그래서 몽상에 빠지려고 하면 정신을 퍼뜩 차리게 된다. 열심히 떠들고 있는데 배우자나 자녀가 멍한 눈으로 허공을 응시하고 있으면 집중하라고 다그치기도 한다. 또 회의 중에 멍 때리는 모습을 누군가에게 들키면 부끄러움을 느낀다. 교사들은 학생들의 마음이 배회하지 않도록 훈련하고 학생부에 그런 모습을 지적해 기재한다.

그런데 연구에 따르면 사실 우리는 공상에 빠졌을 때 가장 창의적이다. 몇 년 전, 심리학자이자 *생각의 배회*mind wandering를 연구하는 조너선 스쿨러와 동료들은 200명에 가까운 작가와 물리학자들에게 매일 그날 떠오른 가장 창의적인 생각을 일기로 남겨달라고 요청했다. 스쿨러는 그들의 가장 독창적인 사고가 언제 어디서 나오는지는 물론이고, '창의적인' 작가와 '분석적인' 물리학자라는 아주 다른 성격의 두 직업 사이에 아이디어를 얻는 방식의 차이가 있는지 확인하고 싶었다.

놀랍게도 두 집단 모두 최고의 아이디어 20%를 일이 아닌 다른 무언가를 하고 있을 때 얻었다. 갑자기 떠오르는 위대한 영감은 그들이 몽상에 빠져있거나 뭔가의 비용을 치르고 있을 때처럼 어떤 문제에 집중하고 있지 않을 때 나왔다. 특히 골치 아픈 문제나 꽉 막힌 난국에 처한 상태일수록 일하지 않는 동안 문제가 풀릴 가능성이 컸다. 물론 그들이 낸 창의적인 아이디어가 모두 진정한 유레카급이라고 할 수는 없었다. 그러나 '아하'의 순간을 영접한 이들 중에는 책상에 앉아있을 때보다 일하지 않을 때 번뜩이는 순간을 경험한 경우가 훨씬 더 많았다.

산책이라는 간단한 행위도 생각보다 효과가 큰 것으로 보인다. 한 연구에서는 앉아있거나 휠체어를 타고 있을 때보다 걷고 있을 때 사람들의 창의력이 60%까지 더 상승했다. 일반적인 걷기뿐 아니라 러닝머신 위에서 걷거나 그냥 벽을 멍하니 응시할 때도 비슷한 효과가 나타났다.

걷기가 창의력에 미치는 이점은 스티브 잡스나 넷플릭스의 공동 창업자인 리드 헤이스팅스가 왜 그렇게 걷기를 즐기고 맨발 회의를 자주 했는지를 설명해준다. 베토벤, 말러, 차이콥스키, 브리튼 같은 작곡가들도 음악적 영감을 얻기 위해 매일 산책했다. 헨리 데이비드 소로, 무라카미 하루키, 윌리엄 제임스, 조이스 캐롤 오츠 같은 작가들도 마찬가지였다. 니체는 1889년 글에 이렇게 썼다. "진정으로 위대한 생각들은 모두 걸으면서 나온다."

자연에서 쉬는 것도 비슷한 효과를 낸다. 2012년 연구에서 알래스카, 콜로라도, 워싱턴 주의 광활한 자연 속에서 4~6일을 보낸 사람들에게 창의적 문제 해결 시험을 냈더니 하이킹 직후에 점수가 50%나 더 상승한 것을 알 수 있었다. 만약 나흘짜리 휴가는 꿈도 못 꿀 상황이라면 스코틀랜드에서 수행한 연구 결과를 눈여겨보자. 이 연구에 따르면 공원을 25분 산책하는 것만으로 짜증이 줄고 마음에 여유가 생기면서 신선한 아이디어 조각들이 부딪치고 연합하는 것과 비슷한 효과가 나타난다고 한다. 캐나다는 이런 효과를 좀 더 적극적으로 활용했다. 자연에서 시간을 보내면 스트레스 호르몬 수치와 기후변화에 대한 불안감까지 낮아진다는 연구 결과를 바탕으로 의사들이 환자들에게 국립공원 하이킹을 처방하는 프로그램을 도입했기 때문이다. 이 처방을 장려하는 PaPx 프로그램의 이사이자 의사인 멜리사 렘Melissa Lem은 말한다. "자연으로 상태가 호전되지 않는 병은 거의 없어요."

내가 재직했던 《USA 투데이》의 발행사인 개닛Gannett 본사는 버지니아의 교외에 있어서 나는 일하면서 가능한 매일 근처 호숫가를 산책했다. 나 말고도 그런 동료들이 많았고, 어느 순간 우리는 호수를 걸으면서 회의까지 하는 지경에 이르렀다. 어떻게 그게 가능했는지는 모르지만, 회의는 어떻게든 진행되었다. 실제로 우리는 호수를 산책하는 동안 기사 아이디어는 물론이고 스토리텔링 방식에 대한 혁신적인 접근법을 꽤 많이 발굴할 수 있었다.

수면: 꿈이 주는 선물을 받으려면

그런 식의 휴식이 말처럼 쉬운 것은 아니다. 아인슈타인이나 베토벤 같은 위인들은 일상의 리듬을 조절할 수 있었지만, 우리 같은 범인은 대부분 업무 일정의 노예이기 때문이다. 심지어 근무시간이 아닌 주말이나 밤에도 일에서 완전히 헤어나기 어려운 사람들이 많다. 베트남 출신의 승려로 존경받는 틱낫한은 그의 95년 인생의 상당 부분을 사람들에게 짬을 내 명상하라는 가르침을 전하며 보냈다. 그의 이런 노력이 항상 성공한 것은 아니었다. 그는 선불교계의 영향력 높은 지도자로 실리콘밸리의 구글 본사 직원들을 비롯해 많은 이들에게 "생각하지 않는 것이 성공의 비결"이라고 훈계했다. "일하지 않을 때 우리의 생산성이 높아지는 이유도 바로 그 때문입니다. 우리가 순간에 집중하는 법을 아는 한은 그렇습니다."

뇌가 딴전을 피울 만한 휴식 시간이 없으면 창의적 폭발에 이르는 원격 연결을 할 기회가 없어진다. 최근 연구는 어린아이들이 소셜미디어를 자주 보면 공상이나 조용한 사색에 빠질 기회가 없어져서 창의적 사고를 할 가능성이 차단된다고 말한다. 《하버드 비즈니스 리뷰》 또한 페이스북에 시간을 너무 많이 쓰면 집중력과 학습 능력이 저하된다는 기사를 발표했다.

잠이 문제 해결에 특히 중요한 이유도 그 때문이다. 3장에서 폴 매카트니가 '예스터데이'를 작곡한 일화에서 봤던 것처럼, 선잠을 자면서 폭발적인 창의력을 경험했다고 증언하는 이들이 종종 있다. 메리 셸리Mary Shelley가 1816년에 쓴 일기에도 그런 이야기가 나온다. 어느 날 저녁에 그녀가 남편 퍼시 셸리, 친구인 바이런 경과 함께 유령 이야기를 나눴는데 그날 밤에 《프랑켄슈타인》에 대한 꿈을 꿨다는 것이다. 작가인 존 스타인벡은 이 현상을 시적인 표현으로 이렇게 설명했다. "저녁때는 난감했던 문제가, 밤새 잠 위원회가 처리했는지 아침이면 풀리더군요."

잠은 그런 '아하'의 순간뿐 아니라 모든 종류의 문제 해결에 제 역할을 톡톡히 한다. "잠이라도 자면서 좀 더 생각해봐Sleep on it"라는 조언을 글자 그대로 되새겨야 한다. 거의 반세기 전에 수행된 한 실험에서, 윌리엄 디멘트William Dement는 학생 500명에게 잠들기 전에 단어 문제를 풀어달라고 요청했다. 그들 중 약 20%가 꿈속에서 해답을 찾았다. 그로부터 20년 후인 1993년, 하버드대학교의 심리학자인 디어드리 배럿Deirdre Barrett은 학생 76명에게 일주일 동안 매일 밤 잠들기 전에 특정 문제를 생각하게 했다. 그들이 선택한 문제 중 일부는 존재론적인 것(나는 어떤 분야를 탐구하며 살아야 할까?)에 속했다. 그리고 나머지는 현실적인 문제(이사 가는 아파트에 가구를 어떻게 배치해야 할까?)였다. 실험 후 절반에 가까운 학생들이 꿈에서 문제를 풀었다고 보고했고, 그중에는 새 아파트에 완벽하게 어울리는 가구 배치를 떠올린 학생도 있었다.

나 역시 우연히 이런 통찰력을 접할 기회가 있었다. 나는 대학생 때 시험에는 긴장했지만, 글쓰기만큼은 자신이 있었다. 그래서 보통 기말고사로 시험 대신 보고서를 제출하는 과목을 찾아다녔다. 그러면 더 좋은 성적이 나올 것 같았다. 실패하기 어려운 계획이었건만 그런 시도가 처음 몇 번은 실패로 끝났다. 마감 직전이 되어서야 밤을 새우면서 보고서를 쓰는 습관 때문이었다. 새벽녘이 되면 나는 꽉 막힌 머리로 벽을 쳐대고는 했다. 그런데도 고집스럽게 의자에 앉아 감기는 눈을 부릅뜨고 어떻게든 글을 써보려 애썼다. *잘못된 전략이었다.*

그렇게 절망적인 경험을 몇 차례 하고 난 다음에야 요령을 터득했다. 나는 내 지친 뇌가 더 이상 일하기를 거부하는 시점에 당도하면 완성도가 낮더라도 보고서 초안을 서랍 안에 넣어버렸다. 때로는 보고서를 치워두고 몇 시간 동안 선잠을 잤다. 실행 빈도는 낮았지만 이보다 더 나은 작전은 보고서를 며칠 동안 아예 잊고 지내는 것이었다. 그런 다음 초안을 꺼내 다시 읽으면, *작전 성공!* 모든 결점이 속속들이 보였다. 그것들을 어떻게 고쳐야 할지까지 눈앞에 또렷하게 보였기에 보고서 수정은 식은 죽 먹기였다. 그 과정은 재미있었고 긴장까지 풀렸다.

이제는 밤을 새우는 일은 없어졌지만, 이 요령은 지금도 내가 활용하는 독특하고 소소한 글쓰기 비법이다. 그러다 영국의 전설적인 코미디 그룹, 몬티 파이선Monty Python의 멤버이자 타고난 글솜씨의 소유자인 존 클리즈John Cleese가 그의 창작 습관을 기술한 회고록 내용을 읽었을 때, 나는 기묘한 전율을 느꼈다.

> 저녁에 초고를 쓸 때면 대개 글이 막히는데, 그래도 작은 책상 앞에 앉아 머리를 쥐어짜며 버텨본다. 하지만 결국에는 포기하고 잠자리에 든다.
> 다음 날 아침이 되면 일어나서 커피 한 잔을 내리고, 책상 주위를 잠시 배회하다 앉는다. 그러면 바로 전날 밤에 씨름했던 문제의 풀이법이 보통은 꽤 선명하게 보인다! (……) 마치 퍼즐을 풀려고 애썼던 내 모든 수고에 대한 선물 같다.

다시 말해 클리즈 또한 이제는 우리에게 익숙한 그 모든 단계를 겪은 것이다. 글의 초고를 위해 탐색하고, 글이 막혔을 때 분투하면서, 결국 글쓰기를 중단하면, 이후 해법이 나온다. 클리즈의 경우에는 해법이 숙면이라는 휴식 다음에 찾아왔다.

이렇게 우리가 주의를 기울이지 않아도 무의식이 "끊임없이 일하고 있다"라는 클리즈의 통찰력은 정확하다. 이는 우리가 졸 때도 마찬가지다. 수면 시간 단축을 미덕으로 삼는 요즘 사회를 생각하면 이는 가혹할 만큼 역설적인 사실이다. 어젯밤 당신은 몇 시간을 잤는가? 일어났을 때 피곤함을 느꼈나? 미국 질병통제예방센터CDC는 밤잠을 7시간 이내로 자는 것을 수면 부족으로 정의하는데, 이 기준으로 보면 미국인의 3분의 1 이상이 수면 부족이다. 이 밖에도 연구자들은 하루 6시간 이하의 수면 시간이 번아웃 증상의 '주된 요인'이라는 것을 발견했다. 그들은 우리가 더 많이 쉴수록 더 건강해지고 생산력이 향상된다고 말한다.

물론 충분한 수면 시간이란 지극히 주관적인 문제다. 다만 잠깐 눈을 붙이는 낮잠도 문제를 해결하는 데 도움이 된다. 하버드대학교 의과대학의 연구원들은 99명의 학생에게 컴퓨터 모니터에 뜬 복잡한 3D 미로 영상을 기억하라고 했다. 그리고 그들을 화면과 똑같이 구현된 버추얼 미로 속으로 들여보낸 후 출구를 찾아 나오라고 요청했다. 첫 번째 실험이 끝나고 몇 시간 후 연구원들은 학생들을 다시 소집해 똑같은 미로 찾기 미션을 요청했는데, 쉬는 시간에 90분 정도 낮잠을 잔 학생들이 계속 깨어있었던 학생들보다 월등하게 좋은 성적을 냈다. 게다가 낮잠을 자는 동안 미로가 나오는 꿈을 꾼 학생들이 그렇지 않은 학생들보다 미로 찾기를 10배 더 잘했다.

잠이 새로운 기억들을 종합하는 것은 물론이고 오래된 기억 일부를 선택적으로 잊게 해서 우리의 뇌를 깨끗하게 만들어준다는 사실은 과학자들이 오래전부터 발전시킨 이론이다. 머릿속에 부유하는 정보가 너무 많으면 새로운 아이디어가 떠올라도 소음이 보내는 신호와 뒤섞여 구별하기가 어려워진다. 잠은 당신의 두뇌가 중요하지 않은 문제를 털어내도록 도와주고, 중요한 것에 집중하게 해준다. 게다가 뇌의 통제 센터이자 우리 내부에서 합리적인 사고를 규제하며 부모님 역할을 하는 전전두엽피질의 전원이 꺼져야만 여러 생각이 자유롭게 유영하다 새로운 방식으로 섞이고 결합할 수 있다.

우리의 뇌는 깊이 잠들었을 때가 아니라 잠에서 막 깨서 아직 졸린 상태일 때 가장 창의적이라는 증거가 있다. 토머스 에디슨은 자신이 탄생시킨 최고의 발명품 아이디어가 꿈 같은 "가수면 상태"일 때 나왔다고 너무나 확신한 나머지 낮잠을 하루에도 여러 번씩 잤다고 한다. 가끔 볼베어링을 손에 쥔 채 잠들었다가 그것이 아래쪽 금속 접시에 떨어지는 소리에 화들짝 놀라 일어나기도 했다. 그는 "천재는 1%의 영감과 99%의 노력으로 이루어진다"라는 명언으로 존경받는 인물이지만, 실제 모습은 자신의 명언과는 조금 달랐던 것 같다.

에디슨이 낮잠의 효과를 이해하는 데 최신 신경학 연구 따위는 필요 없었다. 그는 그저 자신이 가장 창의적인 아이디어를 내려면 어떻게 해야 하는지를 잘 알고 있었다. 다른 혁신가와 리더들도 마찬가지였다. 윈스턴 처칠도 낮잠으로 유명한 인물이다. 닌텐도 비디오 게임을 기획한 미야모토 시게루는 목욕탕에 몸을 담그고 있다가 동키콩 아이디어가 떠올랐다고 말한 적이 있다. 잉마르 베리만 감독은 영화를 60편이나 감독하는 동안에도 매일 오후 3시 30분이면 촬영을 어김없이 마쳤다고 한다. 또 스티븐 킹은 장편을 70권 가까이 쓰고 단편을 200편 이상 발표한 작가지만 보통 하루에 네 시간만 일하고 오후에는 낮잠을 자는 것으로 알려져 있다.

장기 휴식: 스스로를 육성해내라

긴 휴식은 특히 효과적이다. 회사에 유급휴가 제도가 있다면 써먹어야 한다. 휴가를 내는 사람들이 유보하는 사람들보다 거의 두 배 높은 승진율을 보인다. 휴가를 길게 쓰는 리더들은 더 신선한 아이디어를 머릿속에 담고 회사로 복귀한다. 데보라 린넬Deborah S. Linnell과 팀 울프레드Tim Wolfred는 여러 달 유급휴가를 낸 비영리단체의 임원 61명을 대상으로 설문 조사를 했다. 그 결과 장기 휴가가 스트레스 해소는 물론 '창의력'을 촉발하고, '독특한' 사고 능력을 배양하면서 조직을 위해 완전히 새로운 비전까지 제시한다는 것을 알 수 있었다.

아이작 뉴턴 또한 지나칠 정도로 긴 휴식을 옹호하는 위인 중 한 명이다. 조지 스펜서-브라운George Spencer-Brown은 수학과 철학 등 여러 분야를 섭렵한 영국의 지식인으로, 1969년에 수학과 철학의 교차점을 탐구한 《형식의 법칙Laws of Form》이라는 기념비적인 책을 발표하면서 이렇게 말했다. "뉴턴도 알고 실천했지만, 가장 단순한 진리에 도달하기 위해서는 수년간의 사색이 필요하다. 이는 활동이 아니다. 추론이 아니다. 계산도 아니다. 다른 어떤 종류의 부산한 움직임이 아니다. 독서는 아니다. 대화도 아니다. 노력하기는 아니다. 생각하기도 아니다."

앞서 말했듯이 창의력 전문가들은 이런 타임아웃 시간을 육성 기간incubation period이라고 부른다. 이 시기에는 당면한 문제를 의식적으로 무시하지만, 이후 당신의 무의식이 해법으로 보상한다. 과학자들은 우리가 육성 기간에 원래의 문제와 상관없는 것들에 파묻혀 있으면, 그 뒤에서 뇌가 즉흥적으로 해결책을 낼 수 있다는 사실을 이론화했다. 게다가 우리가 다른 활동을 하는 동안 뇌는 잠재의식이라는 저장소 안에 던져진 추가 정보까지 빨아들이고 뒤섞어, 새로운 아이디어로 발전할 수 있는 더 잠재력 강한 생각들을 만들어 낸다. 그리고 이런 타임아웃 시간이 끝나고 일상으로 돌아오면, 당신은 문제나 도전을 새로운 시각으로 볼 수 있게 된다.

보통 육성 기간은 개인마다 다르다. 요리를 하거나 샤워를 하고 공원을 달리는 짧은 시간이 될 수도 있다. 안식년을 가지면서 오랫동안 일상에서 벗어나 지낼 수도 있다. 코로나19 팬데믹이 터지고 초기 몇 달간 우리 사회는 이제껏 경험하지 못한 기이한 현상을 목격했다. 모든 사람의 삶이 일시에 붕괴한 것이다. 사회의 필수 노동자들과 우리의 건강을 일선에서 돕는 의료진들은 위험하고 진이 빠지는 활동들에 투입되었지만, 나머지 사회는 폐쇄되고 정지해버렸다. 학교가 문을 닫으면서 아이들은 집으로 보내졌다. 사무직 회사원들은 주방 식탁에서 원격 근무를 하게 되었다. 조부모들은 손주들을 보러 갈 수 없었고, 친구들과 만나 커피를 마시거나 식사를 할 수도 없었다. 극장이 문을 닫고 스포츠 경기들이 취소되었다. 학교 수업부터 여행, 식사까지 우리에게 익숙했던 아주 기본적인 존재들이 자취를 감췄고, 백신이나 치료법이 도입된 이후에도 우리의 삶은 대부분 여전히 혼란스러웠다.

요컨대 팬데믹으로 우리는 모두 일상에서 벗어나 장기 휴식을 취할 수밖에 없었다. 수백만 명이 의도치 않게 일시에 일상에서 장기간의 타임아웃을 경험했다는 점에서, 코로나19로 세계적 규모의 실험 환경이 만들어진 셈이었다. "기본적으로, 코로나19가 모든 이에게 육성 기간을 부여했다고 할 수 있습니다." 조너선 스쿨러 교수는 내게 이렇게 말했다. 평범한 수백만 명이 돌연 일상을 박탈당하면, 육성 기간이 시작되면서 자신에 대해 재고할 수 있는 양질의 시간이 주어진다. 그러면서 많은 이들이 삶의 우선순위를 다시 따져보고, 목표를 재평가하고, 기존의 관계를 끝내거나 새로운 관계를 향해 뛰어들게 된다. 즉, 우리가 나아가야 할 새로운 길을 다시 상상하게 되는 것이다.

이런 육성기는 팬데믹이 발생한 후 왜 수백만 명이 직장을 그만두었고, 왜 심지어 그중 3분의 1은 새 직장이 정해지지도 않은 상태에서 그런 결정을 내렸는지를 어느 정도 설명해준다. 코로나19는 육성 과정을 이루는 각 단계가 어떻게 전개되는지를 전 세계적으로 연구할 수 있는 완벽한 실험 조건을 마련했다. "일상에서 벗어날 시간이 생기면 많은 무의식 과정이 일어납니다." 스쿨러 교수가 설명한다. "평소와는 다른 맥락과 다른 정보에 노출되면서 상황을 다른 방식으로 읽게 되죠." 그리고 팬데믹이 완화되었을 때, "시간이 흐르고 마침내 직장에 복귀하면, 새로운 시각이 열리는 겁니다."

셀레스트 헤들리Celeste Headlee는 《바쁨 중독》에서 우리가 일상에서 그런 휴식을 반드시 취해야만 한다고 주장한다. "야근을 밥 먹듯이 하던 때를 생각해보라. 그럴 때 우리의 정신 상태가 창의적으로, 혹은 신중히 생각할 수 있을 만큼 제대로 되어있었을까? (……) 우리는 마음에 여유가 있을 때 비로소 창의성과 연결되고 생각을 정리할 수 있다. 그리고 이 두 가지는 우리의 발전에 꼭 필요하다."

하루에 아주 짧은 휴식을 취하는 것만으로도 차이가 생긴다. 몇 년 전에 첫 책을 쓰고 있을 때, 나는 긴 연휴를 노트북 속 빈 화면의 깜빡이는 커서만 바라보며 비참하게 보내고 있었다. 말로만 듣던 작가의 벽에 부딪힌 것이다. 내게 있다고 생각했던 창의력의 샘이 다 말라버린 것 같았다. 머릿속이 텅 빈 느낌이었다. 나흘이 지나도록 문장 하나가 써지지 않았다.

며칠 후, 대서양을 가로질러 스위스에서 열리는 한 콘퍼런스에 참석했는데 바로 옆자리에 토니 슈워츠Tony Schwartz가 앉아있는 게 아닌가? 저널리스트로 일했던 그는 도널드 트럼프의 책《거래의 기술》의 대필 작가였으나 지금은 트럼프를 비판하는 사람들 중 대표적 인물이다. 그는 기업들을 도와 직원들의 워크-라이프 밸런스(일명 '워라밸')를 증진하는 에너지 프로젝트The Energy Project라는 컨설팅 회사를 차린 인물이기도 하다. 그런데 슈워츠와 대화를 나누는 중에도 내 신경은 책 마감으로 인한 불안 때문에 온통 곤두서있었다. 나는 그에게 문제를 털어놓았다. 그러자 슈워츠가 이렇게 말했다. "90분 규칙을 적용해보세요."

간단한 규칙이었다. 일단 90분 동안 당신의 일에 완전히 몰두한다. 이메일도, 전화도 확인하지 말고 다른 어떤 일에도 한눈을 팔면 안 된다. 하지만 90분이 지나면 무조건 일을 멈춰야 한다. 그리고 휴식을 취해야 한다. 예외는 없다. 휴식 동안에는 일만 아니면 운동을 하든, 음식을 먹든, TV를 보든 그 어떤 것을 해도 상관없다. 그런 다음 책상으로 돌아와 이 과정을 반복한다. 하지만 하루에 세 번만 하라고 그는 경고한다. 그 이상 일하면 지치기 때문이다.

나는 슈워츠의 조언대로 해봤다. 신기하게도 아주 효과적이었다. 90분이 끝날 때마다 칼 같은 마감 시간이 다가오고 있다고 생각하니 뭔가를 쓰는 일이 더 쉽게 느껴졌고 감정적 부담도 적었다. 이 문장까지는, 아니 이 문단은 마쳐야 한다고 나 자신에게 다짐하고는 했다. 일단 무슨 일이 있어도 90분 동안은 집중했고, 머릿속에 뭐가 있든 써 내려갔다. 그러면 강제 휴식이 찾아왔다. 그 시간에는 쉬는 것 말고 다른 선택지가 없었으므로 죄책감 없이 쉴 수 있었다. 나는 결국 작가의 벽을 깨고 원고를 마감일에 맞춰 쉽게 끝마쳤다. 슈워츠의 90분 규칙은 신경과학에 뿌리를 두고 있다. 60년 전, 너새니얼 클라이트먼Nathaniel Kleitman이라는 수면 연구가는 '기본 휴식-활동 주기basic rest-activity cycle'를 발견했다. 즉, 우리는 밤에 잠을 잘 때 얕은 잠으로 시작해서, 깊은 잠에 빠진 다음, 다시 얕은 잠을 자게 되는데 이 과정이 약 90분 간격으로 일어난다는 것이다. 그런데 클라이트먼은 이 주기가 인간이 깨어있는 동안에도 계속된다는 것을 알게 되었다. 깊이 집중한 다음 휴식을 취하면 우리의 뇌가 환기되고 생각이 결집하게 된다. 그러면서 다음 라운드를 위한 새 관점이 깃든다.

어떤 사람들은 자신만의 사이클을 찾기도 한다. 19세기 자연학자였던 찰스 다윈은 하루에 90분간 세 번 진행하는 업무 세션을 아침과 오후의 산책, 아내와의 점심, 늦은 오후의 낮잠으로 분리했다. 다윈은 이 규칙을 철저히 지키면서 그의 대표작인 《종의 기원》을 포함한 19권의 책을 쓸 수 있었다. 프랑스의 수학자인 앙리 푸앵카레는 하루에 두 시간씩 집중 연구 시간을 정했는데 아침에 한 번, 오후에 한 번으로 총 네 시간을 강도 높게 일했다.

플로리다 주립대학교의 심리학자인 안데르스 에릭슨K. Anders Ericsson은 바이올린 대가들을 대상으로 한 연구를 통해 이 접근법의 효과를 입증했다. 그를 유명하게 만든 이 발견은, 전문가들이 자신의 전문 기술을 숙달하기까지 약 1만 시간을 투자한다는 말콤 글래드웰의 《아웃라이어》에 의해 확고해졌다. 그런데 에릭슨이 숙달에 관해 발견한 사실 중 덜 알려진 요소가 하나 있다. 음악의 대가들은 연습을 얼마나 오래 해야 하는지뿐만 아니라, 언제 그만둬야 하는지도 잘 안다는 점이다.

그가 연구한 거장들은 매일 쉬지 않고 연주만 하지는 않았다. 대신 에릭슨이 '의도적deliberate' 연습이라 칭한, 철저히 일에 집중하는 90분이 끝나면 악기를 내려놓았다. 어떤 경우에도 이런 집중 연주 시간을 하루에 세 번 이상 가지는 법 없이 총 네 시간 반만을 연주했다. 실력이 가장 뛰어난 학생들은 낮잠을 자는 경향이 높았고, 실력이 상대적으로 떨어지는 학생들보다 밤에 한 시간 더 잤으며, 한 주에 약 25시간을 여가 활동에 썼다. 그들이 대가로 성장할 수 있었던 이유는 또래 집단보다 더 오래 훈련해서가 아니라 적정 시간을 훈련했기 때문이었다. 그들은 연습에 엄격할 뿐 아니라 휴식에도 엄격했다. 그들의 뇌는 그런 방식으로 연습하는 동안 배운 것을 종합하고 저장할 수 있었다.

여기서 역설적인 사실은, 에릭슨의 연구에서 연주 실력이 그냥 '괜찮은 수준'이라고 여겨졌던 덜 성공한 바이올린 연주자 집단도 성공한 바이올린 연주자 집단과 음악을 배우기 시작한 나이가 같고(8세), 악기를 배운 총 햇수도 같았다(10년)는 점이다. 두 집단의 차이는 배경이 아니었다. 차이가 있다면 시간을 관리하는 법과, 그만큼 중요한 요인으로 *휴식* 시간을 관리하는 법이 달랐다는 점이다.

죄책감 내려놓기:
'바쁨'이라는 종교에서 탈출하라

우리와 달리, 우리 선조들은 휴식의 중요성을 알고 있었다. 게다가 그들은 쉬는 데 죄책감이 없었다. 사실 그들은 휴식을 찬양했다. 일례로 아리스토텔레스는 여유를 열렬히 지지했다. 그는 조용하고 즐거운 사색이야말로 가장 고결한 덕목 중 하나이며 인간의 건강과 안녕에 꼭 필요하다고 믿었다. 고대 그리스 귀족들도 여가를 소중히 여겼다. 그런 시간을 통해 도시국가에 자신을 헌신하면서 정신적·도덕적·정치적 삶을 숙고할 수 있기 때문이었다. 로마인들은 사실상 육체노동을 경멸했다. 이는 기원전 44년에 "노동의 대가로 받는 임금 자체가 자신이 노예임을 선언하는 것"이라고 한 키케로의 말에 잘 나타난다. 마찬가지로 아시아, 인도, 유럽 할 것 없이 통치 계급은 생각할 시간의 가치를 인정했고 유대-기독교의 안식일도 비슷한 맥락에서 생겼다.

바쁨에 대한 동경은 비교적 현대에 발생한 현상으로, 이런 경향은 특히 미국에서 강하다. 존 스미스 선장은 1607년에 영국 식민지인 제임스타운을 건설한 후 누구든 '게으름'을 피우는 자는 추방될 것이라는 규정을 만들었다("일하지 않는 자는 먹지도 말라"). 미국 건국의 아버지인 벤저민 프랭클린은 이 원칙을 한층 더 강화했다. 그는 겨우 42세로 인쇄 사업에서 은퇴한 후 '여가의 사나이'가 되겠다고 선포했다. 하지만 프랭클린은 이후 40년의 세월을 정치가, 과학자, 작가, 프랑스 대사, 그리고 탐욕스러운 여성 편력가로서 누구보다 왕성히 활동했다. 그가 "오늘 할 일을 내일로 미루지 마라", "일찍 자고 일찍 일어나라. 그리하면 건강하고 부유하며 현명한 사람이 될 것이다" 같은 명언을 남긴 것은 우연이 아닐 것이다. 프랭클린은 1757년에 집필한 책인《부자가 되는 길》에서 "게으름은 모든 것을 어렵게 만든다"라고 충고했다.

프랭클린이 죽고 반세기가 지난 후, 산업혁명으로 수천 명이 가정이나 농장 대신 공장이나 철도에서 일하기 시작하고 엄격한 근무시간이 도입되면서 일의 성격이 달라졌다. 교사들은 아이들에게 읽기와 쓰기뿐 아니라 "게으름은 부끄러운 것"이라 가르쳤다. 작업 유형에 따라 보수를 받았던 농부들과 장인들이 노동시간에 따라 급여를 받는 공장 노동자로 변모했다. 별안간 시간은 돈이 되었다. 경제학자들은 19세기 공장 노동자들이 한 주에 평균 60시간에서 70시간 가까이 일했다고 추정한다. 근면과 절약에 천국의 보상이 따른다는 "개신교의 노동 윤리"도 일만 하고 놀지 말라는 성대한 계시를 강화했다.

일이 삶의 전부가 되자 미국 심리학의 아버지인 윌리엄 제임스는 "휴식의 복음"을 주제로 한 1896년 연설에서 이런 현상을 비판했다. 그는 "서두르고 시간이 없다는 생각, 숨이 차는 긴장감과 불안감 같은 어리석은 느낌들"을 한탄하며, "많은 이가 이렇게 완벽하게 부당하고 불필요한 내면의 태도를 조장하는 속임수를 도리어 훌륭한 삶의 방식으로 찬양하면서, 미국인들의 등골이 한계까지 휘었습니다"라고 역설했다. 그는 청중에게 이제는 느긋해질 때가 되었다고 호소했다. 그러면서 "모두 뇌의 긴장을 풀고, 자유롭게 놔두세요"라고 당부했다.

그로부터 100년 후, 과학자들은 이런 윌리엄 제임스의 말을 검증했다. 그랬더니 창의성을 발휘하려면 실제로 뇌가 "긴장을 풀어야" 한다는 사실이 밝혀졌다. 하지만 제임스 시대의 사람들은 대부분 그의 연설을 무시했다. 19세기와 20세기 초기에 급격한 산업화와 대호황이 벌어지고 앤드루 카네기, 존 록펠러, J.P. 모건 같은 산업가들이 속속 등장하면서 노동자계급과 부유층 간의 격차가 한층 더 벌어졌다. 수백만 노동자들은 생계를 겨우 유지할 정도의 급여를 받으려고 장시간 일했다. 주당 60시간 근무는 흔한 일이었고 주 6일 근무가 표준일 지경이었다. 그때는 현대의 주말 개념이 아직 생기기 전이었다. 휴식 시간은 유한계급의 전유물이었지만, 그렇다고 그들이 아리스토텔레스적 사색을 하며 여가를 보낸 것도 아니었다.

경제학자인 소스타인 베블런은 1899년에 발표한 《유한계급론》

이라는 사회 비평서에서 노동을 "열등함의 표시"로 여기는 부유한 산업가들을 비판했다. 부유층에게 여가란 남아도는 시간 덕분에 가능한 "과시적 여가"와 천박한 사치품을 통한 "과시적 소비"로 뽐내는 "우월한 지위에 대한 경제적 표현"일 뿐이었다. F. 스콧 피츠제럴드는 1925년에 발표한《위대한 개츠비》에서 이 이론을 "사람과 사물들을 망가트리고도 그들의 돈과 지독한 부주의 뒤로 숨어버리는 경솔한 사람들"이라는 표현으로 구체화했다. 독일의 영화감독인 프리츠 랑Fritz Lang이 1927년에 무성영화의 걸작인 〈메트로폴리스Metropolis〉를 제작했을 즈음에 '여가'는 '악'을 표현하는 손쉬운 문화적 약어가 되어있었다. 이 영화는 공장 노동자들이 거대한 도시를 움직이기 위해 지하에서 쉬지 않고 비참하게 일만 하는 가운데, 도시를 지배하는 특권층 자녀들의 사교 모임인 '클럽 오브 더 선스Club of the Sons'는 지상에서 신나게 삶을 즐기는 디스토피아의 우울한 자화상을 그린다. 랑 감독이 전하려던 메시지는 분명했다. 부정직한 유한계급과 확연히 대조를 이루며 열심히 일하는 노동자층은 그들의 노고를 위해서라도 대중의 의식 속에서 고귀한 존재로 여겨져야 한다는 것이다.

헨리 포드는 모델 T를 조립하는 공장 노동자들의 근무일을 한 주에 6일에서 5일로 줄여서 1940년에 주당 40시간 근무 체계를 정착시키는 데 큰 공을 세웠다. 대량생산 공장에서 생긴 이러한 변화로 마침내 좀 더 인간적인 노동 일정을 향한 사회적 조류가 형성된 것으로 보인다.

실제로 경제학자인 존 메이너드 케인스는 1930년에, 생산성이 높아지면서 2030년이 되면 주당 노동시간이 15시간으로 현격히 줄어들 것이라고 전망했다. 그로부터 몇 년 뒤 니콜라 테슬라는 100년 안에 인간의 노동이 대부분 로봇으로 대체될 것으로 예측했다. 케인스는 "사람들은 인류가 창조된 이래 처음으로 경제적 압박에서 벗어나 얻은 자유를 어떻게 누릴 것인지, 또 그런 여가를 어떻게 채울 것인지 하는 실질적이고 영구적인 문제에 봉착할 것이다"라고 썼다.

그럴 리가.

오늘날 우리는 변함없이 일에 중독된 사회에서 살고 있다. 이 과시적 업무 윤리는 프랑켄슈타인 같은 괴물이 되어, 땀을 흘려 노동하고 돈을 버는 청교도적 이상을 바쁜 일상을 미친 듯이 찬양하는 문화로 왜곡시켰다. '바쁘다'가 일종의 종교가 된 것이다. 우리는 쳇바퀴 돌듯 계속되는 이런 삶에 정말 행복을 느끼는지 생각하기 위해 잠깐 멈추는 일조차 '시간 낭비'로 여긴다. 미국 노동자의 4분의 1은 일주일에 40시간 이상을 직장에서 일하며 보내고, 우리의 16%는 생산력이 저하되고 일로 인한 건강 문제가 크게 대두되는데도 일주일에 60시간을 일한다. 일주일에 55시간 이상을 일하는 사람은 심장 질환과 뇌졸중에 걸릴 확률이 급격히 높아진다. 194개국 노동자들을 대상으로 한 글로벌 연구 결과 2016년에만 과도한 근무시간으로 인해 약 74만 5,000명이 사망했고, 이로써 "과로는 현재 기준으로 직업과 관련된 가장 큰 위험 요소"라는 결론이 났다.

팬데믹이 가져다준 의외의 선물

이 모든 상황에도 불구하고, 우리 앞에는 희망적인 길이 있을지도 모른다. 코로나19 팬데믹은 우리 대부분을 뒤흔들며 그저 멈추고 쉬는 것이 얼마나 중요한지 휴식의 가치를 깨우치게 해주었다. 기존의 방식은 효과적이지 않으며, 그러니 다시 시작할 때가 되었다는 사실을 알려준 것이다.

지금은 우리의 직장과 업무 문화, 그리고 우리 자신의 태도를 재편할 수 있는 전에 없던 기회다. 우리 대부분이 익숙하게 적응해온 주 5일, 40시간이라는 근무 표준은 팬데믹 이전에도 이미 구식이 되어있었다. 제2차 세계대전 이후 굳어진 이 표준은 계급이 엄격한 군대 모델에 따라 확립된 것으로 남성이 남성을 위해 만들었고, 집안일을 책임질 아내가 있다는 가정을 바탕으로 구축되었다. 물론 이런 근무 체계는 개방형 사무실 설계라든지 무료 급식 같은 것들을 통해 조금씩 수정되어 왔다. 하지만 기술과 커뮤니케이션이 발달했음에도 일의 성격은 수십 년 동안 본질적으로 변하지 않았다. 코로나19가 터지기 전까지는 그랬다.

새로운 근무 패러다임에는 의도적인 휴식과 유연한 업무 시간이 포함된다. 이런 휴식과 근무 유연성은 하루, 주중, 그리고 연중 언제든 활용할 수 있다. 일주일에 2~3일만 출근하고 나머지는 재택근무를 하는 것도 표준이 되고 있다. 100여 개 기업은 여기서 한발 더 나아가 주 4일 근무제를 채택하거나 실험하는 중이다. 현재까지의 모든 연구는 이렇게 주간 근무 일수를 줄였을 때 단점은 거의 없으며 장점이 더해진다고 말한다. 예컨대 아이슬란드에서 주 4일 근무제를 실험한 결과 직원들의 스트레스 및 번아웃 증상이 줄어든 반면에 생산성은 이전과 같거나 사실상 *증가했다.*

일부 회사는 '충전의 날', 일주일 의무 휴가, 회의 없는 금요일, 퇴근 후 이메일 금지 등 팬데믹 때 시행했던 제도들을 지금도 그대로 유지하고 있다. 심지어 골드만삭스 같은 회사조차 1년에 최소 3주의 휴가를 의무화하고 있다. 세일즈포스 같은 회사들은 '어디서나 일하기' 제도를 영구 채택했고 핀터레스트, 우버, 드롭박스 등의 회사들은 원래 확장할 계획이었던 사무실 규모를 오히려 축소했다.

기업들은 사무실에서 직접 협업하면서 우연한 충돌로 새로운 아이디어가 발생하는 장점과 원격 근무 사이의 적절한 균형을 찾는 노력을 계속하고 있다. 원격 근무가 귀중한 시간을 확보하는 데 도움이 된다는 것은 확실하다. 2019년 기준으로 미국인들은 하루에 출퇴근으로 거의 한 시간을 쓰고 1년에 약 19일을 교통 체증으로 낭비한다.

조직들은 직원들의 번아웃과 퇴사를 막는 여러 전략을 수용하고 있는데, 이는 분명 옳은 방향이다. 하지만 이런 접근법이 지식 노동자와 시급 노동자같이 업무 유연성이 떨어지는 노동자 간의 격차를 심화한다는 문제도 있다. 이 지점에서 의문이 생긴다. 애초에 번아웃 증상이 부작용으로 발생하지 않는 직장 문화를 만들 수는 없는 걸까? 일과 삶의 융화가 예외적인 상황이 아니라 기본 원칙이 될 수는 없는 걸까?

이런 목표가 달성되면 우리 모두에게 숨 쉴 공간이 조금 더 생기면서 다른 분야에도 도미노 효과를 일으킬 수 있을 것이다. 교육을 예로 들어보자. 대다수 아이에게는 학교 수업이 너무 이른 시간에 시작한다. 그런데 만약 업무 시간을 바꿀 수 있다면, 수업 시간도 조정할 수 있지 않을까? 이런 측면에서 학교의 전반적인 학사 일정 리듬을 재평가할 때가 왔다. 헬스케어 분야의 경우, 코로나19 시기에 시행된 원격진료가 아직은 걸음마 단계이긴 해도 의료 서비스의 접근성을 높이면서 의료 기관이 더 인간적인 진료 환경을 조성할 수 있도록 사고를 개편하는 계기가 되었다.

이러한 변화를 위해서는 우리가 모두 태도를 바꿔야 한다. 바쁨에 대한 맹목적 숭배를 멈추는 방법을 찾아야 한다. 우리의 일하는 방식과 살아가는 방식, 심지어 생각하는 방식을 재편해야 한다. 이미 그런 사람들이 있다. 가령 버지니아 주 리치먼드에 사는 브릿 알타이저의 사례를 보자. 그는 늘 아내인 카리가 생명보험 영업을 하는 동안 가족끼리 운영하는 유명 디저트 식당에서 밤늦게까지 근무했다. 부부의 삶은 항상 정신없고 분주했다. 마치 저글링을 하듯 어린 아들을 돌보면서 맞벌이 생활을 했다. 부부 모두 다른 방식으로 삶을 꾸려나갈 수 있다고는 상상하지 못했다.

하지만 팬데믹으로 사회적 격리가 시작되자, 31세의 카리는 육아를 위해 보험 일을 그만둘 수밖에 없었다. 한편 30세의 남편 브릿에게는 잠시 휴가가 생긴 셈이었다. 일상을 빽빽하게 채웠던 일들이 갑자기 빠져나가자 정원을 돌보면서 밖에서 보내는 시간이 많아졌다. 그렇게 혼자 있을 때면 "제 영혼을 탐색했어요"라고 브릿은 말했다. 야외 시간이 늘어나면서 어릴 적 농촌에서 보낸 추억들이 떠올랐고 그의 대학 전공이었던 환경과학에 대한 흥미도 되살아났다. "집에 머무는 동안 정원 일을 하면서 제 삶을 정말 사랑하게 되었어요. 그리고 야외 일이야말로 제가 돌아가야 할 본업이라는 생각이 들었습니다."

휘몰아치던 일상에 생긴 예기치 못한 휴식은 브릿이 식당 일을 그만두고 조경 사업을 시작하는 촉매제가 되었다. "우리에게 중요한 것은 가족과 집, 유연성, 삶의 질이고 돈은 부차적이라는 사실을 깨달았어요." 아내 카리가 이렇게 말했다. 하지만 쉽지 않은 변화였다. 그녀는 언제나 평생직장을 꿈꿨는데, 이제 경력과 자기 이미지를 재평가해야만 했다. 사회적 거리 두기가 완화되면서 그녀는 회사로 복귀했지만, 그렇게 버는 돈의 가치가 가족과 보내는 시간만큼 값지지 않다는 것을 이내 깨달았다. "내 아들과 함께하는 양질의 시간을 희생하고 밤늦게 퇴근해 그냥 아이를 재우는 게 전부인 생활을 더는 못하겠더라고요. 그건 팬데믹 기간에 우리가 배운 모든 사실을 위배하는 거니까요." 그녀가 말한다.

브릿은 그들의 새로운 삶이 '확실히' 더 보람차다고 말한다. "삶이란 그래야 하잖아요. 스스로 완전하다고, 만족한다고 느껴야 하잖아요." 역설적으로 팬데믹이 그런 삶을 가능하게 만들었다. "코로나는 제게 삶을 재평가하는 기회가 되었어요. 코로나가 아니었다면 식당 사업에 영원히 갇혀 살았을 겁니다."

그렇다고 해서 글로벌 팬데믹이 찾아와야만 우리가 모두 숨쉴 만한 공간을 되찾을 수 있다는 것은 아니다. 윌리엄 제임스는 100년도 더 전에 이렇게 말했다. "모두 뇌의 긴장을 풀고, 자유롭게 놔두세요."

8장

바로 옆 사람이
알고 보니 전문가

당신도 누군가에게는 전문가가 될 수 있다

모든 이의 삶에서는 언젠가 내면의 불씨가 꺼지기 마련이다.
그러나 다른 사람과 만나는 순간, 그 불꽃은 되살아나 타오르게 된다.
우리는 우리의 영혼을 되살린 이들에게 감사해야 한다.

알베르트 슈바이처

흔히들 일하는 엄마는 무언가 하나는 양보해야 한다고 말한다. 나 또한 서툰 솜씨로 두 아이를 키우면서 힘에 부치는 일을 하다 보니 하나가 아니라 두 개의 '무언가'를 포기할 수밖에 없었다. 바로 요리와 잠이었다. 수면 시간은 아직도 되찾으려고 노력 중이다. 그러나 요리는 코로나19 시기에 재택근무를 하면서 드디어 배울 수 있었다. 내가 '맨발의 백작부인The Barefoot Contessa'이라는 별명으로 더 유명한 아이나 가르텐Ina Garten을 마침내(미국인으로는 제일 마지막일지라도) 알게 된 것도 그때였다.

나를 뺀 모든 미국인은 이미 알고 있겠지만, 가르텐은 요리 채널인 푸드 네트워크의 스타다. 앞머리가 있는 갈색 단발에 데님 셔츠가 인상적인 그녀는 열정적인 추종자 집단을 양성해왔다. 가르텐이 발표한 10권 이상의 요리책 판매량을 모두 합치면 수백만 부가 넘는다. 그녀의 레시피 중 프라이팬 레몬 치킨과 비티 초콜릿 케이크는 그야말로 천상의 맛이다.

그런데 하마터면 우리는 이런 요리들을 만나지 못할 뻔했다.

1978년에 아이나 가르텐은 MBA 학위를 따고 원자력 예산 분석가로 백악관에 자리를 잡으며 승승장구했다. 하지만 남들 눈에는 더없이 근사한 그 일이 그녀에게는 따분하게만 느껴졌다. 오히려 집에서 줄리아 차일드의 요리책에 실린 레시피를 따라 해보고, 주말에 친구들을 불러 저녁 식사를 대접할 때가 훨씬 더 신났다. 특별한 목표는 없었지만, 그녀는 또 다른 길을 찾는 *탐색* 단계에 있었다.

"어느 날 사무실에 앉아있는데 뭔가 다른 일을 해야겠다는 생각이 들었어요." 그녀는 당시를 이렇게 기억했다. 그러다 《뉴욕 타임스》를 보는데 우연히 광고란에 매물로 나온 뉴욕 웨스트햄프턴 비치의 작은 식료품 전문점이 눈에 띄었다. 한 번도 가본 적 없는 동네였다. 가게 이름은 '맨발의 백작부인'이었는데, 그녀는 본 적이 없지만 에이바 가드너가 출연한 영화의 제목을 본뜬 것 같았다. 그런데 그 가게의 무엇인가가 가르텐의 상상력을 사로잡았다. 그녀는 퇴근 후 남편 제프리와 대화를 하면서도 그 가게에 관한 생각을 떨쳐버릴 수 없었다.

"그날 밤 집에 와서 남편에게 이렇게 말했어요. '있잖아, 나 정말 다른 일을 해야 할 것 같아.'"

"당신이 원하는 걸 해." 남편이 대답했다. "당신은 좋아하는 일이라면 정말 잘할 수 있을 거야."

그래서 그녀는 말했다. "당신이 그렇게 말해주니 좋네."

부부는 차를 몰고 식료품점이 있는 곳에 직접 가봤다. 정말 손바닥만 한 가게였다. "400제곱피트(11.2평) 정도였는데, 마침 주인이 초코칩 쿠키를 굽고 있었어요. 내가 딱 원하던 곳이야, 라는 생각이 들더라고요." 부부는 주인에게 터무니없이 낮은 가격을 제안했다. 그렇게 하면 협상의 시간을 벌면서 자신이 이 무모한 도전을 정말 원하는지 더 신중하게 생각해볼 수 있을 것 같았기 때문이다. 그런데 뜻밖에도 거래가 곧바로 성사되었다. 다행히 남편이 밀어준 덕분에, 가르텐은 심호흡을 한 번 하고 그냥 밀어붙이기로 했다. 그녀는 조용한 해안가의 작은 가게를 인수하기 위해 워싱턴 D.C.로 돌아가서 잘 나가던 직장에 사표를 냈다.

이 결정에 열화와 같은 지지는 없었다.

"식료품 가게를 한다고?" 그녀의 부모님은 기가 막힌 듯 외쳤다.

"왜?"

이해할 만한 반응이었다. MBA 학위와 누구나 알 만한 직장을 뿌리치고 동네 구멍가게의 계산대를 지키겠다니, 당연히 정신 나간 사람처럼 보였을 것이다. 게다가 가르텐처럼 사업 경험이 전혀 없는 사람에게는 아무리 작은 가게라도 운영하기가 만만치 않을 게 분명했다. 정신을 차려보니 상황이 심각했다. 갑자기 불안감이 엄습했다. "제가 살아오면서 저지른 가장 어리석은 일 같았어요." 그녀는 가게를 처음 시작할 때 느꼈던 감정을 떠올리며 말했다. "식품 사업은 근처에 가본 적도 없었고 뭘 어떻게 하는지 하나도 몰랐거든요." 이번에도 남편이 손을 내밀었다. "첫째 주부터 다 쉬우면, 둘째 주부터 싫증이 나지 않겠어?" 그는 가르텐을 다독였다.

그녀의 부모님은 "사기를 높이는 데 아무 도움이 안 되었지만" 남편만은 절대적인 지원병이었다. 가르텐은 남편의 격려 속에 새로운 삶에 모든 것을 쏟아부었다. 가게 운영은 생각보다 훨씬 더 어려웠다. 5월부터 9월까지 성수기가 되면 일주일에 6일 동안 하루 15시간씩을 일했다. 밤마다 10곳이 넘는 집에서 음식 케이터링 주문이 들어왔다. 하지만 가르텐의 노력은 결실을 거두었다. 입소문이 나면서 매장이 불어났고, 그녀의 명성이 이스트햄프턴까지 퍼져 스티븐 스필버그 같은 지역 거물들까지 고객이 되었다. 어느 순간 미국 전역에서 가르텐을 주목하기 시작하면서 그녀는 나름대로 식품 분야의 아이콘이 되었다. 원자력 예산 분석가에서 요리의 여왕으로 다시 태어나는 그녀의 여정이 그렇게 완성되었다.

아이나 가르텐은 이 인기 매장을 근 20년간 운영한 후 매도했고, 다시 새로운 도전을 찾아 나섰다. 처음에는 자신이 무엇을 할 수 있을지 탐색하면서 길을 잃은 기분으로 여기저기 기웃거리며 허둥댔다. 그녀는 새로운 목적지를 확실히 파악하지 못한 채 다시 한번 예전의 삶과 정체성을 내려놓은 처지와도 같았다. "매일 아침 억지로라도 사무실에 나갔지만 잡지를 읽거나 주소록만 복사하며 며칠을 보냈어요." 그녀는 그때 상황을 이렇게 기억했다. "살면서 가장 힘든 해였죠."

이번에도 남편 제프리가 구원병 역할을 했다. 그는 인내심을 가지고 아내의 말에 귀 기울이며 그녀의 행동을 관찰했다. "당신은 음식 사업을 좋아하잖아. 그냥 그 게임을 계속해봐." 그래서 가르텐은 요리책을 써보기로 했다. 51세의 그녀는 그렇게 이후 10권 이상의 베스트셀러 전집이 될 요리책 시리즈의 첫 번째 책을 출판했다. 그리고 일약 방송계의 스타가 되었다.

"남편을 위해 요리하고, 수년간 식료품 전문점을 운영했던 제 초창기 경험이 알고 보니 제가 진짜 하고 싶었던 요리책 집필을 위한 준비 과정이었더라고요." 가르텐은 이렇게 말했다. 그녀에게 진짜 좋아하는 일을 하라는 남편의 격려는 "최고의 조언"이었다.

"당신을 믿어주는 딱 한 사람만 있으면 됩니다." 그녀는 방송인 케이티 커릭에게 이렇게 말했다. "그 사람이 부모님이든, 반려자든, 아니면 스승이든 상관없어요. 제게는 그런 사람이 제프리였고, 덕분에 제 인생 전체가 완전히 바뀌었거든요."

편견 없이 당신을 바라보는 사람들

앞에서 확인했듯이 우리는 중대한 변화의 발걸음을 내디딜 때 스스로 무슨 일을 벌이고 있는지도 모른 채 새로운 정보를 탐색하면서 길을 나서기 시작한다. 아이나 가르텐도 똑같았다. MBA를 취득한 젊은 직장인이었던 그녀는 줄리아 차일드의 요리법을 시도해보고, 친구들을 초대해 저녁 파티를 열면서 스스로 깨닫지 못한 상태로 변화를 탐색하기 시작했다. 그리고 몇 개월, 몇 년간 지지부진하게 이어지는 불편한 분투기가 찾아왔다. 이는 아직 새로운 일과 정체성을 확신하지 못한 채 예전 정체성을 내려놓는 시기로, 가르텐의 경우에는 구멍가게에 가까운 식료품점을 인수했을 때("제가 살아오면서 저지른 가장 어리석은 일 같았어요")와 다시 그 가게를 남에게 넘기고 "살면서 가장 힘든 해"에 뛰어들었던 때가 이 분투 단계에 속한다.

그런데 때때로 분투기를 뛰어넘고 해법을 향해 나아가려면 도움이 필요하다. 혼자만의 노력으로는 큰 도약을 하기가 힘에 부치기 때문이다. 끊임없이 생각하고, 고민하고, 공상하지만 혼자만의 생각에 갇혀 자신이 옳은 결정을 하고 있는지 확신할 수 없을 때가 있다. 그렇게 질주하는 생각들 속에서 우리는 길을 잃고 만다.

전문가 동반자는 바로 이 지점에서 차이를 만들어낼 수 있다.

'전문가 동반자'는 내가 트라우마 전문 심리학자들로부터 차용한 용어다. 그들은 사고 생존자가 자신에게 일어난 일을 받아들이고 성장을 향해 나아가도록 돕는 사람이나 사람들을 가리킬 때 이 말을 쓴다. 전문가 동반자란 당신의 이야기에 귀 기울이고, 당신이 감정을 통제하고 믿음과 목표를 재고하도록 독려하는 사람을 말한다. 이런 동반자가 꼭 당신에게 어떤 조언을 하거나 무엇인가를 요구하지는 않는다. 전문가 동반자는 그저 편견 없이 당신을 보면서 당신이 새로운 기회를 알아채도록 돕는다.

이 정의에 따르면 아이나 가르텐의 남편은 영락없는 전문가 동반자다. 그는 가르텐이 자신의 열정을 추구할 가치가 있고, 새로운 길과 새로운 목표를 세우는 일 역시 위험을 감수할 가치가 있다는 사실을 스스로 깨닫도록 도와주었다. 그는 아내의 능력을 인정했고, 스스로에 대한 가르텐의 믿음이 부족할 때도 그녀라면 새로운 도전에 맞설 싸울 수 있다고 믿었다. 그는 아내가 분투기를 한창 겪고 있을 때 힘차게 전진해서 검증되지 않은 새로운 방향으로 길을 틀 수 있게 확신을 주었다.

내가 상상할 수 있는 모든 유형의 변화를 겪은 사람들과 인터뷰를 진행했을 때, 그들 대부분은 한 사람이든 아니면 여럿이든 본인이 변화의 길을 찾도록 도와준 사람(들)의 존재를 언급했다. 그리고 이 책을 쓰면서 우리가 좀 더 일상적인 차원에서 전문가 동반자를 활용하면 좋겠다는 생각이 점점 더 확고해졌다. 누구나 자신의 걱정을 귀담아듣고 자신의 목표와 결정이 더 명확해지도록 도움을 줄 수 있는 사람이 필요하다. 우리는 모두 전문가 동반자를 활용할 수 있을뿐더러, 우리 자신도 다른 누군가의 전문가 동반자가 될 수 있도록 노력해야 한다.

전문가 동반자는 다양한 모습으로 나타날 수 있다. 구두 디자이너의 꿈을 이뤄낸 크리스 도너번이나 아이나 가르텐의 경우에는 배우자가 그런 동반자의 역할을 했다. 나 또한 오랫동안 재직했던《월스트리트 저널》이라는 '철밥통' 직장을 떠나 새로운 잡지를 창간하기 위해 미지의 세계로 뛰어들었을 때 남편이 큰 의지가 되었다. 나는 새로운 일을 시도할지를 두고 몇 달 동안 망설였다. 그때 남편은 내 결정이 가장 중요하다며 분명한 의견을 내지 않았다. 하지만 내가 두 가지 선택지의 장단점을 귀가 아프도록 비교할 때마다 그 내용을 신중하게 들어주었고, 무엇보다 내가 잡지에 대한 상상의 나래를 펼칠 때면 태도부터 바뀌면서 전례 없이 활기가 넘친다는 사실을 나보다 먼저 알아챘다. 남편은 내 말을 듣고 내게 되묻는 식의 도움을 주면서도 지시나 요청은 자제했고, 그 결과 나는 이제 도약할 준비가 되었음을 스스로 깨달을 수 있었다.

짐 반데히Jim VenderHei도 정치 일간지인 《폴리티코Politico》를 공동 창업할 당시 '빠른 발길질'을 해준 아내에게 성공의 공을 돌린다. 그가 《워싱턴 포스트》 기자였던 2006년, 반데히와 동료 기자인 존 해리스John Harris는 정치 뉴스 사이트를 함께 만들기로 했지만 위험 부담이 너무 커서 계획을 포기할 뻔했다. 그에게는 어린 자녀가 둘이나 있었고, 뭔가를 관리한 경험이라고는 리틀 시저스 피자 가게에서 야간 근무를 했을 때가 전부였다. 게다가 주위 사람들은 하나같이 그들의 새로운 사업이 실패할 것이라 여겼다. 하지만 그의 아내 어텀만은 그에게 겁쟁이 흉내는 그만두고 다 감수하라고 말했다. "아내는 저보다 저를 더 잘 알 때가 많았거든요." 결국 두 사람이 만든 사이트는 영향력 있는 매체가 되었고, 반데히는 또 다른 정치 뉴스 사이트인 《액시오스Axios》를 공동 창간하며 CEO가 되었다. "우리에게는 모두 어텀이 필요해요. 신뢰할 수 있으면서 현명하고 때로는 거친 조언도 해줄 수 있는 사람 말입니다."

전문가 동반자가 꼭 가족이나 친한 친구일 필요는 없다. 당신에게 부족한 시각을 가진 사람이라면 누구나 그 역할을 할 수 있다. 전문가 동반자는 전혀 기대하지 않았던 곳에서 나타나기도 한다. 내 대학 동기인 크리스토퍼 핸디는 영국학을 전공한 친구로 졸업 후 아트 갤러리에서 몇 년간 일한 다음, 은행과 보험업에 종사했다. 사회생활 초기에는 여가를 쪼개 비행 강습을 받았고 시간이 날 때마다 아내 에이미와 런던으로 여행을 떠났다. 부부는 원래 뉴욕에 살다 아이들의 양육을 위해 포틀랜드로 이주한 것이었는데, 거기서 그는 학창 시절 관심을 불태웠던 연기 활동을 취미로 다시 시작했다. 보통은 성우로 참여했지만, 여름철에 몇몇 야외 공연이 있을 때는 배우로 무대에 오르기도 했다. 그러다 2006년에는 포틀랜드 커뮤니티 극장에서 열린 A. R. 거니의 2인극 〈러브레터Love Letters〉의 주인공으로 낙점되었다.

그러던 어느 날, 2인극의 공동 주연이자 본업이 델타항공의 승무원이었던 동료 배우가 핸디에게 이렇게 말했다. "너, 승무원 하면 잘할 것 같아."

분명한 사실은, 핸디는 승무원이 된다는 생각을 평생 한 번도 해본 적이 없었다는 것이다. 그런데 동료 배우의 한마디에 폐부를 찔린 것 같은 기분이 들었다. 핸디는 자신을 은행에서 일하면서 취미로 연극 공연을 하는 가정적인 남자로 다소 편협하게 생각해왔다. 하지만 동료는 그를 무대에서 가끔 본 덕분에, 정작 핸디 본인은 한 번도 맞춰보지 않았던 그에 대한 정보 조각들을 다르게 조합한 것이었다. 실제로 그는 비행과 여행에 관심이 많았다. 핸디는 외향적이었고, 무대에 오르는 순간을 사랑했으며, 훌륭한 성대와 목소리를 갖고 있었다. 그는 청중과 소통하는 법을 잘 알았다. 또 마법 같은 솜씨로 사람들의 시선을 끌었다. 동료 배우는 이런 퍼즐 조각들을 새로운 방식으로 맞추고 그런 재능이 핸디를 어디로 데려갈 수 있는지 명확히 판단했다.

"마치 벼락에 맞은 것처럼 번쩍이는 순간이었어." 나중에 그는 이렇게 말했다.

핸디는 동료의 "난데없는" 말에 생각에 빠졌고, 완전히 새로운 곳으로 방향을 비틀게 되었다. 그는 직장을 그만두고, 항공사들을 검색했으며 마침내 제트블루 항공사의 훈련 과정에 등록했다. 현재 크리스는 제트블루 항공사의 선임 승무원으로 일하고 있다. 2022년에는 제트블루가 신설한 런던 노선을 책임지는 최초의 승무원 중 한 명이 되면서 그가 가진 폭넓은 영국 지식을 제대로 활용할 수 있게 되었다. 그의 삶을 이루던 모든 장(연극 활동, 비행에 대한 매력, 여행을 좋아하는 마음, 대학 전공까지)이 하나로 모여 새로운 경력이 되었다. 그는 오랜 탐색 기간을 거치고 올바른 길을 찾는 분투 과정 끝에 마침내 스스로 사랑하는 직업을 갖게 되었다.

"선임 승무원으로 기내 안내 방송을 하는데 내가 가진 연극적 재능이나 성우적 기량을 발휘하니까 일이 즐겁더라고. 재미 요소도 좀 넣었거든! 생각해보면 비행기 승객은 기내에 갇힌 청중일 뿐이잖아. 그런 사람들에게 재미를 선사하지 못할 이유가 뭐가 있겠어?" 그는 이렇게 말했다. "그런데 그게 전부가 아니었어. 나는 누군가를 돕고 다른 사람의 하루를 조금 더 기쁘게 만들어주는 일이 좋더라. 그걸 발견했어."

이 모든 일이 델타항공 승무원이자 그의 동료 배우였던 가장 뜻밖의 전문가 동반자의 관찰에서 비롯된 것이다. "그 친구는 연극 무대에서 나를 봐와서 그런지 내가 어떤 목소리로 대사를 하고, 많은 사람 앞에 섰을 때 어떤 모습인지, 또 어떻게 나를 표현하고 유용한 정보를 전하는지까지 잘 알고 있었거든." 그가 설명했다. "나는 절대 볼 수 없는 내 모습들이지."

핸디의 전문가 동반자는 항공업계에서 20년 이상 일한 사람으로 그 바닥에 깊은 지식이 있었다. 그렇다고 특정 분야에 전문 지식을 갖춰야만 전문가 동반자가 될 수 있다는 말은 아니다. 분야보다는 당신에 대한 전문 지식이 더 중요하다. 가르텐의 남편은 경영 전문가로 예일 경영대학원의 명예 학장이었다. 가르텐에 따르면 그의 요리 지식은 커피 내리기가 전부라고 한다. 내 남편 또한 변호사이고 저널리스트 경험은 없다(하지만 그는 요리도 하고 아주 맛 좋은 커피도 내릴 줄 안다).

사실 당신의 직업과 크게 관련 없는 전문가 동반자에게는 장점이 있다. 그들은 충분한 거리를 두고 당신을 보기 때문에 당신 스스로는 보지 못하는 시각을 더 명확히 가진다. 당신에 대한 그들의 관찰에는 계시적인 면이 있다. 그래서 경력을 완전히 바꾸거나 삶을 다른 방식으로 탈바꿈한 사람 중 새로운 직업과 전혀 상관없는 이가 그런 변화에 영향을 미쳤다고 언급하는 경우가 종종 있다.

레스토랑 사업가인 대니 메이어Danny Meyer의 사례를 보자. 그는 세인트루이스에서 어린 시절을 보내면서 음식의 매력에 빠졌다. 초등학교 때는 급식실에서 친구들과 샌드위치를 바꿔 먹으면서 다른 가족들 삶의 단면을 맛볼 수 있었다. 또 프랑스를 좋아하는 부모님 덕분에 어렸을 때부터 프랑스 요리를 자주 접했다. 가족과 휴가를 떠나면 그 지역에서 유명하다는 갖가지 현지식을 맛보았고, 여름 캠프에서는 장작불로 요리하는 법을 배웠다. 고등학생이 되자 친구들에게 직접 창작한 요리를 선보이기도 했다("얘들아, 이건 치즈를 채우고 베이컨으로 감싸 구운 독일식 소시지야"). 대학 졸업 후에는 보안용 태그 제조사의 영업 담당으로 취업한 덕분에 출장으로 미국 전역을 다니면서 그 지역에서 유명하다는 요리들을 맛보았다.

하지만 메이어에게도 어른이 되어야 할 때가 왔다. 그는 결국 로스쿨에 진학하기로 했다. 어느 날 메이어는 맨해튼의 한 식당에서 이모, 외삼촌과 식사를 하다가(수십 년이 지났지만, 그 식당이 2번가에 있는 '엘리오스'라는 것은 정확히 기억한다) 다음 날 로스쿨 입학시험인 LSAT를 치러야 한다고 그들에게 푸념했다. 그리고는 로스쿨이 딱히 끌리지는 않지만, 이제는 그만 여유를 부리고 진짜 어른이 되어야 한다는 생각에 선택한 일이라고 솔직히 털어놓았다.

삼촌이 이해할 수 없다는 듯 반응했다.

"넌 어렸을 때부터 맨날 음식 생각만 하고 음식 얘기만 해왔잖

아. 그냥 식당을 여는 건 어때?"

메이어는 뒤통수를 한 대 얻어맞은 기분이었다. "직접 식당을 열어야겠다고 생각해본 적은 없었지만, 정말 말이 되는 얘기였거든요." 그는 어렸을 적 샌드위치를 바꿔 먹던 시절부터 지금까지 자신이 새로운 경력을 탐색하고 있었다는 사실을 그제야 깨달았다. 마침 자신이 어떤 미래를 그릴 수 있을지 고민하느라 고군분투하던 중이었다. 삼촌이 조카에 대해 허물없이 내놓은 의견이 그 여정 전체를 일시에 말끔히 정리한 셈이었다. 메이어는 삼촌의 말을 계기로 세계에서 가장 성공한 요식업자가 되는 길을 밟아가기 시작했다. "그 순간부터 저의 경주가 시작되었던 겁니다." 당연히 그는, 로스쿨에 지원하지 않았다.

오늘날 메이어가 회장으로 있는 유니언 스퀘어 호스피탈리티 그룹Union Square Hospitality Group 산하에는 10개 이상의 식당이 있으며, 그중에는 그래머시 태번Gramercy Tavern과 그가 창업한 패스트푸드 체인인 쉐이크쉑도 포함되어 있다. 하지만 메이어는 그날 맨해튼의 엘리오스 식당에서 저녁 식사를 하기 전까지는 자기의 잠재력을 전혀 몰랐다. "저는 항상 식당을 사랑했는데도 식당이 제 경력의 선택지가 될 수 있다는 사실을 깨닫지 못했습니다."

메이어의 삼촌이 없었더라면 지금 우리의 외식 문화에는 몇 군데 구멍이 나 있었을 것이다! 물론 변호사는 한 명 더 늘었겠지만, 더없이 달콤한 초콜릿 셰이크와 수천 가지의 미식 메뉴가 사라졌을

테고, 수많은 이들이 청혼 장소로 다른 곳을 물색해야 했을 것이다.

단지 메이어가 아니라도, 누군가 옆구리를 찌르지 않았다면 새로운 모험을 절대 감행하지 못했을 사람은 너무 많다. 가령 역사상 가장 위대한 지도자 중에도 전문가 동반자 덕분에 위상을 높인 이들이 있다. 와튼 스쿨의 애덤 그랜트 교수가 밝혔듯이, 전설적인 지도자 중에는 다른 누군가가 그 재능을 발견하고 격려한 이후에야 비로소 목표를 향해 밀고 나간 사람들이 꽤 있다.

스티브 워즈니악은 친구인 스티브 잡스와 다른 친구들은 물론이고 부모님의 설득 끝에 휴렛 팩커드를 그만두고 잡스와 함께 애플을 창업했다. 조각가로 유명했던 미켈란젤로는 자기를 화가로 여기지 않았다. 그래서 시스티나 성당에 천장화를 그리는 임무를 맡았을 때도 2년간 뭉그적대다 교황의 성화에 못 이겨 일을 시작했다. 마틴 루서 킹 목사는 동료들에게 떠밀려 몽고메리 개선 협회의 책임자가 되고, 버스 보이콧 운동을 주도하고, 1963년 워싱턴 행진 집회에서 그를 상징하는 "나에게는 꿈이 있습니다"라는 호소력 짙은 연설을 하게 되었다.

그랜트 교수의 책에는 "다른 누군가가 스포트라이트 아래로 잡아끌거나 밀어버리지 않아서 자신이 품고 있던 생각을 추구하거나 공표하거나 홍보하지 못했을 또 다른 워즈니악, 미켈란젤로, 킹 목사가 세상에 얼마나 많을지 상상해보라"고 적혀있다.

직장 멘토가 전문가 동반자가 되기도 한다. 우리는 직장에서 멘토나 후원자 같은 존재가 개인의 경력 개발에 얼마나 많은 영향을 주는지를 안다. 멘토가 조언을 해주는 역할이라면, 후원자는 거기서 더 나아가 단순한 상담뿐 아니라 당신을 옹호하고 다음 승진을 위해 돕는다. 이렇듯 멘토나 후원자 모두 중요하지만, 그들의 역할은 대개 커리어에 관련한 범주 안에서 그치기 마련이다. 그런데 때로는 멘토나 후원자가 직업적 정체성 너머에 있는 당신의 모습까지 간파하면서 당신의 삶과 일 모두에서 새로운 길을 찾는 데 도움을 주기도 한다.

예컨대 미디어 기업의 임원인 신디 스티버스Cyndi Stivers가 잡지 《프리미어》의 젊은 기자로 일할 당시, 상사인 수잔 라인이 그녀에게 취재 일과 더불어 회사 경영 일도 보조하라고 주문한 경우가 그랬다. 스티버스는 자신을 기업 임원으로 생각해본 적이 없었다. 하지만 그녀는 프로세스 정리에 탁월했을 뿐 아니라 굉장히 체계적이고 기억력이 뛰어났다. 다만 그런 것들 모두가 타고난 능력이었기에 스티버스 자신은 그것이 특별하다거나 다른 종류의 일에 적합하다고 생각하지 못했다. "저는 다른 사람도 다 그 정도는 할 수 있다고 생각했어요." 그러나 상사의 안목은 궁극적으로 스티버스의 경력과 삶을 완전히 다른 방향으로 바꿔놓았다. 이후 그녀는 《타임아웃 뉴욕Time Out New York》의 창간 편집장부터, 마사 스튜어트가 만든 리빙 옴니미디아의 임원까지 여러 미디어 회사에서 다양한 임무를 맡게 되었다. 가장 최근 직장인 TED 콘퍼런스에서는 최고의 TED

연사들을 초빙했고, 혁신가들이 새로운 프로젝트를 추진할 수 있도록 레지던시 프로그램을 만들었다.

"저는 큰 교훈 하나를 얻었어요. 앞으로 어떤 일을 하며 살까 고민될 때는 당신의 활동을 곁에서 지켜본 사람에게 당신의 장점을 묻는 겁니다." 신디가 말한다. "제게는 천성에 가까운 재능이 있었는데 정작 저는 그런 능력이 특별하다고 여기지 않았거든요."

보스턴컨설팅그룹BCG은 기업 CEO들에게 컨설팅 업계 용어로 "믿을 만한 대화 파트너"를 찾으라고 권한다. BCG는 비즈니스 환경이 지난 50년간 비약적으로 복잡해졌다고 분석해왔다. 그들은 "압박감과 위험부담이 특별히 높은 환경에서는 심사숙고와 반성이 오히려 해가 될 수 있다. 또 그렇게 심사숙고만 하다가는 잠재적 기회를 제대로 상상할 수 없게 된다"라고 판단했다. BCG는 CEO가 빡빡한 일정 속에서도 혁신적인 아이디어를 내려면 "솔직하고 열린" 자세로 명확히 의견을 개진할 수 있는 신뢰할 만한 파트너와 시간을 내어 만나야 한다고 권한다.

실제로 방향 전환을 고려하는 사람 누구에게나 도움이 되는 첫 단계는 다른 사람이 말하는 자신의 장점을 적어보는 것이다. 앞 장에서 소개했던 스카스데일 시장이자 영세 자영업자들을 위한 비영리단체를 공동 창업한 제인 베론은 여성 직장인들과 동창들을 코칭해주는 일을 즐긴다. 그녀는 여성들에게 사람들이 당신이 가진 뛰어난 장점이라 말하지만 정작 본인은 쉽게 간과하는 재능을 적어보라고 요구한다. “본인에게는 그리 어려운 일이 아니기 때문에 그런 능력을 과소평가하게 되거든요.” 그녀는 그렇게만 해도 현시적인 결과가 나온다고 주장한다. 자기가 가진 강점은 보통 본인에게 특별해 보이지 않기 때문에 간과하기 쉽지만, 다른 사람에게는 네온사인 불빛처럼 밝게 반짝거릴 수 있다는 사실을 잊지 말자.

느슨한 유대 관계의 재발견

베론의 조언은 이 주제의 또 다른 핵심을 드러낸다. 친한 친구나 동료가 전문가 동반자 역할을 할 수는 있지만, 그 사람이 꼭 당신의 내밀한 측근일 필요는 없다는 점이다. 당신이 수년간 못 만난 사람도 전문가 동반자가 될 수 있다. 오랫동안 연결이 끊긴 ‘휴면 관계’에 있는 사람이나 오다가다 만난 ‘느슨한 유대’ 관계의 사람들이 가진 놀라운 힘은 이미 많은 연구에서 증명되었다. 예전에는 친했지만 몇 년간 연락이 없었거나 스쳐 지나가며 알게 된 이들이 바로 그런 경우다. 그들은 이전 회사에서 같이 일한 동료일 수도 있고, 다녔던 학교의 동기일 수도 있다. 여기서 핵심은 이런 사람들이 당신이 이미 현명한 판단을 구했거나 인맥에 활용했을 법한 측근보다 종종 더 도움이 된다는 점이다. 휴면 관계에 놓인 과거의 지인이, 당신을 새로운 모험으로 이끌 수 있다.

50년 전에 사회학자인 마크 그래노베터Mark Granovetter는 '느슨한 유대의 힘'에 대한 중요한 연구 결과를 발표했다. 그는 보스턴에 살면서 최근 직장을 옮긴 282명의 사무직 회사원들에게 어떻게 새로운 직장을 찾았는지 물었다. 그때까지 이뤄진 연구들에서는 일반적으로 사람들이 가까운 친구나 동료, 혹은 친척을 통해 새 일자리를 얻을 것으로 가정했었다. 그래노베터는 그런 강한 유대 관계는 "직장 정보를 제공하는 데 있어 자연히 더 강한 동기를 부여한다"라고 썼다. 이런 예측이 직관적으로는 분명히 합당했다. 새로운 직장이나 일을 찾고 있는 사람이라면 으레 잘 아는 사람에게 기대지 않겠는가? 당연히 개인적인 멘토나 동료, 친한 친구에게 연락하지 않겠느냐는 말이다.

그런데 그래노베터의 연구 결과는 그렇지 않았다. 직장을 옮긴 사람들의 84%인 대다수가 그냥 어쩌다 만난 사람을 통해 새로운 일자리를 찾은 것으로 나타났다. 그들이 말한 '어쩌다 만난 사람'이란 오래전의 대학 동창이나 이전 회사의 동료를 뜻했다. 또 우연히 만난 친구의 친구 같은 사람도 포함되어 있었다. 친구의 지인, 룸메이트의 이전 룸메이트, 직장 동료의 매형 같은 사람으로부터 새 직장을 소개받은 일도 있었다. 그래노베터는 이 조사를 통해 새로운 기회에 접근할 수 있는 가장 중요한 열쇠는 사실 그다지 가깝지 않은 사람들에게 있다는 결론을 내렸다. 당신과 친밀한 네트워크 안에 있는 사람들은 보통 당신도 이미 아는 정보를 알고 있고 당신과 비슷한 세계관을 가진다. 신선한 정보를 물어오는 사람들은 그냥 알고 지내는 친구나 이전 직장의 동료처럼 기존 네트워크의 바깥에 존재한다.

그래노베터는 이처럼 역동적인 도움이 혁신을 가속화한다는 사실을 발견했다. 끈끈하게 엮인 집단의 일원들은 서로의 사정을 잘 안다. 그래서 정말 혁신적이고 새로운 아이디어가 나오려면 멀찍한 관계에 있는 집단들이 서로 연결되어야 한다.

이처럼 휴면 관계는 훌륭한 조언의 원천이 될 수 있다. 약 10년 전에 진행된 한 연구에서, 224명의 기업 임원들은 예전에는 잘 알고 지냈지만 최근 3년간 접촉하지 못한 사람에게 연락하는 실험에 참여했다. 더 구체적으로 말하면, 그 임원들은 본인의 일에 대해 "도움이 될 만한 정보, 지식, 조언을 줄 수 있는" 사람을 골라 직접 만나거나 전화 혹은 이메일로 이야기하는 미션을 받았다.

결과는 놀라웠다. 그렇게 연락한 사람들이 임원들이 평소 친하게 지내던 측근보다 훨씬 더 창의적이고 독창적인 아이디어를 제시했기 때문이다. 연구 참가자들은 연락이 끊긴 사람과 만나 이야기를 나누었더니 일반적인 사회생활 속 만남에서 나타나는 종잡을 수 없이 흐르는 대화보다 훨씬 더 본질적인 내용에 접근할 수 있었다고 털어놓았다. 이런 접근법은 시간 압박이 심한 임원들에게 특히 더 효율적이었다. 게다가 두 사람은 기본적으로 이전에 뭔가 공유하는 것이 있던 사이였기에 서로를 더 쉽게 신뢰할 수 있었다. "연락하기 전에는 그런 사람이 무슨 얘기를 해줄 수 있을까 싶었는데……. 제 예상과 달랐습니다. 그 사람이 내놓은 신선한 아이디어에 굉장히 놀랐거든요." 한 임원은 이렇게 말했다. 또 다른 임원은 이렇게 덧붙였다. "경이로운 경험이었어요. 제 연락처에 얼마나 큰 잠재력이 있는지 깨닫게 되었습니다."

'느슨한 유대' 관계가 알려주는 또 다른 장점은 이렇게 일상생활에서 접하는 우연한 만남이 더 큰 행복으로 이어질 수 있다는 점이다. 심리학자인 질리언 샌드스트롬Gillian Sandstrom은 일의 성격상 아침에 사람들에게 인사를 건네는 건물 도어맨, 카페의 바리스타, 슈퍼마켓 계산대 직원 같은 이들에게 그들이 하루 중 접촉하는 만남을 전부 기록해달라고 요청했다. 그 결과 참가자들이 유대 관계가 가장 약한 사람들과의 접촉에서 가장 큰 행복을 느낀다는 것을 알게 되었다. 또 하루 중 이런 상호작용을 제일 많이 한 사람이 다른 사람들보다 그날 더 행복감을 많이 느낀다는 사실도 발견했다.

그래노베터가 수행한 선구적 연구는 링크드인과 페이스북이 발명되기 한참 전에 수행되었다. 그러나 요즘 같은 소셜미디어 시대에는 느슨한 유대와 휴면 관계의 가치가 더 커진다. SNS에서는 오래전 동기로 만난 이들의 계정을 팔로잉하면서 연락하기가 훨씬 더 쉽기 때문이다. 예전 상사나 교수님을 찾고 싶다면 구글에서 검색만 하면 된다. 당신이 이직하려는 분야에서 일하고 있거나 조만간 이사할 도시에 사는 예전 친구나 룸메이트도 마찬가지다.

실제로 타인과 접촉하는 기능에 있어서는 기술이 생물학과 인간 두뇌를 능가해왔다. 당신이 평균적인 사람이라면 평생 수천 명과 관계를 맺게 될 것이다. 그런데 인간은 태생적으로 한 번에 100개에서 200개 정도의 관계만을 관리할 수 있다. 그 선을 넘으면 휴면 관계가 생긴다. 예전에는 관계가 그렇게 소원해지면 결국에는 시들고 사장될 것으로 가정했지만, 이제는 아니다.

소셜미디어는 잘못된 정보의 확대부터 사이버 괴롭힘까지 아주 다양한 문제를 일으킨다. 하지만 소셜미디어로 생산성을 높이는 확실한 방법이 적어도 한 가지는 있다. 가장 친한 사이부터 가장 소원한 사이까지 사람들을 즉시 연결하고 관계를 되살려준다는 점이다. 시간이 지나도 이렇게 쉽게 관계를 되돌리고 다시 연결될 수 있었던 시대는 이제껏 없었다.

아이나 가르텐과 그녀의 남편처럼, 누구를 전문가 동반자로 삼아야 하는지가 아주 명확히 보일 때도 있다. 하지만 모두가 항상 명확할 수만은 없는 것도 사실이다. 그렇다면 전문가 동반자가 필요한 순간에, 우리는 어디서 어떤 방법으로 그를 찾아야 할까?

당신의 삶에는 이미 그런 사람 혹은 사람들이 있을지도 모른다. 친구나 친척, 동료, 아니면 그냥 건너 건너 아는 사람 중에 당신이 높이 살 만한 관점을 가진 사람이 있는지 생각해보라. 당신은 전문가 동반자 역할로 떠올린 적이 없을지라도, 그들은 이미 준비가 되어있을지도 모른다. 리처드 테데스키와 브렛 무어Bret Moore는 그들이 공동 집필한《외상 후 성장 워크북Posttraumatic Growth Workbook》에서 전문가 동반자는 "당신과 편안한 관계에 있는 사람이기 때문에, 당신이 무언가를 바꾸지 않아도 된다"라고 말했다. 그들에 따르면 전문가 동반자는 당신의 관점을 이해하려 노력하면서 전체적인 시각을 제시할 수 있다. 그는 당신이 현재의 길을 계속 가면서도 미지의 방향으로 경로를 틀 수 있다고 믿으며, 당신이 그 일을 원만히 해내리라고 확신한다. 특히 그는 당신에 대해, 그리고 당신이 발전해가는 양상에 대해 당신이 놓치는 것들을 알아채고 지적할 수 있다.

전문가 동반자는 사실 아무것도 조언하지 않아도 그 존재만으로 충분히 효과적이다. 어쩌면 그들은 그저 들어주는 행위로 가장 크게 이바지할 수도 있다. 마음속에 어떤 목표가 있어도 명확히 표현하지 못하면 그냥 흘러 없어지기 쉽다. 하지만 그 목표를 다른 누군가와 공유하면 별안간 더 큰 책임감을 느끼게 된다. 그 목표를 더 확실히 밀고 나가게 되는 것이다. 예를 들어 체중을 5킬로그램 감량하고 싶다고 해보자. 이 목표를 혼자만 간직하고 아무에게도 말하지 않으면 합리화의 유혹에 넘어가 다이어트를 포기하기 쉽다. 하지만 다이어트의 성과가 어떤지 매일 누군가와 공유한다면 포기하지 않고 목표를 향해 달려갈 가능성이 크다.

실제로 어떤 목표든 타인에게 털어놓으면 성공 확률이 높아진다. 23세부터 72세까지의 성인들을 대상으로 한 2015년 연구에서는 매주 친구에게 목표를 업데이트해 보낸 사람들 중 70%가 목표를 달성해낸 것으로 나타났다. 이는 목표를 공유하지 않고서 목표를 달성한 사람의 두 배에 달하는 비율이었다. 이런 효과는 그 목표가 생산성 향상이든, 워라밸 개선이든, 책 필사든, 아니면 부동산 매매든 상관없이 공통적으로 나타났다.

런던 경영대학원 교수인 허미니아 아이바라가 경력 전환을 주제로 진행한 연구에서도 동일한 결과가 나왔다. 그녀는 새로운 진로를 모색하는 행위는 유용하지만, 진로를 고민만 한다면 역효과가 날 수 있다는 사실을 발견했다. 효과를 내려면 당신의 생각을 전문가 동반자 같은 다른 누군가와 공유해야 한다. 자기 안에 갇힌 생각은 공상일 뿐 크게 발전할 수 없다. "해본 적 없는 활동을 해보고, 다른 집단과 접촉하고, 새로운 역할 모델을 찾고, 주위 사람들에게 고민을 얘기하면서 당신의 이야기를 개편하는" 것처럼 행동을 개시하는 일이 중요하다고 아이바라 교수는 주장한다. 다시 말해, 전문가 동반자를 찾고 그들에게 당신의 이야기를 들려주거나 피드백을 요청하는 것은 약점이 아닌 강점의 표현이다.

연구의 내용들을 종합하면 동일한 결론이 나온다. 다른 길을 찾겠다며 고민만 해서는 자신과의 대화를 끝없이 되풀이하는 꼴이 된다. 그러면 새로운 정보를 얻을 수도, 새로운 통찰력을 얻을 수도 없다. 여기서 언급한 연구들에 나온 다양한 방법들, 즉 목표를 누군가와 공유하거나, 새로운 집단과 접촉하거나, 아니면 다른 사람에게 당신의 이야기를 들려주는 일에는 모두 공통점이 있다. 당신이 어디로 가고 싶은지 다른 누군가에게 명확히 설명하고 그에 대한 피드백을 받아야 한다는 것이다. 그러면 상대는 당신 머릿속에서 무의미하게 반복되기만 하던 생각의 루프를 깨트릴 것이다.

글렌 마자라Glen Mazzara의 전문가 동반자 역시 정확히 그런 역할을 했다. 마자라는 뉴욕에 있는 한 병원의 물류 관리자로서 예산 관리와 병원 공사 일을 책임져왔다. 하지만 그는 그 일을 좋아하지 않았다. 적어도 병원은 그에게 꿈의 직장이 아니었다. 하지만 그는 젊은 나이에 결혼해 이미 아이가 있었고 그래서 안정된 일자리가 필요했다. 분명 자신이 꿈꾸던 직업은 아니었지만 어쩔 수 없었다. 사실 그는 늘 TV 드라마의 작가가 되는 상상을 해왔다. 하지만 드라마 작가가 되려면 무엇을 어떻게 해야 하는지 전혀 몰랐고, 그의 꿈은 현실성이 없어 보였다. 게다가 들어오기 무섭게 빠져나가는 월급 앞에서 그는 더 작아졌다.

어느 날 상황이 반전되었다. 처가와 친하게 지내던 아내의 고모 덕분에 그는 상황을 다른 눈으로 보게 되었다. 그의 처고모는 PBS 채널의 다큐멘터리 전문 프로듀서였기에 방송국 사정에 훤했다. 그녀는 마자라의 직업에 관해 물었고, 그가 다양한 이해관계 속에서 어떻게 병원을 돌아가게 하는지에 관한 이런저런 이야기를 들었다. 그러고는 이렇게 말했다. “자네 하는 일이 TV 프로그램 제작이랑 상당히 비슷한걸." 마자라는 자신이 오랫동안 품고 있던 꿈을 그녀에게 털어놓았고, 결국 그 꿈은 현실이 되었다. 그는 처고모님의 격려가 "전환점"이 되었다고 말했다. "고모님은 저를 진지하게 대해주셨거든요."

그녀의 의견은 마자라가 진지하게 글을 쓰기 시작하는 데 충분한 기폭제가 되었다. 물론 노력이 필요했다. 그의 집에는 컴퓨터가 없었으므로 꼭두새벽부터 병원에 출근해 업무가 시작되기 전에 몇 시간씩 글을 썼다. 스크립트 세 개가 아무 성과 없이 습작으로 끝나고 나서야 그는 에이전시를 구할 수 있었다. 그리고 돈 존슨 주연의 〈내쉬 브릿지스Nash Bridges〉로 마침내 작가로 입봉한 후, 〈더 실드The Shield〉의 제작자를 거쳐 〈워킹 데드The Walking Dead〉 등 다수의 작품을 기획하고 제작하는 책임 작가의 위치에까지 올랐다.

따뜻한 도움의 선순환

전문가 동반자를 찾는 것도 중요하지만, 당신 또한 누군가의 전문가 동반자가 될 수 있음을 기억해야 한다. 이때 핵심은 판단하지 않고 인내심을 갖는 것이다. 당신의 역할은 질문을 하고, 그들에게 어떤 느낌이나 생각을 요구하는 대신 그들이 새로운 시각을 가질 수 있도록 보조하는 것이다. 그들 자신이 어디를 향해 가고 있는지, 그 목표가 얼마나 현실적인지, 또 그들이 이미 달성한 것은 무엇인지 제대로 이해할 수 있도록 피드백을 하는 것이 중요하다. 테데스키와 무어가 글에서 밝힌 것처럼, "전문가 동반자는 잘난 체하지 않고 상대에게 일어날 수 있는 일에 대해 자신의 생각을 제시한다."

테데스키와 무어가 속한 심리학 세계에서는 전문가 동반자가 가족이나 친구인 경우가 많지만, 그 역할에 맞게 훈련된 치료 전문가도 당연히 전문가 동반자가 될 수 있다. 같은 원리로 당신이 이미 알고 있는 사람뿐 아니라 '인생 코치'처럼 훈련된 경력자 코치도 전문가 동반자 역할을 할 수 있다.

케이 히Khe Hy가 그런 경우였다. 케이는 캄보디아 내전을 피해 뉴욕에 정착한 이민자의 아들로 학구적이고 성실한 학생이었다. 그는 미국에서 성공한 이민 1세대의 정석을 그대로 따랐다. 좋은 성적을 받고, 예일대학교에 입학했으며, 졸업 후에는 금융계에 취직했다. 케이의 경력은 계획대로 착착 진행되었다. 그리고 31세에 세계 최대의 자산운용사인 블랙록BlackRock의 이사가 되었다. 문제는 회사가 동료들과 수입 측면에서는 좋은 직장이었지만, "무언가 잘못되었다는" 느낌이 들었다는 점이다. "하루에 12시간씩 고되게 일하면서 무감각한 생활에 안주하는 기분이 들었어요. 불행하지는 않았지만, 분명 행복하지도 않았습니다. 그 일을 특별히 좋아하지도, 그렇다고 싫어하지도 않았어요."

자신이 왜 충분히 만족하지 못하는지를 이해할 수 없었다. 그에게는 경제적 안정과 근사한 직책이 있었고, 칵테일파티에 가면 또래들의 질투 어린 시선을 받았다. 하지만 그런 것들이 다 소용없게 느껴졌다. "어렸을 때는 수줍음이 많고 공부밖에 모르는 데다, 미국 문화권 출신도 아니다 보니 늘 아주 불안했어요. (……) 성공하고 돈만 있으면 그런 것들이 다 사라질 줄 알았거든요. 하지만 결국 성공과 돈으로도 그런 불안감이 사라지지 않는다는 걸 알게 되었습니다."

케이는 무료함을 달래기 위해 업무와 무관한 프로젝트에 뛰어들었다. 익명의 음악 블로그를 운영하고, 사람들과 네트워킹 목적으로 파티도 열었으며, 다양한 유형의 생산성 소프트웨어를 가지고 이것저것 시도해보았다. 휴가 때는 흥미로운 읽을거리와 일상생활의 팁을 공유하는 '레드리즈RadReads'라는 뉴스레터를 발행했다. "그런 일을 하니까 활력이 생겼어요. 제가 하는 활동의 5%가 제가 느끼는 행복감의 99%를 가져다준다는 걸 깨달았습니다." 그는 당시를 떠올렸다. "온종일 그런 일만 할 수 있다면 어떨까? 하는 생각이 들었어요. 그런 생각은 딸이 태어나면서 더 분명해졌습니다." 그 정도면 충분했다. 케이는 적어도 18개월을 버틸 수 있는 돈을 모은 후 회사를 그만두었다.

케이의 퇴사를 '절이 싫으면 중이 떠난다' 식의 결정으로 보기는 어렵다. 그에게도 블랙록을 떠난다는 결정은 힘든 모험이었다. 당시 그는 35세였고, 이제 막 태어난 딸이 있었으며, 이직할 다른 직장이 있는 것도 아니었다. "부모님은 제 결정을 탐탁지 않게 여기셨어요.

'우리 가족은 모든 걸 포기하고 캄보디아에서 도망친 거야. 게다가 이제 승진하고 고작 3년이 지났는데 회사를 때려치웠다고?'라는 반응이셨죠. 사실 아내도 비슷했어요. '주위의 다른 엄마들을 만나면 당신 직업을 뭐라고 말하란 말이야?'" 거의 매일 전화나 메시지로 "요즘 어떻게 지내?"를 묻는 친구들과 옛 직장 동료들도 도움이 안 되기는 마찬가지였다. 직업 정체성이 없는 상황이 심히 괴로웠다. "거의 직장에 다시 들어갈 뻔했어요."

전문가 동반자가 개입한 것은 그때였다. 그는 인생 코치 한 명을 알게 되었고, 코치는 "제가 그때그때 드는 감정들을 헤쳐 나갈 수 있도록 다양한 도구들을 알려주었습니다." 자칭 "실용주의 철학자"였던 두 번째 코치는 케이가 "나는 왜 일에 집착할까?" 같은 질문을 탐구하는 데 도움을 주었다. 두 코치 모두 그가 어떤 형태의 삶을 원하는지 더 명확히 이해하는 데 길잡이가 되었다. 이후 케이의 가족은 캘리포니아로 거처를 옮겼고, 그는 거기서 늘 원했던 서핑에 대한 열정을 불태울 수 있었다. 또 매주 발행하는 레드리즈 뉴스레터 작업에 더 집중할 수도 있었다. 뉴스레터 일을 하면서 케이는 그와 비슷한 경력을 가진 직장인들이 삶에 대한 그의 생각과 생산성 관련 조언들에 많이 공감한다는 사실을 알게 되었다. 그는 뉴스레터에 '왜 성공한 이들은 가난을 그토록 두려워하는가?'부터, '제프 베이조스 같은 몸매를 원한다면?'에 이르기까지 다양한 글을 게시했다. 뉴스레터 구독자 수가 늘어나면서 여러 매체가 그를 주목하기 시작했고, CNN은 그를 '밀레니얼 세대의 오프라 윈프리'라 소개하는 기사를 냈다.

그때부터 케이는 정규직 직원들을 고용하고 시간 관리 방법과 삶에 대한 그의 철학을 결합한 온라인 생산성 강의를 개설하며 사업을 키워나갔다. 그는 자신의 강의를 "생산성을 배우러 왔다가, 존재론이 궁금해서 계속 듣는 수업"이라고 불렀다.

케이는 전문가 동반자의 도움 덕분에 개인의 삶을 일에 맞추는 대신, 일을 삶에 맞추는 직업을 가질 수 있었다. 그는 아침에 서핑을 하고 아이들의 등교 준비를 돕기 위해 오전 11시 30분 전에는 회의를 잡지 않는다. 그리고 저녁 식사를 꼭 가족과 함께한다. 물론 수입은 금융업계에서 받았던 연봉과는 비교할 수 없는 수준이지만, 그는 돈이 전부가 아니라고 말한다. 현재 그는 한 주에 38시간 정도를 일하는데 앞으로 30시간까지 더 줄일 작정이다. 돈을 벌고 싶으면 더 오래 일하면 되지만, "저는 시간을 벌어서 서핑을 더 많이 하고 싶어요"라고 그 이유를 밝힌다. "사실 제게는 이미 충분한 시간이 있기 때문에, 시간을 벌기 위해 돈을 더 벌 필요는 없거든요."

최근 케이는 코칭이 필요한 고객들을 위해 스스로 전문가 동반자 역할을 하기 시작했다. 그는 나와의 줌 인터뷰에 듬성듬성 난 수염에 검은 티셔츠를 입은 멋진 모습으로 나타났는데, 뒤로는 삐죽하게 올라온 서프보드가 보였다. 그는 말했다. "블랙록을 떠난 후 4년 동안은 불안감이 심했어요. 하지만 이제는 무섭지 않습니다."

멀어진 인연에게도 기회는 있다

놀라운 사실은, 한동안 연락이 끊겼던 사람도 전문가 동반자로서 우리를 새로운 지평으로 이끌 수 있다는 점이다. 나는 개인적으로 그런 엄청난 경험을 한 적이 있다. 내가 지금껏 만난 동료 중 가장 친절하고 재미있고 재기 넘치는 사람으로 제프리 재슬로Jeffrey Zaslow라는 기자가 있다. 우리는 《월스트리트 저널》에서 동료로 몇 년간 일한 사이였다. 이후 나는 회사를 떠나 잡지 일을 시작했고, 그는 작가로서 인생 2막을 열며 정치인인 가브리엘 기퍼즈와 영화 〈설리: 허드슨강의 기적〉의 실제 모델인 체슬리 설렌버거의 자서전을 공동 집필하는 등 왕성한 실력을 뽐냈다.

우리는 몇 년간 보지 못했다. 그러다 어린 시절 내 비올라 선생님이 돌아가시면서 나는 《뉴욕 타임스》 오피니언 섹션에 선생님을 추도하는 글을 게재하게 되었다. 글에는 선생님이 우리에게 전해준 삶의 값진 교훈을 뒤늦게야 깨달은 제자들의 이야기가 담겨있었다. 기사에서 나는 동창들과 추도 연주를 하기 위해 오랫동안 방구석에 처박아둔 비올라를 챙겨 들고 선생님의 장례식에 가면서 느낀 감정들을 술회했다. 고등학교를 졸업한 이후로는 거의 뵙지도 못했는데 선생님의 부고에 그렇게나 북받치는 내가 이상하다는 생각이 들었다. 하지만 리허설 장소에 도착하고 이제는 회계사, 변호사, 교사로서 미국 전역에서 낡은 악기를 들고 부랴부랴 날아온 다른 제자들을 보니, 그들도 정확히 나와 같은 감정에 휩싸여있다는 것을 알 수 있었다. 3세대에 걸친 그의 제자들 대부분이 경력 단절자들이었지만, 우리는 뉴욕 필하모닉에 버금가는 규모의 교향악단이 되어있었다. 그날 나는 내 삶에서 손에 꼽을 만큼 강렬한 경험을 했다.

제프리는 시카고에서 이 기사를 읽었고, 바로 내게 전화로 연락했다. "이 글은 무조건 책으로 내야 해." 그는 전화를 걸자마자 냉큼 이렇게 선포했다. 생각지도 못한 말이었다. 그때까지 나는 경영 관련 기사나 편집자로 글을 쓰긴 했지만, 그렇게 감정적인 이야기를 엮어낸 적은 한 번도 없었기 때문이다. 그래서 "나는 그런 글은 쓰지 않아"라며 퉁명스럽게 대답했다. 사실 《뉴욕 타임스》의 기고문도 (내게 또 다른 전문가 동반자 역할을 하는) 친한 친구와 저녁 식사를 하면서 그날 경험을 이야기했더니 친구가 꼭 신문에 내야 한다며 고집을 부리는 통에 쓴 것이었다.

하지만 제프리는 내 재능과 잠재력, 심지어 성격까지 나보다 더 정확히 꿰뚫어 보고 있었다. 그는 찔러도 피 한 방울 안 날 것 같은 겉모습 뒤에 숨겨진, 홀마크 광고에도 눈물을 찔끔거리고 TV에서 〈두 여인Beaches〉 같은 영화를 볼 때면 눈물 콧물로 얼굴이 뒤범벅되는 진짜 내 모습을 알고 있었다.

제프리는 "이게 왜 책으로 나와야 하는지 네가 깨달을 때까지 매일 전화할 작정이야!"라며 장난스레 엄포를 놓았지만, 그의 말은 진심이었다. 그는 심지어 출판 제안서 샘플 몇 개를 내게 보내더니 책이 나오는 과정까지 일일이 설명해주었다. 나는 점차 그의 눈으로 내 모습을 보게 되었고, 나에 대한 그의 시각을 이해하자 많은 사실이 드러났다. 제프리는 내가 원하던 변화를 스스로 깨달을 수 있도록 도와주었다. 나는 사실 내 손으로 감정적으로 충만한 이야기와 서사를 만드는 길을 가고 싶었다. 그의 명쾌한 시각 덕분에 결국 나는 작고하신 선생님의 딸이자 시카고 교향악단의 비올라 연주자인 멜라니 쿱친스키Melanie Kupchynsky와 함께 《스트링스 어태치드Strings Attached》를 공동 집필했다. 그리고 세상 사람들에게 우크라이나 전쟁 난민이었던 그의 아버지가 클래식 음악 대가가 되기까지 겪은 가슴 아프고 감동적인 이야기를 전할 수 있었다.

제프리와 함께 일하고 그와 친하게 지내게 된 것은 내게 행운이었고, 우리의 우정이 다시 연결된 것은 그보다 더 큰 행운이었다. 그는 내게 궁극의 전문가 동반자였다.

우리는 한 치 앞도 모르는 삶을 산다. 몇 년 동안 연락 한 번 안 했던 누군가에게 손을 뻗는 것은 내키지 않는 일이다. 내성적인 당신이라면 특히 어려울 수 있다. 혹시 상대가 당황하거나 귀찮아하지는 않을까 두려움이 들기도 한다. 하지만 그까짓 것, 한번 해보자. 분명 후회하지 않을 것이다. 어쩌면 그런 용기가 당신의 인생을 완전히 바꿔놓을지도 모른다.

9장

세기의 장난감, 탄생 비화

기사회생한 브랜드들의 공통점은 무엇인가

제가 여기서 배운 가장 큰 교훈은
기업이 지속적으로 혁신해야 한다는 겁니다.
그것이 103세 기업의 비결입니다.

| 버지니아 로메티 Virginia Rometty, IBM 전 CEO

100년 전 미국에 살고 있다면, 아마도 당신은 실내에 온기를 주는 동시에 불쾌한 잔여물까지 함께 남기는 석탄 난로로 더러워진 방에서 생활하는 중일 것이다. 지저분해진 벽을 청소하려면 철물점에 가서 특수 세정제를 산 다음, 벽에 붙은 끈적거리는 찌꺼기를 박박 문질러 닦아야 했을 것이다.

요즘은 그런 세정제가 거의 사라졌다. 쿠톨Kutol이라는 제품 하나만 빼고 말이다.

만약 '쿠톨이 뭐지? 들어본 적 없는데?' 하는 사람이라면 그 제품을 다른 이름으로 알고 있을 가능성이 크다. 경쟁 제품들과 달리 쿠톨의 사업주는 이 제품을 새롭게 상상하는 데 성공했기 때문이다. 그는 제품에 염료와 은은하고 기분 좋은 바닐라 향을 더하고 세정 성분은 뺀 다음, 유아용 장난감으로 새롭게 탄생시켰다.

오늘날 쿠톨은 플레이도Play-Doh라는 브랜드로 알려져 있다. 수십억 달러의 매출을 올리는 플레이도는 지구상에서 제일 잘 팔리는 장난감이라 해도 과언이 아니다.

플레이도의 재탄생 이야기는 그 시대, 그 사업주에게는 상당히 이례적인 일이었다. 하지만 구식 세정제로 시작해 아이들의 대표적 장난감이 된 이 특별한 변신은 시대와 업계를 막론하고 모든 기업의 모범이 될 만하다. 플레이도의 이야기는 왜 어떤 브랜드는 역사 속으로 사라지지만, 다른 어떤 브랜드는 자기를 새롭게 상상해 더 크게 성공하는 발판을 마련하는지에 관한 통찰력을 제시한다. 기업과 브랜드의 평균 수명이 고작 10년 정도인 지금, 플레이도의 사례는 조직이 어떻게 노선을 바꿀 수 있는지, 다시 말해 어떻게 자기의 제품을 시장에 맞출 수 있는지 고민하는 이들에게 교훈을 준다. 플레이도는 혁신을 촉진하는 사업 환경의 창으로서 다른 기업들이 변화를 탐색할 때 사용할 수 있는 하나의 렌즈가 되어줄 것이다.

나는 이 책을 쓰면서 엄청난 변화에 성공한 개인들을 만났다. 개중에는 제임스 패터슨처럼 경력을 재창조한 이들이 있었다. 또 케이 윌슨처럼 가공할 만한 트라우마를 겪은 후 삶을 재편한 사람들도 있었다. 몇몇 사람들은 포스트잇 메모지를 발명한 아서 프라이처럼 우연히 '아하'의 순간을 경험하면서 천재적인 혁신을 이루기도 했다. 또 경제학자에서 농부로 변신한 윌 브라운처럼 의도치 않게 재창조의 길을 선도한 사람도 있었고, 제인 베론처럼 한때는 전업주부였지만 필수불가결한 이유로 사업가로 변모한 경우도 있었다. 우리는 이런 개인들이 삶에서든 직업에서든 노선을 변경할 때 거치는 단계들인 '재창조 로드맵'을 어떻게 헤쳐 나갔는지 확인했다. 그들은 정보를 *탐색*하고, 예전 정체성은 버렸지만 아직 새로운 정체성을 완전히 받아들이지 못하면서 *분투*하고, 종종 그들의 길을 가로막는 장애물 때문에 움직임을 *중단*한 다음, 비로소 *해법*을 발견했다. 경력을 전환한 사람이든, 트라우마를 극복한 사람이든, 아니면 철저한 실패에서 회생한 사람이든 우리는 그들 사이에 이런 공통점을 확인할 수 있었다.

그들의 사례는 우리가 개인으로서 변화하는 세상을 어떻게 탐색해야 하는지에 관한 영감을 준다. 그런데 우리 대부분이 소속되어 일하는 기업의 경우는 어떨까? 조직은 개인보다 훨씬 더 복잡한 도전들에 영원히 직면한다. 조직의 리더들은 제품을 다시 생각하고 고안해야 하는 것은 물론이고, 직원과 고객들의 새롭고 진화적인 요구에 끊임없이 부응해야 한다. 기업은 시장과 문화 양쪽에서 벌어지는 전반적인 변화들에 민감하게 맞춰야 한다.

이런 복잡한 진화나 혁신의 양상은 조직마다 다르다. 어디에나 통하는 과학은 없다. 그렇다고 할지라도, 변화에 성공한 기업들에는 공통점이 있다. 변화를 향한 그들의 궤적은 개인들의 궤적과 일부 비슷한 면이 있다. 일반적으로 벼랑 끝에서 살아남은 기업이나 브랜드는 그 리더들이 해법을 *탐색*하고, 막다른 골목과 좌절에 시달리는 뼈아픈 *분투* 과정을 거친 후에야 부활한다.

기업의 경우에는 거의 멸종 수준의 *중단* 단계를 겪을 수 있다. 그리고 변곡점을 통해 완전히 다른 방향으로 나아갈 수도 있다. 기존 제품을 비트는 것으로 끝나지 않고 그 제품이 애초에 기획된 이유와는 완전히 다른 목적으로 재편되기도 한다. 또 어떤 요소가 추가될 때도 있다. 그리고 문제의 답은 거의 언제나 기존에 확립된 권력 구조 바깥에 있는 사람에게서 나온다. 이는 확고한 내부 집단에 속해있던 사람보다 더 명확한 시각을 가진 사람이나 집단을 말한다. 그들의 역할은 아이나 가르텐이 맨발의 백작부인으로 거듭나는 데 큰 영향을 미쳤던 그녀의 남편, 즉 전문가 동반자와 비슷할 것이다. 다시 말해 그들은 당사자는 인식하지 못하는 장점과 기회를 알아본다. 기업에서도 경영진이 아닌 누군가가 리더들을 뒤흔들고, 확신을 주고, 그들의 시각을 깨우치는 경우가 많다.

혁신으로 가는 문은 모두에게 열려있어야 한다

아무리 미래지향적인 리더라 해도, 어떤 기업의 CEO가 탁월한 아이디어로 회사의 운명을 혼자 바꿨다는 이야기는 흔치 않다. 애플의 스티브 잡스조차 아이폰을 혼자 상상해낸 것은 아니었다. 아이폰은 애플 안에서 엔지니어와 디자이너들이 긴밀히 공조한 실험적 프로젝트의 산물이었다. 사실 잡스는 그들이 어떤 일을 벌이고 있는지 전혀 감을 잡지 못했고 그 내용은 알았을 때도 처음에는 그들의 아이디어에 반대했다. 그는 '스마트' 폰은 꼼수일 뿐이며 신기술에 열광하는 소수의 괴짜들만 좋아할 것이라 믿었다. 그런 잡스를 설득해서 스마트폰에 기업의 미래를 걸고, 잡스가 진심으로 혁신을 통해 업계의 판도를 바꾸도록 이끈 사람은 애플의 직원들이었다.

다른 위대한 혁신 아이디어들도 아이폰처럼 종종 기업의 평직원, 혹은 더 나아가 고객이나 협력 업체 같은 외부인에게서 나오는 경우가 많다. 그들은 오늘의 매출과 내일의 분기 수익에 연연하는 관리자들에게는 없는, 제품을 자유롭게 재구상할 수 있는 여유를 가졌기 때문이다. 그들은 전통이나 "그건 우리 방식이 아니야" 식의 편견에 구애받지 않는다. 기업의 성공을 좌우하는 중요한 요소는 또 있다. 잡스 같은 리더들이 직원이나 외부인들의 신선한 아이디어를 귀담아듣고, 수용하고, 한 발짝 비켜서서 길을 내주는 자신감이 있을 때만 성공이 가능하다는 점이다.

포스트잇 메모지 같은 혁신 제품이 기업의 상명하달식 프로젝트가 아니라, 아서 프라이가 개인 시간을 할애해 작업한 결과로 탄생한 것도 그런 이유 때문이다. 3M은 직원들에게 업무 시간의 15%를 개인적으로 열정을 가진 프로젝트에 할애하게 했다. 그래서 프라이는 쓸모없어 보이는 접착제의 용도를 재창조하는 과제를 홀로 수행할 수 있었다. 물론 다른 부서의 도움도 필요했다. 비록 부서장들은 자기 팀원을 그에게 내주지 않으려 했지만, 결국 근무시간의 15%를 할애해서 프라이를 돕는 동료들이 나왔다. 포스트잇 프로젝트는 회사의 공식적인 승인 없이 이뤄졌으므로 반골적인 성격이 있었지만, 결국 쓸모없는 접착제를 3M 역사상 가장 성공적인 제품 중 하나로 탈바꿈하는 성과로 이어졌다. 구글도 3M을 따라 근무시간의 20%를 원하는 일에 쓸 수 있는 프로그램을 시행해나갔고 그 결과 지메일과 구글 뉴스 같은 혁신적인 서비스를 만들 수 있었다.

주요 제품군 중에도 내부인들이 간과한 요소를 외부인이 먼저 알아본 덕분에 탄생한 것들이 있다. 킴벌리 클라크가 개발한 붕대가 바로 그런 예에 속한다. 그들은 제1차 세계대전 중 부상한 병사들을 위해 새로운 방식의 붕대를 개발했는데, 이 제품이 뜻밖의 방식으로 대성공을 거두었다. 이 제품의 가장 큰 혁신은 면보다 흡수력이 뛰어나면서 가격도 저렴한 나무 펄프로 붕대를 만들었다는 점이었다. 하지만 전쟁이 끝나자, 제품에 대한 군대의 수요는 거의 사라졌다. 그러다 기이한 현상이 벌어졌다. 간호사들이 환자가 아닌 자신을 위해 이 제품을 사들였기 때문이다. 그들은 원래 목적을 벗어난 이 붕대의 탁월한 용도를 알아냈다. 바로 매달 생리를 할 때 사용하는 것이었다.

그때까지 여성들은 수 세기 동안 생리 기간이 되면 헝겊이나 집에서 만든 패드를 사용했다(그래서 영어권에는 생리 중임을 표현하는 'she's on the rag'라는 불쾌한 관용구가 있다). 그러나 이제 간호사들에게는 더 나은 방법이 생겼다. 그들은 그 붕대 제품에 또 다른 용도가 있을 뿐 아니라 제품의 잠재 고객 규모가 성인 인구의 절반에 이른다는 사실을 제조사보다 먼저 알아챘다. 결국 1919년 10월에 킴벌리 클라크는 코텍스Kotex(면과 같은 질감을 가진 패드임을 나타내는)라는 브랜드로 생리대를 출시했다. 현재 전 세계 여성용 위생 제품 시장은 약 390억 달러 규모로 평가된다.

좀 더 최근 사례로는 거대 화학사인 바스프BASF를 들 수 있다. 이 회사의 영업사원 한 명은 우연한 일로 가정용 청소제의 완전히 새로운 활용 범주를 발견했다. 한 일본계 건설 회사에 방문하기 전까지만 해도 그의 마음속에는 그런 생각이 전혀 없었다. 그날 영업사원의 유일한 목표는 바스프가 생산하는 단열 및 소음 차단용 폼 제품의 특장점을 홍보하는 것이었다. 하지만 불행히도 회의 중, 그는 그만 고객사 책상에 놓인 설계 청사진 위에 커피를 쏟고 말았다. 당황한 그는 옆에 있던 단열 폼 한 조각을 얼른 집어 커피를 닦아냈다. 다행히 단열 폼은 제 몫을 톡톡히 했다. 아니 그 이상이었다. 설계도까지 지워버렸기 때문이다.

사무실로 복귀한 영업사원은 동료인 화학자에게 이 이야기를 들려주었다. 일반적인 경우라면 회사 탕비실에서 오가는 이야기는 그냥 잡담으로 끝났을 것이다. 하지만 다행히도 당시 바스프는 혁신을 강화하기 위한 변화 중 하나로 사내에 오랫동안 굳혀진 부서들 간의 장벽을 타파하려 애쓰고 있었다. 그래서 회사 임원들은 영업사원의 말을 무시하지 않고 그의 발견에 주목했다. 그리고 단열재의 다양한 활용 방식에 대해 브레인스토밍하는 자리까지 만들었다. 그 결과 회사는 2003년에 프록터 앤드 갬블P&G과 파트너십을 맺고 단열 폼의 용도를 바꿔 대박이 난 '미스터 클린 매직 지우개Mr. Clean Magic Eraser'를 탄생시켰다. 오늘날 P&G는 이 매직 지우개를 다섯 개 이상의 모델로 판매하고 있으며, 이 제품은 벽에 난 스크래치나 크레용 자국을 지우기 위해 가정마다(우리 집을 포함해) 몇 개씩 사두는 일종의 상비약이 되었다.

인시아드 경영대학원의 교수인 벤 벤사우Ben Bensaou는 오늘날 자기 혁신과 재창조를 원하는 기업이라면 직급과 상관없이 모든 직원이 새로운 아이디어를 낼 수 있게 권한을 부여해야 한다고 주장한다. 그는 글에서 "대다수의 조직이 직원들을 포함해 *조직 전체*가 혁신 엔진에 참여할 권리가 있다는 사실을 망각하고 있다"라고 우려한다. 그는 조직의 미래를 재창조하도록 도울 수 있는 시각과 통찰력을 가진 누군가, 즉 전문가 동반자에 상응할 만한 누군가의 역할을 이렇게 설명한다. "언제나, 어디서나, 누구나에 의해 혁신하는 것을 조직의 목표로 삼는다면, 그 조직은 진정한 혁신 엔진으로 거듭날 수 있다."

내가 목격한 가장 훌륭한 재창조 사례도 확실히 그런 경우였다. 이 이야기는 뻔한 실패작이 어떻게 역사상 최고의 수익성을 자랑하는 약품 중 하나로 변모할 수 있었는지를 보여준다.

기적을 만든 파란색의 작은 알약

나와 함께 '샌드위치'라는 영국의 작은 마을로 가보자. 샌드위치는 도버 해협의 백악 절벽으로 둘러싸인 중세의 전초지로 지금도 예스러운 정취가 그대로 남아있는 곳이다. 샌드위치를 방문하는 사람이라면 누구나 1384년에 만들어진 돌벽의 일부인 피셔 게이트Fisher

Gate를 통과하게 될 것이다. 당신은 샌드위치 중심부의 바람 부는 좁은 돌길을 따라 거닐거나, 성 피터 교회St. Peter's Church의 꼭대기로 올라가 목가적인 마을 풍경을 감상할지도 모른다. 그리고 15세기에 생긴 조지 앤드 드래곤George & Dragon 선술집에 들러 맥주 한 잔을 기울이지 않고는 못 배길 것이다.

샌드위치는 작은 마을로, 아담하고 조용한 동네다. 현재 거주민 수는 5,000명이 채 안 된다. 수 세기 동안 이곳은 당신도 알 만한 누군가의 고향으로 가장 유명했다. 전해지는 이야기에 따르면 18세기 이 마을에는 4대 샌드위치 백작인 존 몬터규John Montagu가 살고 있었다. 도박 중독자였던 그는 게임에 너무 몰두한 나머지 식사 시간에도 트럼프 탁자를 떠나려 하지 않았다. 식사 때가 되면 백작은 하인에게 빵 사이에 소금을 뿌린 소고기를 끼워 탁자로 가져오라고 부탁했다. 그 광경을 목격한 다른 사람들도 "샌드위치 백작과 같은 걸로!"라고 주문하기 시작했다는 후문이다.

이처럼 아직 다른 시대에 머무르는 것 같은 동네에 거대 제약사인 화이자가 연구소 하나를 세운 것은 1950년대였다. 그리고 1986년, 연구소의 과학자들은 동맥이 협착해 심장이 충분한 혈액을 밀어내지 못하는 협심증의 치료제를 개발하게 되었다. 과학자들은 그들이 개발한 UK-92480이라는 화학물질이 PDE5라 불리는 효소를 선택적으로 차단하고 혈관을 확장해 협심증으로 인한 흉통을 완화할 수 있기를 바랐다.

당시 이 연구소의 과학자 중 한 명이었던 이언 오스텔로Ian Osterloh는 1980년대 후반에 처음으로 그 약에 대해 들었던 순간을 아직도 생생히 기억한다. 평범한 영국인으로 점점 휑해지는 모발에 마른 몸매를 하고 태도가 온순한 오스텔로의 겉모습만 본다면 그가 나중에 수백만 명의 삶에 빛을 내려줄 엄청난 인물이 되리라고는 상상하기 힘들 것이다. 다시 협심증 치료제로 돌아가, 그는 현실적인 시각을 갖기로 했다. 신약 개발 과정은 고통스러울 정도로 더디고, 그 모든 노력에도 불구하고 수포가 되는 경우가 많아 종종 '좌절과 실망의 원천'으로 불린다. "그 약으로 세상이 바뀌거나 하는 일은 사실상 어렵다는 걸 알고 있었습니다"라는 말로 그는 당시를 떠올렸다.

하지만 그 협심증 치료제의 경우에는 적어도 테스트를 시작할 정도로는 충분한 희망이 보였다. 그런데 안타깝게도 건강한 지원자들을 대상으로 한 초기 테스트에서 실망스러운 결과가 나왔다. 하루에 세 차례씩 약품을 복용한 지원자들이 근육통과 두통, 소화불량을 호소했기 때문이다. 게다가 좀 기이한 부작용이 나타났다. 오스텔로는 당시 기억을 되살렸다. "남성 지원자들이 약을 처음 복용하고 며칠 후부터 발기 횟수가 많아졌다고 보고한 거예요." 이는 협심증을 치료하는 성공의 길을 가로막는 장애물이었다. "당시에는 화이자 직원 중 누구도 그 부작용을 크게 고려하지 않았습니다"라고 그는 말했다. 너무 의외의 결과이다 보니 책임 연구원은 테스트 결과를 보고하는 회의에서 "마지못해 마지막에 짧게 언급하고 말았습니다. 말하기도 창피했던 거죠."

협심증 환자들을 대상으로 한 소규모 임상 실험 결과도 그렇게 희망적이지 않았다. 약품이 "증상 완화에는 어느 정도 도움이 되었지만", 협심증 환자들 또한 이전 테스트에서 발견된 부작용들을 호소했다. 그런 단점을 상쇄할 만큼 약효가 뛰어난 것도 아니었다.

일반적인 상황이라면 또다시 실망만 낳은 채 버려질 약이었다. "협심증 치료라는 원래의 목적만 생각하면 미래가 없는 약이었어요." 오스텔로가 내게 말했다. "직원 대다수가 곧 폐기될 약으로 여겼으니까요." 그리고 실제로도 사람들의 관심은 사라졌다. 그 협심증 치료제는 실패작이었다.

이야기는 그렇게 끝날 수도 있었다. 전 세계 각양각색의 산업에서 그런 사례는 차고 넘친다. 신제품 후보를 가지고 조사를 했지만, 기대에 못 미치는 결과가 나와서 제품이 사장되는 일 말이다. 그러면 회사는 더 값진 성과를 낼 만한 또 다른 후보를 찾아 나선다.

하지만 때로는 실패작 안에서 성공할 싹수가 보이기도 한다. 불발로 끝날 위기에 처한 대상을 다른 렌즈로 보고, 그 안에서 처음에는 쉽게 발견할 수 없었던 새롭고 빛나는 무언가를 찾아내는 사람들이 있기 때문이다. 샌드위치에서 일했던 오스텔로와 그의 동료들이 그런 경우였다. 그들은 남성들의 성기가 발기하는 기이한 부작용이 지속적으로 보고되는 상황을 어쩔 수 없이 접했다. 그러면서 어쩌면 자신들이 그 약품을 잘못된 방식으로 봤을지도 모른다는 생각에 서서히 이끌렸다. 협심증은 그만 잊어버리자. 하지만 이 약을 혹시 발기불능 치료제로 쓸 수 있지 않을까?

오스텔로와 팀원들에게는 회사의 다른 동료 대부분에게 없었던 자유가 있었으므로, 관심의 초점을 완전히 새롭게 전환할 수 있었다. 그들은 화이자의 뉴욕 본사로부터 대양을 건너 5,600킬로미터나 떨어진, 시차까지 크게 나는 장소에서 일하고 있었다. 본사에서는 그들이 무슨 일을 벌이고 있는지 아무도 몰랐다. 오스텔로는 "샌드위치에서는 뭔가를 더 자유롭게 탐색할 수 있었어요. 본사에서처럼 철저한 관리하에 놓이지는 않았거든요"라고 내게 설명했다. 이 작은 별동 부대의 과학자들은 관료적 간섭을 피할 수 있었기에 그들의 상사들에게는 없었던 시각을 확보할 수 있었다. 그들은 창의적으로 생각하면서, 신선한 눈으로 그들이 개발한 것들을 살펴보게 되었다.

하지만 그런 그들에게도 *분투* 단계가 시작되고 있었다. 그때는 이 세상에 발기불능 치료제라는 시장이 존재할 수 있다는 사실조차 아무도 몰랐기 때문이다. 그런 제품 자체가 발명된 적이 없었다. 당시에는 다들 발기불능을 육체적인 문제가 아니라 심리적인 현상으로 인식했다. 그 이야기를 들은 몇몇 외부인들도 모두 회의적이었다. 일부는 화이자 같은 굴지의 회사가 섹스와 관련된 약품을 개발하는 것은 다소 부적절한 일이라고 여겼다. *아이고!* "발기불능은 중요한 질환이 아니니, 우리는 암이나 심장 질환 같은 분야를 더 중점적으로 다뤄야 한다고 말하는 사람들이 있었어요." 오스텔로는 이렇게 말했다. "1970년대에는 발기불능을 겪는 사람의 90%가 심리적인 이유 때문이라고 배웠으니까요. 게다가 그런 현상이 얼마나 흔한지 아는 사람도 없었을 거예요. 시장 자체가 구축될 수 없다고 생각하는 이들도 있었고요."

그럼에도 불구하고, 오스텔로와 팀원들에게는 그 약을 발기불능 치료제로 테스트하고 싶은 호기심과 그들 스스로 결정을 내릴 수 있는 자유가 있었다. 1993년에 그들은 브리스틀에서 20명 내외의 남성을 모집했다. 실험 참가자들은 개별적으로 약을 먹은 다음, 한 명씩 연구소에 있는 조용한 방으로 안내되었다. 그리고 성기의 둘레와 단단함을 측정하는 리지스캔RigiScan이라는 장치를 착용한 채로 방에서 에로틱한 영화를 감상했다. 결과는 놀라웠다. "연구원 다수가 실험 결과에 흥분한 채 그 내용을 보고했어요." 오스텔로는 당시를 떠올렸다. 하지만 사람들의 거부감은 여전했다. "샌드위치 연구소에서 임상 분야를 책임지던 임원 한 분의 반감이 특히 심했습니다. 저희 앞에 거의 장벽을 쌓아두셨죠. 만약 그분이 단독 결정권자였다면 그 연구는 더 이상 진행되지 못했을 겁니다."

내부의 반대에도 불구하고 오스텔로와 팀원들의 의지는 꺾이지 않았다. 그들은 영국, 스웨덴, 프랑스에서 남성 300명을 모집했다. 그리고 이번에는 그냥 넘기기에 너무 압도적인 결과가 나왔다. 실험 참가자의 90%가 해당 약품을 최고 용량으로 복용했을 때 반응을 보였던 것이다. 사실상 그 결과는 임상 실험으로서 전례가 없을 정도로 좋은 수준이었고, 참가자들은 약을 더 받을 수 없냐며 애원하기 시작했다. 그들은 숫자로만 처리된 익명의 참가자였으나, 일부는 샌드위치 소속 연구원들에게 직접 연락해 자신의 신원을 밝히며 제발 약을 조금만 더 달라고 부탁했다.

"그동안 물에 빠져 죽어가는 심정이었는데, 선생님의 약을 알고 생명줄을 붙잡은 기분이 되었습니다." 한 남자는 연구원들에게 이런 내용의 편지를 보내 약을 더 얻을 수 없냐고 간청했다. "지금은 다시 물속에 있어요. 선생님들이 제 생명줄을 뺏어갔으니 저는 그대로 빠져 죽을 수밖에요."

그제야 회사 사람들도 이 약의 잠재력을 알게 되었고, 이 기적의 약물을 다루는 뉴스 기사들이 하나둘 등장하면서 일반 대중까지 관심을 갖게 되었다. 결정적으로 당시 화이자의 대표였던 윌리엄 스티어 주니어William C. Steere Jr.가 이 제품의 강력한 지지자가 되면서 상황이 완전히 역전되었다. 영리한 마케팅도 한몫했다. "발기불능이란 말은 사실 부담스럽고 모욕적인 용어입니다." 이 약의 마케팅 책임자였던 재니스 립스키Janice Lipsky는 후에 이렇게 말했다. 또 그녀는 남성 환자들과 진행한 초기 좌담회FGI 이야기를 꺼냈다. "다들 수치스러운 감정이 강했어요. 한 남성분은 자신의 경험담을 공유하면서 눈물을 쏟더라고요. 아내에게 괜한 기대만 줄까 봐 더 이상 안아주거나 만지지도 않는다고 했어요."

이런 통찰력을 바탕으로 마케팅팀은 발기불능impotence을 발기부전ED, erectile dysfunction이라는 용어로 리브랜딩했다. 당시에는 용어가 약간 어렵다는 의견도 있었지만, 임상적인 이미지가 강해 오히려 감정적 부담이 덜하다는 장점이 있었다. "모두 낙인효과를 없애기 위해서였어요." 립스키는 말했다. 이 전략은 제품의 첫 번째 TV 광고에도 영향을 미쳤다. 광고에는 전 상원의원이자 전립선암 생존자인 밥 돌Bob Dole이 등장해 치료 부작용으로 생긴 발기부전에 대해 이야기한다. "발기부전은 말하기에 껄끄러운 주제지만, 저는 이 질환이 수백만 명의 남성과 그 파트너들에게 얼마나 중요한지 알기에 공개적으로 이야기하기로 결심했습니다." 이 광고에는 브랜드명이 직접적으로 언급되지 않는다.

화이자의 이 약은 1998년에 FDA의 승인이 떨어지면서 회사 역사상 가장 큰 블록버스터 중 하나가 된다. 실패한 협심증 치료제 덕분에 완전히 새로운 약품 카테고리 하나가 탄생한 것이다. 오늘날 발기부전 치료제 시장의 규모는 30억 달러에 이르는 것으로 추산된다. 하지만 성품이 온화한 오스텔로와 외딴 중세도시에서 특별한 인맥도 없이 창의적인 사고로 본인들이 개발한 약의 용도를 고민하고 그 결과를 뚝심 있게 밀고 나갔던 샌드위치의 연구원들이 없었다면, 세상에는 UK-92480, 지금은 비아그라로 알려진 파란색의 작은 알약은 탄생할 수 없었을 것이다.

오스텔로와 동료들은 본사에서 떨어진 곳에서 근무한 덕분에 자율권이라는 혜택을 누렸다. 그들은 협력적인 집단으로 *분투* 기간에도 반대자들을 방어하고 방향을 재빨리 선회하며 그들이 결정한 길을 꿋꿋이 밀고 나갔다. 그러다 본사의 레이더 아래서 조금씩 실험을 진행한 끝에 마침내 성공할 수 있었다. 오스텔로가 처음으로 협심증 치료제에 관한 이야기를 들은 날부터 마침내 비아그라가 출시된 날까지는 10년 가까운 세월이 걸렸고, 그동안 수많은 시행착오와 성공과 실패가 반복되었다.

하지만 상황이 조금이라도 달랐다면, 가령 오스텔로와 동료들에게 그런 집념이 없었다거나 실험을 계속 시도하지 않았다면, 혹은 협심증 치료제가 효과가 없었을 때 회사 리더들이 프로젝트를 중단하라고 지시했다면, 또 만약 회사 대표가 그들의 지원군이 아니었다면, 비아그라는 절대 탄생하지 못했을 것이다.

여기서 의문이 생긴다. 또 다른 비아그라가 될 수도 있었지만, 제대로 빛을 못 보고 사라진 제품이 얼마나 많을까? 실패한 제품 중 얼마나 많은 것이 역사의 쓰레기통으로 이관되는 대신 새로운 방식으로 재탄생할 수 있었을까? 상사들이 직원이나 고객의 말만 귀담아들었어도 아직 건재할 수 있었는데 실패한 제품은 또 얼마나 수없이 많을까?

오스텔로 역시 자신과 팀원들이 얼마나 운이 좋았는지 잘 알고 있었다. 개발 과정 중 비아그라가 빛도 보지 못한 채 운명을 달리할 뻔한 적이 여러 번 있었기 때문이다. "프로젝트가 성공하려면, 적절한 구조와 적절한 자원, 그리고 적절한 사람이 있어야 합니다." 그는 내게 말했다. "저희의 업무 환경은 그런 조건에 더없이 잘 맞았습니다."

날마다 시행착오에서 배우는 회사

모든 기업이 이런 쇄신에 성공하지는 않는다. 제품이나 회사를 재창조할 만한 자원이 제대로 갖춰지지 않은 경우가 수두룩하다. 이렇게 기업이 쇄신에 성공하거나 실패하고, 존속하거나 사라지는 운명을 가르는 요소는 무엇일까? 요컨대 초기의 넷플릭스는 어떻게 자신들이 블록버스터Blockbuster(1985년 설립된 미국의 DVD, VHS, 비디오 게임 대여 전문점으로, 한 때는 북미 시장을 장악했지만 디지털화 및 변화에 편승하지 못하고 2010년에 파산 보호를 신청했다)의 전철을 밟지 않으리라는 사실을 확신했을까? 그 답은 '전문가 동반자'적 통찰력을 판단할 수 있는 기업 리더들의 역량에 달려있다. 이러한 통찰력을 통해 리더들은 무엇을 해야 할지 뿐만 아니라, 그만큼 중요한 '무엇을 하지 말아야 할지'를 결정해야 한다.

넷플릭스의 사례는 좋은 본보기다. 이 회사는 원래 우편을 통해 DVD를 대여해주는 서비스로 사업을 시작했다. 이후 디지털 스트리밍 서비스로 선회했고, 다시 엔터테인먼트 공룡 기업으로 발돋움했다. 넷플릭스는 현재 〈더 크라운The Crown〉부터 〈기묘한 이야기Stranger Things〉, 그리고 〈오징어 게임〉에 이르기까지 매년 다수의 콘텐츠에 수십억 달러를 투자한다.

이 회사는 공동 설립자이자 CEO인 리드 헤이스팅스Reed Hastings가 주창한 기업 문화 선언문으로도 유명하다. 125장의 슬라이드로 구성된 이 선언문은 "지금까지 실리콘밸리에서 나온 가장 중요한 자료"로 칭송되기도 했다. 반면 선언문의 일부 항목은 비웃음을 사기도 한다. 그중 하나가 바로 업무 성과가 '그냥 괜찮은' 직원은 해고 대상이다("적당한 성과만으로는 두둑한 해고수당을 받게 된다")는 내용으로, 대중은 회사의 이런 접근 방식을 〈헝거 게임〉에 비유하기도 했다. 하지만 넷플릭스는 이 선언문 덕분에 평범한 프로그램을 제작하는 데 과도한 투자를 하는 일 등의 중대한 과실을 막을 수 있었다. 그런 점에서 솔직함 중시, 피드백 요청 같은 넷플릭스의 주요 가치는 기업 생존에 핵심적인 역할을 했고, 혁신에 있어서 권력의 테두리 바깥에 존재하는 일반 직원들의 공로를 인정하는 방식으로 강화되었다.

한 가지 예로 2000년대 초반에 회사 경영진이 '넷플릭스 박스Netflix Box'라는 새로운 비디오 유통 방식에 투자를 감행한 경우를 들 수 있다. 이 서비스에 가입한 고객에게는 넷플릭스 박스라는 기계가 하나씩 지급되는데, 고객이 다음 날 볼 영화를 선택하면 넷플릭스 박스가 밤새 그 영화를 내려받았다(당시에는 다운로드 속도가 엄청나게 느렸다). 회사 경영진은 이 프로젝트를 자원해서 담당할 사람을 찾았다. 딱 한 사람이 손을 들었다. 당사자인 로버트 킨슬Robert Kyncl에 따르면 "넷플릭스에서 새로운 프로젝트에 지원하는 것은 그야말로 멍청한 짓이었다." 그는 연예 에이전시의 캐스팅 부서에서 직장 생활을 시작한 인물이었다. "넷플릭스는 전체 전략에 중요하지 않은 사업은 철저히 내쳐버리는 자신들의 문화에 자긍심이 큰 회사였다. 몇 년 동안 공들인 프로젝트가 짧은 회의 이후 완전히 없어지는 경우가 허다했다."

킨슬은 본인이 자원한 만큼, 넷플릭스 박스 사업에 전념해야 했다. 하지만 체코에서 태어나 10대 시절을 크로스컨트리 스키 선수로 보낸 그의 눈에는 다른 무언가가 들어왔다. 당시로서는 새로운 문물에 속했던 유튜브 영상이었다. "거기서 우연히 화질도 별로인 스노보드 사고 영상들을 보게 되었다"라며 그는 당시를 회상했다. "부엌에 불이 난 사람들의 영상도 있었다. 그런 식의 동영상들이 엄청난 조회 수를 기록하고 있었다." 바로 그때, 그는 사람들이 집에 있는 큼직한 박스에 고화질 영화를 다운받기 위해 힘겹게 시간을 버리는 일을 원치 않는다는 것을 깨달았다. 그냥 인터넷에서 바로 영상을 보면 되는 일이었다. 영화를 스트리밍해 보는 옵션이 있었던 것이다. "유튜브의 인기를 직접 목격하고 나니 알게 되었다." 그는 이렇게 썼다. "그 일을 계기로 우리는 넷플릭스 박스 사업을 철회했고, 영화를 다운로드하는 대신에 고객이 원격으로 영화를 스트리밍할 수 있는 서비스로 전략을 바꿨다."

그로부터 10년 후, 넷플릭스가 스트리밍 서비스를 거의 완벽하게 구현하고 있던 2015년에 또 한 명의 평직원이 재차 다른 선로로의 변화에 박차를 가하고 있었다. 당시에는 기기가 인터넷에 연결된 상태여야만 넷플릭스를 시청할 수 있었다. 말하자면 비행기에 탑승하거나 인터넷 연결이 안 되는 곳에서는 넷플릭스 영화를 다운받을 수 없었다. 직원들은 이 다운로드 문제를 지속적으로 쟁점화했지만 최고 경영진은 묵인하기 일쑤였다. 임원들은 다운로드 서비스에 혹할 만한 고객은 얼마 안 될 것이고, 그런 기능을 구현하다 보면 기존 스트리밍 서비스를 완벽하게 제공하는 데 집중력이 분산되면서 귀중한 시간만 뺏길 것으로 판단했다.

하지만 그런 결정에 확신이 서지 않는 임원이 한 명 있었다. 그래서 그는 자크 슈엔델Zach Schendel이라는 연구원에게 동영상 다운로드 서비스가 가능한 국가들의 현황을 파악하라고 지시했다. 그리고 자크는 알게 되었다. 그들의 예상과 달리 동영상 다운로드 서비스는 이미 상당히 보편화되어 있었다. 일례로 인도의 한 직장인은 영화를 다운로드해서 카풀로 출근하는 동안 보는 것이 일상이었다. 독일의 또 다른 고객은 인터넷 연결이 가장 원활한 거실에서 보고 싶은 영상을 다운로드한 다음, 인터넷이 약한 주방에서 요리할 때 시청했다. 고객들의 반응은 명확했다. 자크는 조사 결과를 상사에게 보고했고, 그는 이 내용을 다시 그의 상사에게 보고했다. 그리고 이 보고는 사다리를 타고 올라가 결국 CEO인 헤이스팅스에게까지 도달했다. 결국 넷플릭스는 전략을 바꾸고 방향을 선회해 다운로드 서비스를 출시하기로 했다.

"확실히 말하지만 저는 이 회사에서 아무것도 아닌 사람이에요. 그저 일개 연구원입니다." 자크는 말했다. "그런데도 최고 경영진이 공개적으로 강경히 밝힌 의견을 거부했고, 결국 다운로드 기능에 대한 열광적 반응을 이끌어낼 수 있었어요. 넷플릭스는 그런 회사입니다."

반대가 심할수록 성공은 더 짜릿하다

조직 내부의 직원들은 새로운 아이디어와 잠재적인 변화의 기회를 발견하는 데 있어 종종 유리한 위치에 서지만, 고위 임원들 역시 그런 역할을 해낼 수 있다. 특히 조직 외부에서 영입된 리더들의 경우에는 더 유리하다. 물론 대부분은 새로운 조직에 적응하느라 여러 난관에 부딪히지만, 그들에게는 "여기서는 그렇게 일하지 않아요" 식의 사고방식에 얽매이지 않고 신선한 시각을 활용할 수 있다는 이점이 존재한다.

대표적인 사례로 자동차 업계에서 전설적인 인물로 통하는 로버트 루츠Robert Lutz를 들 수 있다. 그는 현란한 처세술뿐 아니라 여러 자동차 제조사를 혁신한 주역으로 유명하다. 저널리스트인 폴 인그래시아Paul Ingrassia는 2001년 《월스트리트 저널》의 인물 프로필에 "루츠는 무엇이든 '적당히' 하는 법이 없다. 적어도 일부러 그렇게 하지는 않는다. 그는 빠른 비행기, 빠른 자동차, 두꺼운 시가를 좋아한다. 그리고 자가 전투기와 헬리콥터를 직접 조종한다. 그가 혐오감을 숨길 수 없는 대상은 '친밀감을 도모하기 위한 기업의 팀워크 훈련'이다"라고 설명했다. 루츠는 과장된 제스처로 악명 높은 사람이다. 일례로 1992년 디트로이트 오토 쇼에서 지프 그랜드 체로키를 선보일 때는 차를 몰고 전시장 계단 위로 질주한 다음, 창문을 박살내며 통과했다.

크라이슬러CHRYSLER는 사업이 주춤하던 1986년에 루츠를 영입했다. 크라이슬러의 제품들에는 혁신이 필요했다. 회사는 신제품 개발에 인색했고 업계에서 받는 평판도 그다지 좋지 않았다. "크라이슬러 차를 1순위로 꼽는 사람이 아무도 없었어요." 루츠는 특유의 퉁명스러운 말투로 내게 말했다. "모임에서 사람들이 '어느 회사 다니슈?'라고 물어서 '크라이슬러요' 하면 씁쓸한 표정으로 어깨를 토닥일 정도였으니까요."

루츠는 자기처럼 외부 출신으로 구성된 작은 팀의 보조 아래 혁신을 단행하기로 결심했다. "우리 회사에는 그야말로 믿기지 않는, 미국 자동차업계 역사상 한 번도 본 적 없는 것이 필요했습니다."

그는 당시를 회상했다. "사람들의 인식을 바꾸려면 진짜 멋진 무언가를 해야만 하거든요." 그 "진짜 멋진 무언가"란 에어컨도 없고, 자동 컨버터블 루프도 없고, ABS 브레이크도 없고, 눈에 띄게 화려했지만 실용성이라고는 눈곱만큼도 찾아볼 수 없었던 닷지 바이퍼Dodge Viper였다고 루츠는 말한다. 어떤 사람은 그 차를 두고 "마치 해머처럼 섬세함이라고는 찾아볼 수도 없고", "내전이라도 일어난 듯 비문명적인", 그래서 "클래식 차를 좋아하는 꼰대들이나 열광할" 제품이라고 혹평했다.

회사 여기저기서 만만치 않은 반발이 쏟아졌다. 루츠는 주말에 개인 자동차인 코브라 로드스터를 몰다가 그런 발칙한 아이디어를 떠올리게 되었고, 월요일에 바로 그 계획을 발표했지만 그런 결정을 뒷받침할 만한 조사 데이터는 아무것도 없었다. 재무 임원들은 제품 개발에 들어갈 8,000만 달러로 차라리 회사의 부채를 상환하는 게 더 실용적이겠다고 생각했다. 마케팅 담당자들은 일반적인 닷지 가격의 두 배가 넘는 5만 달러라는 가격 자체가 말이 안 된다며 우려를 표했다. 그러나 결국 루츠의 직감은 옳았다. 닷지 바이퍼는 1991년에 출시되자마자 센세이션을 일으켰다. 바이퍼는 크라이슬러에 대한 소비자 인식을 바꿨고 (인그래시아가 '시선을 사로잡는 시카고 갱스터 스타일의 차'라고 묘사한) PT크루저와 새로운 디자인으로 변신한 닷지 램 등 연이은 히트작의 포문을 열었다.

루츠는 자기가 외부 출신이었다는 점이 그런 변화의 돌파구가 되었다고 말한다. 그와 팀원들은 종종 자신들을 "너무 진지한 태도를 고수하는 대기업에서 박해를 받는 부적응자 집단"으로 묘사하며, "우리의 가치를 증명하기 위해 안달이 난 언더독"으로 생각했다는 것이 루츠의 설명이다. 그냥 일반적인 경영진이 될 수도 있었겠지만, 그들은 무법자적 시각을 포기하지 않음으로써 결국 회사를 상상도 못할 모험으로 이끄는 사람들이 되었다.

2001년, 루츠가 그의 또래들은 일찌감치 은퇴했을 61세의 나이로 제너럴 모터스GM에 들어갔을 때도 작전은 같았다. 그는 특유의 스타일로 하이브리드 차인 쉐보레 볼트 플러그의 출시를 진두지휘하면서 기술적으로 뒤처진 GM의 이미지를 변화시켰다. 동시에 그동안 토요타 프리우스에만 집중되어 있었던 미디어의 스포트라이트를 가져오는 데 성공했다. 그는 "회사가 대변하는 이미지와 대중의 인식을 바꾸려면 정말 놀랍고, 충격적이며, 예기치 못한 일을 해야 합니다"라고 내게 말했다. "바이퍼와 쉐보레 볼트는 정확히 그런 목적에 따라 출시된 차였습니다."

그는 GM에서도 반대론자들과 갈등을 겪었다. "저와 저를 따르는 무모한 전사 부대 말고는 사실상 아무도 제 계획을 원치 않았어요." 그는 말했다. "틀에서 완전히 벗어난 아이디어를 내놓으면 사람들은 그게 실패하기를 바라거든요." 그의 동료 일부도 그런 경우였다. "GM에서 볼트의 개발 승인을 받으려고 했을 때가 제일 힘들었어요. 말 그대로 전쟁통이었고, 부회장이란 직함도 소용이 없더라고요." 결국 루츠와 팀원들이 GM을 혁신할 수 있었던 것은 그 작은 집단의 끈기 덕분이었다. "저희는 스스로 무슨 일을 하고 있는지 잘 알았고, 어떤 저항도 깨부술 수 있는 정말 지독한 부대였어요."

루츠가 "똘똘 뭉친 전사 부대"와 가진 경험은 기업의 재창조 여부를 결정하는 중요한 요소 하나를 보여준다. 보통 규모가 작은 팀이 큰 팀보다 더 혁신적이라는 점이다. 시카고대학교의 연구원들이 6,500건 이상의 논문, 특허, 소프트웨어 제품을 분석한 결과, 규모가 큰 팀들은 기존에 개발된 것을 단순히 반복하는 결과물을 내놓지만 작은 팀들은 파괴적인 혁신을 선보이는 경향이 높았다. 집단마다 제 역할이 있지만 진짜 새로운 무언가를 발명하거나 재창조하고 싶다면 작은 규모로 시작하는 게 최선이다.

작은 팀이 자동차와 의약품에서만 뛰어난 것은 아니다. 포기를 모르고 결국 포스트잇을 발명한 3M의 이단아 집단은 물론이고 코텍스 생리대의 특출함을 먼저 알아낸 간호사들도 작게 시작하는 것의 현명함을 보여준다. 아이폰 아이디어를 밀고 나간 대담한 엔지니어와 디자이너들도 마찬가지였다. 이런 작은 팀들은 본질적으로 '전문가 동반자'의 역할을 해낸다.

이 법칙은 더 작은 규모에도 통한다. 나는 《월스트리트 저널》에 있을 때나 《콘데 나스트 포트폴리오》에서 일할 때, 새로운 상품 아이디어를 내야 하는 상황에 처하면 테이블에 둘러앉아 피자와 맥주 한 잔을 나눠먹을 수 있는 정도의 팀으로 시작하는 것을 원칙으로 삼았다. 독자들의 여가 활동을 중점적으로 다루며 인기를 얻었던 '위켄드 저널'을 만들 때도 마찬가지였다. 기본적인 아이디어는 회사 카페테리아 테이블에서 *'그래, 우리가 가진 전문 지식을 활용해서 와인이나 중고차 사는 방법, 휴가 장소 같은 것들에 대해 한번 써보는 거야'* 같은 이야기를 자유롭게 떠들다가 나왔다. 몇 년 뒤, 그 작은 팀은《퍼스널 저널Personal Journal》을 만들었다. 이는 9·11이 터지고 맨해튼 다운타운에 있던 회사 사무실을 이용할 수 없게 되면서 근처 카페에서 소규모로 가졌던 일련의 회의를 통해 만들어진 잡지로, 뉴스에서 일상적으로 다루는 유가나 금리에 관한 내용을 고객의 눈높이에 맞춰 쉽게 해석해주는 매체였다. 나는 이 책을 위한 조사를 시작하고 나서야 그때 우리가 택했던 우발적인 접근법이 이미 과학적으로 효과가 입증된 방법이라는 것을 깨달았다.

매직 지우개부터 닷지 바이퍼까지 우리가 다룬 모든 사례에서 발견되는 또 다른 중요한 요소는 외부에서 나온 아이디어를 궁극적으로 경영진이 귀담아듣고 받아들였다는 점이다. 기존 틀을 뒤흔드는 의견은 쉽게 무시되거나 거부되거나 밀려난다. 엘름허스트대학교의 브루스 피셔Bruce D. Fisher와 매슈 로데Matthew Rohde는 직원들에게 혁신을 장려하려 애쓰는 한 제조사를 연구하면서 그런 사례를 접했다. 회사는 직원들에게 혁신 아이디어를 제출하라고 한 다음, 월례 회의를 통해 응모된 아이디어들을 평가해 우승자에게 50달러 상당의 상품권을 상으로 수여했다.

처음에는 괜찮은 방법인 것 같았다. 시행 첫해에만 180개에 가까운 아이디어가 쏟아졌다. 하지만 그 수가 점차 줄더니 결국 연간 20개 남짓한 아이디어만이 제출되었다. 연구원들이 직원들에게 왜 더 이상 아이디어를 내지 않느냐고 묻자 명백한 대답이 돌아왔다. 아이디어를 제출해도 상사들의 추진력이 부족하다는 것이었다. 물론 상품권이라는 보상이 있었지만, 혁신을 위한 아이디어 자체는 이후 흐지부지되었다. 왜 회사는 직원들의 제안을 활용하지 않았던 것일까? 또 제출한 아이디어가 채택되지 않았을 때는 왜 피드백을 주지 않았던 것일까? 직원들은 "경영진이 직원들의 말에 귀를 기울이지 않는다"라고 느꼈고, 이런 사실이 조사에서 드러났다.

이 같은 상황은 동일한 연구진이 조사한 유틸리티 회사에서도 마찬가지였다. 연구자들이 회계, 마케팅, 엔지니어 담당자들에게 회사의 혁신에 관해 묻자, "추진력이 부족"하고 피드백이 없어 무척 답답하다는 반응이 압도적으로 많이 나왔다. '추진력 부족'과 '피드백의 부재'라는 이 두 요인은 시간 압박이나 과도한 업무량 같은 다른 요인들보다도 더 직원들의 사기를 꺾었다. 연구자들은 "아이디어가 실행되지 않으면 혁신에 대한 직원들의 동기가 약화한다"라는 결론을 냈다. 기업이 '전문가 동반자'적 지혜에 해당하는 외부인의 시각을 제대로 활용하려면 상사의 경청 능력이 꼭 필요하다.

화이자나 크라이슬러가 당면한 문제는 기존 제품을 리뉴얼하는 것이었다. 그런데 한 회사에서 나오는 유일한 상품이 쓸모없어졌다면 그때는 어떻게 해야 할까? 그 제품이 가진 생명의 불씨가 사실상 꺼져버렸다면, 과연 소생할 가능성이 있을까?

쿠톨 벽지 청소제를 제조하는 회사가 바로 이런 난관에 처해있었다. 이 제품은 1933년에 신시내티에서 클레오Cleo McVicker와 노아 맥비커Noah McVicker 형제가 처음 출시했을 때부터 줄곧 큰 인기를 얻었다. 당시 미국에서는 실내 난방을 위해 주로 석탄을 땠다. 석탄은 싸고 풍부한 원료였지만 더러웠고, 벽과 바닥에 석탄 찌꺼기가 켜켜이 쌓이기 일쑤였다. 벽지에 남은 자국은 특히 골칫거리였는데 비닐이 발명되기 전의 벽지는 말 그대로 종이로 만들어졌기 때문에 조금만 문질러도 망가지기 일쑤였다. 그래서 보통 주부들은 밀가루, 소금, 세제를 섞은, 일명 '벽지 반죽'이라 불리는 청소제를 문질러 그을음 찌꺼기를 긁어모았다.

스코틀랜드 이민자 출신으로 대대로 석탄 채굴 일을 해오던 맥비커 가문의 후손인 클레오와 노아 형제의 가족들은 쿠톨 벽지 청소제 덕분에 깔끔한 생활환경을 즐길 수 있었다. 형제 중 클레오는 성격이 저돌적이고 과시적이었지만 리더로서 카리스마가 뛰어났다. 그는 다소 무모한 면이 있었으나 운동신경이 좋았다. 직접 만든 비행기를 조종하면서 두 번의 충돌 사고를 겪었고, 그중 한번은 뉴저지의 습지에 추락하기까지 했지만 운 좋게 살아남았다. 그는 여러 친척에게 일자리를 내주는 아량을 보였지만 회사는 궁극적으로 그의 10대 아들인 조에게 물려줄 작정이었다.

하지만 그 모든 계획은 1949년 11월의 어느 비 내리는 밤, 클레오가 브라운대학교의 학생이었던 조를 만나기 위해 4인승 제트기의 조종대를 잡던 날 어그러졌다. 조는 아버지와 반대로 다정다감하고 사색적인 사람이었다. 클레오는 조의 이런 성격을 강하게 연마하려는 목적으로 어렸을 때 억지로 군대에 보내는 등 갖가지 방법을 동원했지만, 그는 점점 더 동양 종교와 영적인 것에 이끌렸다. 당시에도 그는 명성 높은 트라피스트회의 수도사이자 영적 지도자인 토머스 머튼Thomas Merton이 머무르는 켄터키 주의 겟세마네 수도원을 방문할 계획이었다. 이 소식을 들은 클레오는 분노했고, 그날도 아들에게 분별 있게 행동하라고 설득하기 위해 브라운대학교로 향하던 길이었다.

조는 아버지가 지시한 대로 프로비던스 호텔 앞에서 그를 기다렸다. 약속한 시간에서 몇 시간이 지났지만, 아버지가 나타나지 않았다. 그래도 조는 계속 기다리고 또 기다렸다. 그리고 새벽이 되어서야 아버지가 사고로 유명을 달리했다는 소식을 들었다. 클레오가 탄 비행기는 마을 외곽의 초원에 추락했다. 클레오 맥비커는 46세의 나이로 그렇게 사망했다.

클레오의 죽음은 가족의 비극이었다. 게다가 사업도 위기를 맞았다. 클레오 가족의 미래가 순식간에 암담해졌고 조의 마음속 계획들도 물거품이 되었다. 일단 가업은 그의 어머니가 맡았지만, 그녀에게는 도움이 필요했다. 아들의 영적 탐구는 당분간, 아니 어쩌면 영원히 보류해야 할지도 몰랐다. 가족은 조를 소환했다. 그리고 조는 졸업만 마친 후 충직하게 오하이오의 집으로 돌아왔다. 그의 곁에는 브라운대학교의 동기이자 촉망받는 피아니스트로서 예일대학교 음학대학이라는 꿈을 포기한 아내 해리엇도 있었다. 어느덧 1952년 여름이 왔고, 해리엇은 피아니스트 대신 신시내티에 안착한 가정주부의 길을 선택한 후 네 아이 중 첫째를 임신하고 힘든 시기를 보내고 있었다.

하지만 불행은 아직 시작에 불과했다. 부부의 첫 아이가 태어나고 며칠이 채 지나지 않아, 조가 당시에는 확실한 치료법조차 없었던 치명적인 혈액암인 호지킨 림프종 진단을 받은 것이다. 의사는 남은 시간이 고작 몇 달뿐이라고 전했다. 부부는 갓 태어난 딸을 조의 어머니에게 맡기고 보스턴으로 날아가 잔인할 정도로 고통스러운, 그리고 아직은 실험 단계에 있었던 방사선치료를 시작했다. 그리고 몸과 마음이 완전히 피폐한 상태에서도 희망의 끈을 놓지 않고 다시 멕시코로 향했다. 부부는 1년이 지나서야 신시내티로 돌아왔다. 걸음마를 막 시작한 딸, 줄리엣은 엄마를 알아보지 못하고 그녀의 품을 거부했다.

다행히 조는 병을 이기고 가까스로 살아났다. 하지만 그가 회복에 몰두하는 동안 가업은 큰 타격을 입었다. 제2차 세계대전이 끝나자 석탄은 전기나 석유, 천연가스처럼 더 깨끗한 연료로 빠르게 대체되었기 때문이다. 1940년에는 미국 가정의 반 이상이 아직 난방용으로 석탄을 땠지만, 1960년이 되자 이 비율은 12%로 급감했고, 몇십 년 후에는 1% 이내로 줄어들었다. 더 이상 집 안의 벽들이 재로 더러워질 일은 없어졌다. 주부들은 쿠톨의 벽지 청소제를 거의 찾지 않았고, 그러면서 제품을 취급하지 않는 소매점이 하나둘 늘어났다.

쿠톨의 매출이 거꾸러지면서 가업은 위기를 맞았다. 이제는 조가 문제를 해결할 차례였다. 회사는 파국 속으로 돌진하고 있었다. 현금은 바닥났고 쿠톨의 종말은 임박해 보였다. 사업이 망하면 회사가 파산하는 것은 물론이고 조의 가족과 함께 맥비커 일가 전체가 붕괴할 수밖에 없었다. "쿠톨은 무너지고 있었어요. '힘든 결정을 내려야 할' 순간에 있었습니다." 그로부터 수십 년이 지난 후, 조의 딸인 줄리엣이 내게 말했다. 당시 조 맥비커는 고작 25살도 채 되지 않은 젊은이였다. 하지만 세상과 가족의 미래가 그의 두 어깨를 무겁게 짓눌렀다. 삶이 그토록 암담한 적은 없었다.

바로 그때 조의 전문가 동반자가 마치 기적처럼, 또 전혀 예상치 못한 모습으로 등장했다. 그 주인공은 유치원 교사였던 그의 처제였다.

조가 죽어가는 벽지 청소제 사업을 살리려 고군분투하고 있을 때, 아내인 해리엇이 이런 상황을 여동생인 캐스린 주폴Kathryn Zufall에게 털어놓았다. 캐스린은 젊은 주부로 유치원을 운영하고 있었다. 그녀는 이제 막 비뇨기과 전문의 자격증을 따고 병원 일을 시작한 남편 로버트와 함께 뉴저지 주의 도버라는 작은 마을에 정착한 상태였다.

주폴 부부는 둘 다 창의적인 문제 해결 능력이 뛰어났다. 의사인 남편은 수술용 테이프로 배관을 고치고 자동차의 안전벨트도 중고 제품으로 직접 수리하고는 했다. 아내인 캐스린은 어떤 장애물이 생기든 돌파해내는 데 천부적인 힘이 있었다. 지역 언론은 공무원들에게 저돌적으로 싸움을 걸고, 자신이 추진하는 프로젝트를 위해 정치인들에게 일상적으로 압박을 가하는 그녀를 "철면피 주폴 여사"라고 칭했다. 언젠가 그녀는 아이들에게 악기를 가르치기 위해 다른 지역 출신의 강사를 데려왔는데, 나중에는 동네 아이들도 강습을 받을 수 있도록 자기 집의 남는 방을 아예 강사의 음악 교습소로 만들었다. 그리고는 네 딸을 현악 4중주 악단으로 만들더니 매일 시간표에 따라 등교 전후로 연주 연습을 시키고 완수 여부를 일일이 확인했다.

"엄마는 부대끼며 살기에는 힘든 분이셨어요. 아주 비판적이셨거든요. 우리를 적극적으로 뒷바라지했지만 요구하는 게 너무 많았어요. 다행히 엄마의 잔소리가 저희에게 도움은 되었지만요." 캐스린의 딸이자 비올라 연주자가 된 마거릿 주폴 로버츠는 이렇게 말했다. "엄마를 더 이상 참기 힘들 때도 있었어요. 하지만 엄마가 말한 대로 하지 않으면 결국 후회하게 되더라고요. 엄마의 뜻이 옳았다는 것을 나중에는 알게 되었죠."

그러니 캐스린 주폴이 자라나는 아이들을 보살피기 위해 아예 장로교 교회에 유치원을 설립한 것도 그리 놀랄 만한 일이 아니었다. 1955년 크리스마스를 앞둔 어느 날, 유치원에서 잡지를 뒤적이며 원생들에게 줄 선물을 찾고 있던 그녀의 머릿속은 늘 그렇듯 분주했다.

그날로부터 수십 년 후, 수소문 끝에 찾아낸 캐스린 주폴은 96세의 나이에도 젊은 시절 못지않은 날카로움으로 그다음에 무슨 일이 일어났는지를 정확히 기억하고 있었다. 잡지를 훑어보던 캐스린은 갑자기 동작을 멈췄다. 그녀의 두 눈이 익숙한 형태로 반짝거렸다. 그러더니 "여보, 우리가 조네 사업을 살릴 수도 있겠어!"라고 외쳤다. 그녀의 손에 들린 잡지 기사에는 벽지 청소제를 놀이용 점토 같은 장난감으로 활용하는 방법이 실려있었다. 캐스린의 동물적 직감이 발동했다. *쿠톨도 이렇게 하면 되지 않겠어?*

그녀와 남편은 항상 그랬듯이 직접 해보기로 했다. 부부는 그들의 작은 주방 탁자 위에 쿠톨 반죽을 올려놓고 밀대로 민 다음, 쿠키 틀로 크리스마스 장식물을 찍어냈다. 그런 다음 오븐에 넣어 굳히고 크리스마스 트리에 걸어 장식했다. 부부는 결과물에 신이 나서 신시내티의 조에게 전화를 했다. "형부." 캐스린이 의기양양한 목소리로 말했다. "형부네 회사를 살릴 묘책이 생겼어요."

캐스린의 묘책은 조의 사업이 벼랑 끝까지 몰린 순간에 나타났다. 조 또한 절체절명의 심정으로 방법을 찾던 중이었다. 집을 담보로 대출을 받을까? 회사를 팔까? 하지만 그의 운은 다한 것 같았다. 그랬던 그에게 갑자기 희망의 빛이 비친 것이다. 조는 직접 크리스마스 장식물들을 확인하기 위해 비행기를 타고 뉴저지로 갔다("그는 그만큼 절박했다"라는 것이 캐스린의 증언이다). 그리고 확신을 얻었다. 제품을 거의 바꾸지 않고도 쿠톨 벽지 청소제를 놀이용 점토로 만들 수 있을 것 같았다. 게다가 그렇게 하면 기존 공장과 압출기, 포장 캔까지 그대로 재활용할 수 있었다. 정말 기발한 아이디어였다.

사실 조는 그동안 공장에서 온종일 생지 덩어리가 담긴 통들에 둘러싸여 지냈다. 그런데도 그걸 활용할 수 있는 다른 방법을 한 번도 떠올린 적이 없었다. 그로서는 청소 세제라는 원래 목적 이외의 다른 가능성을 상상하는 일이 불가능했다. 쿠톨에 대한 모든 선입견에서 벗어나 기존의 틀을 깨고 (청소제가 아닌 장난감으로) 생각을 전환하기 위해서는 외부인이 필요했던 것이다.

신시내티로 돌아온 조와 아내 해리엇은 티엔 리우라는 화학자와 함께 작업에 착수했다. 그들은 어린이들이 먹어도 무해한 제품을 만들기 위해 기존에 사용하던 벽지용 혼합물의 조합을 수정했다. 리우 박사는 소금 함량을 줄이고 향을 첨가해 이제는 유명해진 플레이도의 향기를 창조했다. 조는 (가족 내에서 핵심 고객 집단에 해당하는) 맥비커 아이들을 주방으로 소집해 제품을 가지고 놀게 했다. 이후에도 아이들은 집 근처 공장에 종종 들러 생지 통들이 늘어선 바닥에서 롤러스케이트를 타며 놀았다.

조와 그의 삼촌인 노아는 완벽한 제품명까지 생각해냈다. 두 사람은 신이 나서 주폴 부부에게 전화를 걸었다. 캐스린과 남편은 뉴저지의 집 주방에서 수화기를 함께 들고 희소식을 기다렸다.

"우리는 그걸 '레인보우 공예용 놀이 혼합물'이라고 부를 작정이야." 조가 선언하듯 말했다.

"형부, 잠깐만요. 저희가 좀 있다 다시 전화할게요." 부부는 이렇게 말하고 전화를 끊었다.

주폴 부부의 두 눈이 마주쳤다. 그러고는 동시에 말했다. "우리가 더 좋은 이름을 지어야 해." 캐스린 주폴이 그때를 떠올리며 말했다. "짧고, 기억하기 쉽고, 재미있는 이름이어야만 했어요." 결국 두 사람 다 흡족할 만한 이름을 만든 사람은 캐스린이었다. "제품명만 보자면 전적으로 제 공이었어요. 내가 생각해냈으니까. 살면서 글을 좀 쓰긴 했는데, 딱 두 단어로 그렇게 유명해진 적은 없었습니다. 그래요, '플레이도Play-Doh'를 말하는 겁니다."

플레이도의 탄생에는 죽어가는 제품을 재상상할 줄 아는 외부인의 능력이 필요했다. 또 그런 능력을 알아보는 리더십도 필요했는데, 조는 지칠 줄을 모르는 치어리더 역할을 톡톡히 해냈다. 그는 장난감 박람회를 찾아 미국 전역을 돌아다녔다. "장난감으로 넘치는 마차를 끌고 다니는 마부 같았다니까요." 그의 딸인 줄리엣은 당시를 이렇게 기억했다. 또 그는 플레이도를 지역 학교들에 배포하고 아이들의 공장 견학까지 주선했다. 심지어 직접 작곡한 노래들로 플레이도 뮤지컬의 각본까지 써냈다. 공연은 지역 무대에서 대성황을 이뤘다.

뭐니 뭐니 해도 조의 가장 큰 영업 실적은 '캥거루 선장'으로 더 유명했던 밥 키샨Bob Keeshan을 설득해서 판매 수익의 일부를 넘기는 조건으로 그가 진행하는 어린이용 TV 프로그램에 플레이도를 등장시킨 일일 것이다. 뒤이어 당시 5세였던 줄리엣이 공주 드레스 차림에 머리에는 리본을 달고 카메라 앞에서 뛰어다니는 모습이 방송에 등장했다.

"캥거루 선장님이 마른 초원에 불을 지핀 셈이었죠." 줄리엣이 말했다.

회사의 매출은 폭발적으로 성장했고, 1965년에 조는 플레이도 사업을 제너럴 밀스에 300만 달러(현재의 가치로 환산하면 약 2,600만 달러)에 매각했다. 매각이 결정되면서 그는 《타임》의 그해 연말 표지 기사였던 "그들이 백만장자가 된 비결Millionaires: How They Do It"의 주인공 중 한 명으로 브로드웨이 제작자인 해럴드 프린스, 걸프 앤드 웨스턴Gulf & Western의 회장인 찰스 블루돈Charles Bluhdorn과 함께 스포트라이트를 받았다. 당시 조 맥비커의 나이는 불과 35세였다.

플레이도의 변신은 여러모로 브랜드 재창조의 교과서가 된다. 회사 경영자들은 추락하는 쿠톨의 매출을 되살리는 일반적인 해법을 *탐색*했고, 고통스러운 *분투* 과정을 거쳐, 회사가 거의 파산할 정도로 *중단* 직전까지 갔지만, 마침내 *해법*을 발견해서 제품의 원래 용도와 전혀 상관없는 제품을 재창조했다. 이들의 혁신은 직원이든 고객이든 아니면 처제라는 '전문가 동반자'든 권력 구조의 외부에 있는 사람들이 얼마나 중요한 역할을 해내는지를 여실히 보여준다. 또 탁월한 재창조 아이디어를 알아보고 실행하는 리더의 능력이 얼마나 절대적인지도 입증해냈다. 비록 조 맥비커 본인은 벽지용 청소제를 아이들의 놀이 점토로 변신시킨다는 생각을 떠올리지 못했지만, 일단 그 아이디어에 대한 확신을 얻자 플레이도를 성공적으로 출시하기 위해 전력을 다했다. 모두가 가족 기업이 훌륭한 쇄신을 이뤄내는 데 핵심 역할을 다한 것이다.

여기서 역설적인 사실은, 조 맥비커가 애초에 또 다른 외부인의 말을 들었더라면 그 많은 고초를 피할 수도 있었다는 사실이다. 그의 처제가 벽지 청소제를 유아용 장난감으로 재창조하기 한참 전의 어느 날, 쿠톨의 직원 한 명이 임원 사무실을 찾았다. 그는 쿠톨 반죽으로 만든 피규어 여러 개를 가져와서는 테이블 위에 쭉 깔았다. "벽지 도배공 한 명이 오더니 우리 회사 청소제로 만든 작은 동물 모형들을 한가득 보여주더라고요." 조의 사위이자 쿠톨의 직원이었던 빌 로덴보는 당시를 이렇게 추억했다. 조와 빌은 자신들이 엄청난 기회를 놓쳤다는 것도 깨닫지 못한 채 그 직원을 작은 동물 친구들과 함께 돌려보냈다.

"저희도 그 직원이 대단하다고는 여겼어요. 그런데 안타깝게도 그때는 아예 감이 없었거든요." 빌은 나중에야 이 사실을 깨닫고는 놀라서 혀를 찼다. "저희 앞에 답이 있었던 거잖아요!" 하지만 그때는 그 답이 전혀 보이지 않았다. 그들은 쿠톨을 가정용 청소제 외에는 다른 어떤 것으로도 상상할 수 없었기 때문이다.

쿠톨의 사례를 접한 지금, 아마도 당신은 우리 주위에 획기적인 아이디어를 가진 직원, 고객, 처제 같은 사람들이 얼마나 많을지를 궁금해하고 있을 것이다. 단언컨대, 바로 이 순간에도 리더가 경청 능력만 발휘한다면 새로운 활력을 찾거나 재탄생할 수 있음에도 안타깝게 죽어가는 브랜드와 기업들이 존재할 것이다.

마치며

다음으로 도약하기 위한 도구 상자

벽지 청소제에서 유아용 장난감으로 변신한 플레이도의 혁신은 급변하는 세상에 대한 대응책이었다. 그들의 변화는 회사와 제품이 가진 원래 용도가 구식이 되면서 다음에 어떤 일이 벌어질지 예상할 수 없었던 혼란스러운 순간에 일어났다. 냉정하게 보면, 우리도 그와 상당히 비슷한 시기에 살고 있다. 우리 문화는 몇십 년마다 지각변동에 가까운 변화를 겪는다. 우리가 지금 경험하는 팬데믹의 여파, 정치적 불안, 경제적 불확실성이 만연한 문화는 특히 불안감을 증폭한다. 우리는 역사적 격변기의 한가운데에 있다. 다음에 일어날 일을 예측하려 하면 할수록 당황스러움, 혼란, 두려움을 느끼는 것도 당연한 일이다.

변화의 속도가 빨라질수록 변화에 대응하는 방법도 그만큼 빨리 터득해야 한다. 지금까지 이 책에서 만난 사람들이 어떻게 그런 변화에 성공할 수 있었는지를 이해하면서 우리가 교훈을 얻고 안심하게 되는 것도 그 때문이다. 그들 중 일부는 새로운 직업이나 삶의 새로운 목적을 찾았고, 또 다른 일부는 실패를 딛고 재기하거나 자신을 배제하는 것만 같던 세상에서 자기 자리를 만들어냈다. 그들은 '아하'의 순간을 통해 포스트잇 메모지부터 비아그라 같은 혁신적인 제품을 재창조할 수 있었다. 삶이나 직장에서 궁지에 몰렸을 때, 그들은 상황에 안주하거나 관성에 젖지 않고 자신을 일깨워 탁월한 통찰력을 바탕으로 창의적으로 전진했다.

이 책에 실린 주인공들은 아주 다양한 난관에 직면했고, 그만큼 다양한 방식으로 대처했다. 하지만 그들의 이야기와 우리가 거기서 얻을 수 있는 교훈에는 공통점이 있다. 상황을 일반화하면, 그들은 (이 책에서 여러 번 확인한 것처럼) 비슷한 단계를 거쳐나갔다. 그들은 새로운 정보를 *탐색*했고, 기존의 삶과 방식에서 벗어나 낯설고 새로운 길에 접어드는 동안 *분투*했으며, 그 과정에서 막다른 길에 도달해 가던 길을 *중단*해야 했고, 마침내 *해법*을 찾으며 변화의 과정을 성공적으로 풀어나갔다.

이런 단계들 외에도 그들을 관통하는 통찰력은 또 있다. 첫째, 수렁에 빠진 것처럼 바퀴가 계속 헛도는 기분이 들 때도 우리는 정지한 것이 아니라는 점이다. 그 당시에는 자각하지 못하더라도 우리는 탐색하며 전진하고 있다. 지나치게 의욕적인 채식주의자 남편을 진정시키려다 '코리안 비건'이라는 새로운 정체성을 얻은 변호사 조앤 리 몰리나로나, 젊었을 때는 천재적인 연주자였지만 경제학자로 변신한 앨런 그린스펀을 보면 이미 우리의 행동에는 다음 정착지를 향한 씨앗이 싹트고 있음을 알 수 있다. 혹은 변호사부터 타이어 영업까지 여러 직종을 전전하고 나서야 비로소 KFC의 창립자가 된 할랜드 데이비스 샌더스처럼, 우리가 겪는 우여곡절들이 끝내 우리를 어디로 데려가게 될지 지금은 전혀 알지 못하는 상태일 수도 있다. 어쩌면 당신은 현재 기울이는 모든 노력을 제대로 인식하지 못한 채로, 이미 그 길을 걸어가고 있을지도 모른다.

둘째, 우리는 '이곳에서 저곳으로 도약하는' 여정을 온전히 받아들일 줄 알아야 한다. *분투* 과정을 인정하라는 말이다. TV 프로그램의 제작자였던 말라 긴즈버그는 생계를 잃고 아들까지 잃을 뻔한 연이은 패배 속에서도 그 과정을 인내했고, 여정을 이루는 각 요소를 바탕으로 결국 의류 디자이너라는 더 충만한 삶을 재창조할 수 있었다. 뉴욕 스카스데일의 시장인 제인 베론은 10년 넘게 전업주부로 지내면서 존재감 없는 삶을 견딘 후, 자신의 재능을 발판 삼아 비영리단체의 대표이자 지자체의 리더가 되었다. 이들이 보여준 것처럼 삶은 동화가 아니다. 개구리가 갑자기 왕자로 변신하는 일은 없다. 우리의 삶에서는 출발과 중단이 계속되고, 편치 않고 쉽지 않지만 그럼에도 필요한 움직임들이 반복된다.

그리고 마침내 방향 전환에 성공한 사람들은 대부분 숨을 고르고, 가끔 중단하는 법을 배운다. 결국은 그런 휴식이 나약함이 아닌 강인함의 표시라는 것도 함께 깨닫는다. 키스 라인하르트는 깨어있는 동안 모든 지력을 짜내서 맥도날드 광고를 따내려고 애썼지만, 정작 햄버글러라는 희대의 캐릭터를 잠결에 창조해냈다. 카리와 브릿 알타이저 부부는 팬데믹 격리 기간을 보내면서 본인들이 경력 전환을 원하고 있고, 일보다는 가족 위주로 삶을 재편성하고 싶어 한다는 사실을 깨달았다. 코미디언인 존 클리즈에게는 신선한 영감을 주는 그런 휴식이 "선물이자 보상"이었다.

우리는 바쁜 일상을 맹목적으로 숭배하는 태도를 멈추고 윌리엄 제임스의 말처럼 뇌가 긴장을 "풀 수 있는" 자유로운 시간을 만들어야 한다. 조심스레 고백하자면 내게는 꾸준히 작업 중인 개념 하나가 있는데, 사실 아직은 별 성과가 없다. 하지만 나는 남편 같은 전문가 동반자들의 도움을 받아 이 과제를 포기하지 않고 계속 풀어갈 것이다. 이 일화는 자연스레 마지막 핵심 교훈으로 연결된다. 필요하면 언제든 도움을 요청하라. 당신만의 전문가 동반자를 찾고, 나아가 당신도 다른 이들의 전문가 동반자가 되자.

모든 삶과 모든 조직은 저마다 처지가 다르다. 하지만 내가 인터뷰한 다수의 인물, 그리고 다양한 분야를 연구하는 과학자와 연구자들은 방향 전환을 순조롭게 해내는 현명하고 간단한 전략들을 만들어냈다. 여기, 그들의 비밀 노트에서 가져온 몇 가지 행동 강령을 소개한다.

탐색에 도전하라

'가능한 자기'를 시도해보라. 제임스 패터슨은 광고대행사에서 일하는 동안에도 자신을 소설가로 여겼다. 또 전화기 수리 기사였던 크리스 도너번은 꿈을 실현하기 위한 첫걸음을 내딛기 수십 년 전부터 구두 디자이너가 된 자기 모습을 상상했다. 심리학자인 헤이즐 마커스와 폴라 누리우스는 우리가 미래를 그리는 방식, 즉 스스로 되고 싶은 것, 될 수 있는 것, 심지어 되기 두려워하는 것까지 상상해보는 일을 '가능한 자기'라는 용어로 설명한다. 우리는 미래의 자기를 더 행복하고 더 자신 있고 더 매력적인 사람으로 재구성해보고, 우리의 삶과 직업도 그런 방향으로 상상하고는 한다. 이렇게 가능한 자기를 떠올리면 미래의 자기 모습에 대한 현실감이 강해지면서 유의미한 변화를 이끌어낼 수 있다.

작고 반복적인 단계를 밟아라. 우리는 《신데렐라》나 〈스파이더맨〉 같은 판타지를 읽으며 자라지만 그렇게 하루아침에 무언가로 변신하는 일은 실제로 일어나지 않는다. 모든 변화는 새로운 방향을 향한 작고, 때로는 눈에 띄지 않거나 의도하지 않은 지속적인 움직임 끝에 실현된다. 맨발의 백작부인이 되기 한참 전부터 친구들을 집에 초대해 저녁 식사를 대접했던 젊은 아이나 가르텐부터, 몇 년간 주말마다 별장에서 지내면서 소 울타리를 고치거나 소를 거세하는 방법을 하나씩 배우더니 급기야 전업 농부가 되어버린 경제학자 윌 브라운까지, 모든 성공한 변화는 보폭이 작고 눈치채기조차 어려워 측정할 수 없는 수많은 발걸음을 통해 탄생한다.

당신의 직감에 귀를 기울여라. 클리아 시어러와 조애나 테플린은 순전히 "동물적 직감"으로 '더홈에딧'이라는 살림 정리 사업을 시작해 소위 대박을 터트렸다고 말했다. 책상에서 클릭 몇 번으로 막대한 양의 데이터에 접근할 수 있는 고위 경영인 중에도 중요한 의사 결정을 할 때는 이런 정보를 무시하고 그저 자신의 직감에 의존하는 경우가 종종 있다. 상식에 어긋난 행동으로 보일 수도 있지만, 때때로 과도한 정보는 잘못된 안심을 심어주면서 객관적으로 틀린 결정을 내리게 하는 폐단을 만든다. 또 동물적 직감이라는 것이 표면적으로는 당황스러울 만큼 비과학적으로 보일지라도, 이는 대개 우리가 가진 전문 지식과 패턴 인식 능력이 반영된 결과다. 두뇌가 나서기 전에 우리 몸이 먼저 상황을 감지하고 올바른 방향으로 이끄는 것이다. 뇌과학자인 안토니오 다마지오의 말처럼 "몸과 마음의 분리"라는 말이 오히려 더 허구적인지도 모른다.

분투를 사랑하라

분투 과정을 받아들여라. 어떤 변화의 과정이든 중간 단계는 가장 힘든 동시에 가장 자주 간과된다. 우리가 흔히 접하는 성공담들에서는 종종 이렇게 중요한 중간 단계의 비중이 줄어들거나 삭제되는 경향이 있다. 하지만 지름길은 없다. 창의적 활동에서는 '육성 기간 incubation period'이 이런 중간 단계에 해당하는데, 문제로 인해 괴로움을 겪다가도 한밤중에 갑자기 해결책을 깨닫기도 한다. 경력 전환자들에게 이 단계는 이전의 정체성을 버렸지만, 아직 새로운 정체성을 받아들이지 못한 '경계적' 기간이다. 트라우마 생존자가 비극을 견디고 개인의 성장을 겪기 전에 일어나는 '분투기'도 여기에 속한다. 대표적으로는 흉기 공격에서 살아남은 케이 윌슨이 자선 운동가가 된 사례가 이런 분투기를 잘 보여준다.

'실패 이력서'를 만들어보라. 누구나 좌절할 때가 있다. 그러나 실패는 성공보다 더 큰 교훈이 된다. 생화학자였던 멜라니 스테판은 처음으로 실패 이력서라는 것을 만든 다음에야 본인에게 맞지 않는 업계에서 경력을 개발하려고 애쓰고 있었다는 것을 깨달았다. 그리고 방향 전환을 통해 자신에게 더 뜻깊은 직종을 찾을 수 있었다. 노스웨스턴대학교의 다슌 왕 교수는 경력 초기에 성공적인 결과를 '아깝게 놓친' 사람들(육상 대회에서 4등을 해서 안타깝게 메달을 못 딴 선수들처럼)이 나중에는 경쟁자들을 추월한 확률이 높다는 것을 발견했다. 불발로 끝난 일들을 쭉 적다 보면 힘을 더 실어볼 것은 무엇이고 포기할 것은 무엇인지 판단할 수 있으므로 노력의 방향을 더 효과적으로 조정하는 작업이 가능하다.

'전문가 동반자'와 이야기하라. 트라우마 전문가들은 생존자들이 자신을 잘 아는 사람과 대화하면서 외상 후 성장을 겪게 된다는 것을 발견했다. 폭넓게 보면, 일반인들도 전문가 동반자를 활용할 수 있다. 젊은 대니 메이어가 로스쿨 입학을 준비하고 있을 때 그의 삼촌은 이렇게 말했다. "넌 어렸을 때부터 맨날 음식 생각만 하고 음식 얘기만 해왔잖아. 그냥 식당을 여는 건 어때?" 그 순간 메이어는 세계에서 가장 성공한 요식업자가 되는 길에 처음으로 발을 내디뎠고, 이후 유니언 스퀘어 호스피탈리티 그룹의 설립자가 되었다. "저는 항상 식당을 사랑했는데도 식당이 제 경력의 선택지가 될 수 있다는 사실을 깨닫지 못했습니다." 메이어는 내게 이렇게 말했다. "외부의 자극이 없었다면 저 혼자서는 자각할 수 없었을 겁니다."

개인적인 네트워크, 그중에서도 '느슨한 유대' 관계인 사람에게 연락하라. 만약 새로운 방향이나 기회를 모색한다면 몇 년간 연락하지 않았던 휴면 관계에 있는 사람을 공략하는 게 최선일지도 모른다. 링크드인의 데이터와 다른 많은 연구 결과에 따르면, 새 직장을 찾고 있을 때는 그 사람의 최측근에 해당하는 네트워크보다 더 넓은 네트워크에 속한 이들이 새로운 기회를 물어다줄 가능성이 더 큰 것으로 나타났다. 게다가 한 실험을 통해 224명의 기업 임원들이 적어도 3년간 교류가 없었던 누군가에게 업무 조언을 구하자, 그들 역시 평소 친하게 지내던 측근보다도 관계가 소원했던 사람들에게서 한층 창의적인 아이디어와 새로운 통찰력을 얻을 수 있었다.

행동에 나서라. 본인에게 유용할 만한 새 경로를 찾았음에도, 고민만 계속한다면 몇 걸음도 나아가지 못할 가능성이 크다. 물론 작게 시작하는 것은 좋다. 강습을 듣거나, 취미를 하나 만들거나, 다른 분야에 있는 사람들과 대화를 시도해보자. "스스로 통제할 수 있을 만한 새로운 무언가를 시작해보세요." 이는 조슬린 니콜 존슨Jocelyn Nicole Johnson이 한 말이다. 버지니아 주, 샬럿에서 수십 년간 공립학교의 미술 교사로 일했던 그녀는 50세에 자신의 첫 책인 《마이 몬티셀로My Monticello》를 발표하면서 베스트셀러 작가 반열에 올랐다.

당신의 목표를 공유하라. 당신의 포부를 다른 누군가와 공유하면 그것을 달성할 가능성이 커진다. 23세부터 72세까지의 성인을 대상으로 한 2015년의 연구에서 친구에게 자신의 목표를 매주 업데이트해 공유한 사람들은 70% 이상이 그 목표를 달성했다. 그리고 이 수치는 목표를 다른 누군가와 공유하지 않은 사람들의 달성률보다 약 두 배나 더 높았다. 목표 공유의 효과는 그 목표의 내용이 생산성 향상이든, 워라밸 개선이든, 책 필사든, 아니면 부동산 매매든 상관없이 어디에나 통한다.

기꺼이 중단하라

휴식을 취하라: 샤워를 하거나, 잠깐 뛰거나, 낮잠을 자거나, 가능하다면 유급휴가를 내라. 인지신경과학자인 존 쿠니오스가 발견한 바

에 따르면 일이 진척되지 않을 때는 주의를 분산하는 것이 문제를 풀거나 아이디어를 얻는 최고의 방법이다. 2015년, 호주의 찰스스터트대학교의 린다 오빙턴Linda Ovington과 동료 연구자들은 1,114명을 대상으로 설문 조사를 실시했다. 조사에서 응답자의 80%는 샤워나 운동을 하다, 출근 중에, 혹은 잠을 자거나 자연을 즐기다 어려운 문제를 해결한 경험이 있다고 답했다. 사실 수면이 주는 혜택은 이제 하나의 연구 분야로 성장했는데, 학자들은 이런 연구를 바탕으로 어떤 문제에 대해 스쳐 지나가듯 발생하는 생각들이 새로운 방식으로 섞이고 결합하면서 획기적인 아이디어가 나온다는 이론을 발전시켰다. 안식년 같은 장기 휴식은 누구나 쉽게 누릴 수 없는 혜택이긴 하지만 이를 통해 깨달음을 얻을 수 있다. 안식년을 보낸 비영리단체의 지도자들이 조직을 쇄신하는 혁신적인 아이디어를 갖고 직장에 복귀하는 경우를 보면 알 수 있다.

공상하라. 정신건강 전문가들에 따르면 인간은 전성기 때도 25~50%의 시간을 멍한 상태로 보내는데, 이 숫자가 코로나19 팬데믹 기간에 더 늘었다고 한다. 여기서 희소식이 있다. 캘리포니아대학교 샌타바버라 캠퍼스의 심리학자들이 과학자와 작가들을 대상으로 진행한 연구 결과, 그들의 가장 독창적인 아이디어 중 20%가 이런 공상 중에 나왔다는 사실이 밝혀졌다. 게다가 그렇게 나온 아이디어가 그들이 의식적으로 집중해서 작업한 끝에 나온 아이디어보다 "교착 상태에 빠진 문제를 해결하거나 '아하'의 순간을 경험할" 가능성이 컸다.

90분 규칙을 적용하라. 심리학자인 안데르스 에릭슨은 뛰어난 바이올린 연주자들이 90분 동안 작정하고 연습에 몰두한 다음 휴식을 취하는 식의 훈련을 반복한다는 사실을 알게 되었다. 이런 패턴은 다른 분야에도 탁월한 효과를 낸다. 당신이 어떤 도전을 하는데 진척이 없다면, 90분 동안만 그 일에 완전히 몰두해보라. 이메일도 확인하지 말고, 휴대전화도 보지 말고, 어떤 방해도 차단하라. 하지만 90분이 지나면 반드시 하던 일을 멈춰야 한다. 휴식 중에는 운동을 하든, 음식을 먹든, TV를 보든 상관없다. 일만 빼고는 뭐든지 할 수 있다. 휴식이 끝난 다음에는 책상으로 돌아가 다시 90분간 일을 하고, 또 다시 휴식을 취하는 과정을 반복하라. 이런 식으로 일하면 휴식 없이 일할 때보다 생산성이 높아진다. 나 역시 이 책을 쓰면서 90분 규칙을 시도했고, 큰 효과를 느낄 수 있었다.

해법의 순간을 낚아채라

헛수고는 없다는 것을 기억하라. 어떤 변화를 시도하든 헛물만 켜고 있다는 기분이 들 때가 있다. 그런데 당신은 실감하지 못할지라도, 터무니없어 보이는 당신의 행동에는 체계가 있는 법이다. 캐스린 핀니는 예일대학교의 전염병학 연구원에서 시작해 '가성비 패셔니스타'를 거쳐 흑인 기업들을 후원하는 테크 분야의 전문가가 되기까지 자신이 체득한 것들을 전부 효과적으로 활용했다. 렌 엘모어는 침묵하지 않고 목소리를 내고 싶다는 어린 시절의 소망과 시민권에 대한 개인적 관심, 그리고 프로 선수 경력에 라커룸 변호사라는 비공식적인 역할까지 모두 결합해서 결국 컬럼비아대학교에서 스포츠 경영 및 선수 인권을 가르치는 교수로 경력 전환에 성공했다. 내가 인터뷰한 이들 대부분도 실패한 일을 포함해 과거의 자신이 쏟아부었던 노력에 관해 비슷한 시각을 갖고 있었다.

예상치 못한 일에 마음을 열어라. 다음 정착지는 당신이 계획한 곳이 아닐지도 모른다. 나는 인터뷰 내용을 정리하는 동안 인상적인 통찰을 얻었다. 놀라운 변화에 성공한 사람 중에는 예상치 못한 길을 걷거나, 정처 없이 헤매다 그곳에 도달한 경우가 종종 있다는 점이다. 케이 히의 인생 목표는 굴지의 금융회사 대표가 되는 것이었다. 하지만 막상 그 목적지에 다다르자 자기가 정말 원하는 것은 가족과 더 많은 시간을 보내면서 서핑을 즐길 수 있는, 한층 유의미한 삶이었다는 사실을 깨달았다. 은행에서 일했던 크리스토퍼 핸디는 항공사 승무원 일은 꿈도 꾼 적이 없었지만, 같이 연극 공연을 하던 동료에게서 승무원이 적성에 맞을 것 같다는 말을 듣고는 새로운 인생을 맞이했다. 경영학 교수인 에릭 데인이 사람들에게 그들의 경력에 변화를 몰고 온 결정적인 원인이 무엇이었냐고 묻자, 많은 이들이 "변화의 가능성에 마음을 연" 덕분이라고 답했다. 당신의 머리와 두 눈과 가슴을 활짝 열어라. 당신이 어디로 갈 수 있을지는 아무도 모른다.

변화는 반복적이고 계속된다. 당신이 지금 어디에 있든, 당신의 여정은 거기서 끝나지 않는다. 나는 이 책을 준비하면서 수많은 사람을 인터뷰했다. 특히 75세에 스타트업을 창업한 폴 태스너와, '플레이도'라는 브랜드를 만들고 노령에도 그 아이디어를 똑똑히 기억한 캐스린 주폴처럼 은퇴할 나이가 훌쩍 넘어서도 끊임없이 자신을 재창조하는 사람들로부터 특별한 감명을 받았다. 우리는 모두 실패한 접착제로 포스트잇의 발명에 길을 열어준 스펜서 실버 같은 화학자로부터 뭔가를 배워야 한다. 그는 80세의 나이에 다시 화가라는 새로운 삶에 도전했다. 특히 내 정신을 번쩍 들게 한 사람은 포스트잇을 공동 발명한 아서 프라이였다. 90세로 접어드는 와중에도 내 인터뷰 요청을 여러 번 들어준 그는 아직도 호기심이 왕성했다. 그는 나와 대화를 나누던 중에 마치 비밀을 털어놓듯 "지금 발명 작업 몇 개를 하고 있거든요"라고 말했다. 우리도 그런 90세를 꿈꿀 수 있다면 얼마나 멋질까?

단언컨대, 미지의 길로 발을 내딛는 것은 무서운 일이다. 하지만 짜릿한 경험일 수도 있다. 게다가 지금껏 우리가 논했듯이, 그리고 다른 많은 대단한 사람들이 보여주었듯이 누구나 활용할 수 있는 구체적인 전략이 존재하니 안심이 되기도 한다. 어떻게 살고, 사랑하고, 다음 정착지로 향하는지를 알려주는 재창조의 로드맵은 분명 존재한다.

이 책에서 만난 사람들로부터 얻은 통찰력을 활용하라. 그 방법이 처음에는 불가사의해 보일지라도 우리를 힘차게 앞으로 밀어주면서 적절한 시기에 적절한 방식으로 작동한다는 사실을 믿어라. 변화라는 과학을 다루는 새로운 연구들은 지금도 계속해서 우리의 지식을 넓혀주고 있다. 과거에는 헤아릴 수 없었던 진실들도 결국은 과학적 근거를 업은 채 차근차근 작동 원리를 드러낼 것이다. 변화 과정의 신비로움에 얽힌 최신 연구들과 지식, 방법론들은 기꺼이 우리의 자기 혁신을 돕는 중이다. 그 혁신의 과정을 즐겁게 여행해보자.

감사의 말

이 책에서 소개한 분들께는 영원히 감사하면서 살아갈 것이다. 개인적인 이야기를 아낌없이 들려준 분들과, 그들의 여정을 적절한 맥락으로 풀어내는 데 도움을 준 연구자 및 전문가분들께 모두 깊이 감사한다. 그분들은 앞으로도 내 일상에 영감을 줄 것이다.

작가라면 누구나 인생에 한 번쯤 하퍼콜린스/마리너 북스 출판사의 피터 허버드 같은 편집자를 만나는 행운을 누려야 마땅하다. 그의 현명한 지침과 제안 덕분에 훨씬 좋은 퀄리티의 책을 완성할 수 있었다. 힘든 팬데믹 상황에서도 멋진 유머 감각과 업무 속도로 우아하게 내 원고의 방향을 잡아준 몰리 겐델에게 깊이 감사한다. 끝내주는 표지를 선사해준 엘시 라이언스와 원고를 섬세하게 교정해준 신시아 벅에게도 더없이 고마운 마음을 전한다. 이 책은 내가 하퍼콜린스와 함께 작업한 두 번째 작품이다. 편집장인 리아테 스텔릭과 더불어 벤 스타인버그, 엘리슨 카니, 레이첼 버퀴스트, 타비아 코왈척, 켄드라 뉴턴 등 팀원들 모두에게 감사한다. 무엇보다 샤린 로젠블럼과 다시 일할 수 있었던 것은 정말 행운이었다.

수잔 글럭에게는 고맙다는 말이 영원히 부족할 것 같다. 그는 내게 탁월한 에이전트이자 뛰어난 독자이며, 지칠 줄 모르는 지지자일 뿐 아니라 훌륭한 친구다. 도움의 손길을 내준 니나 이안돌로와 해리 워커 에이전시의 뛰어난 팀, 그중에서도 돈 워커와 엘런 워커, 킴벌리 릴리엔스타인, 카라 호크, 알렉사 스턴샤인에게 고마움을 전한다.

이 책이 탄생하기까지 많은 친구와 동료들이 브레인스토밍에 참여해주고, 조언을 해주고, 주제들을 더 날카롭게 다듬어주고, 때로는 내 눈물을 적실 어깨를 내주었다. 특히 《월스트리트 저널》의 뛰어난 기자와 동료들로 이뤄진 '브레인 특공대'의 에일린 다스핀, 에드워드 펠센탈, 알릭스 프리드먼, 로라 랜드로, 에벤 샤피로, 에이미 스티븐스, 힐러리 스타우트에게 고마움을 전한다. 또 탁월한 브레인스토밍 아이디어를 낸 동시에 내 원고를 읽고 칼날같이 예리한 의견을 전달해서 책 내용을 더 빛나게 해준 엘리스 클레이먼, 페기

캘브, 낸시 베터에게 감사한다.

그 누구보다 고마운 분들은 이 책에서 다룬 성공의 주역들을 내게 소개해준 분들이다. 앤드루 헤이워드는 취재와 집필 과정에서 지칠 줄 모르는 파트너 역할을 해주었을 뿐 아니라 경제학자에서 농부로 변신한 윌 브라운을 소개해주었다. 그리고 말라 긴즈버그를 소개해준 데비 스페로, 제인 베론을 연결해준 엘리스 클레이먼, 케이 히를 소개해 준 케빈 딜레이니, 크리스토퍼 핸디를 나보다 먼저 발견한 데브라 스파크, 아서 프라이와 연결되도록 인맥을 동원해준 낸시 마이어, 로런 스트레이혼을 소개해준 라이언 벅스턴, 폴 태스너의 지인을 소개해준 신디 스티버스까지 모두에게 진심으로 감사한다. 이 책을 쓰면서 내가 가진 생각들을 조금씩 정제해준 이들도 있다. 특히 브루스 파일러, 애덤 그랜트, 존 쿠니오스, 리처드 테데스키, 로저 맥나미와 앤 맥나미, 앤 티쉬와 앤드루 티쉬, 그 밖의 많은 분에게 감사한다. 《월스트리트 저널》의 게리 로즌과 《타임》의 루카스 비트만은 내가 발표한 여러 기사의 취재 과정에서 유용한 지침을 주었고, 그 덕분에 이 책의 탄탄한 주제들이 나올 수 있었다. 또한 이 책에서 다룬 문제들을 방송에서 논할 수 있게 해준 앤드루 로스 소킨, 베키 퀵, 조 커넨, 맥스웰 마이어스, 메리 더피, 댄 콜라루소 등 CNBC의 동료들에게 고마움을 전한다.

사라 크롤레프스키는 본문 내용의 사실 확인 작업을 그 누구보다 훌륭히 해냈다. 사라는 그저 사실과 철자, 수치만 확인하는 데 그치지 않고 역사, 소송, 특허 출원 내용까지 살펴보며 매 페이지를 더 훌륭하게 만들어주었다. 고마워, 사라.

마지막으로 내 가족에게 무한한 고마움을 전한다. 앤드루와 레베카, 그리고 멋진 사위인 샘은 내가 이 주제를 다루도록 제일 먼저 영감을 준 이들이다. 그리고 끝없는 이해와 사랑으로 무장한 바위 같은 남편 톰에게 사랑을 전한다. 코로나19 팬데믹 기간에 이 책의 내용을 취재하고 집필하는 동안, 격리된 집에서 아내와 몸을 부대끼며 일하는 과정이 분명 녹록지 않았을 것이다. 하지만 그는 늘 그랬듯이 우리의 고된 상황을 사랑과 유머와 격려와, 특히 세계 최고의 진 토닉으로 훌륭히 처리했다. 그에게 내 평생의 사랑을 바친다.